·经济与管理书系·

企业自愿信息披露的同行效应研究

王 彩 | 著

光明日报出版社

图书在版编目（CIP）数据

企业自愿信息披露的同行效应研究 / 王彩著. -- 北京：光明日报出版社，2024. 1

ISBN 978 - 7 - 5194 - 7756 - 1

Ⅰ. ①企… Ⅱ. ①王… Ⅲ. ①上市公司—会计信息—研究—中国 Ⅳ. ①F279. 246

中国国家版本馆 CIP 数据核字（2024）第 038645 号

企业自愿信息披露的同行效应研究

QIYE ZIYUAN XINXI PILU DE TONGHANG XIAOYING YANJIU

著　　者：王　彩

责任编辑：李　倩　　　　责任校对：李壬杰　李海慧

封面设计：中联华文　　　　责任印制：曹　净

出版发行：光明日报出版社

地　　址：北京市西城区永安路 106 号，100050

电　　话：010-63169890（咨询），010-63131930（邮购）

传　　真：010-63131930

网　　址：http：//book. gmw. cn

E - mail：gmrbcbs@ gmw. cn

法律顾问：北京市兰台律师事务所龚柳方律师

印　　刷：三河市华东印刷有限公司

装　　订：三河市华东印刷有限公司

本书如有破损、缺页、装订错误，请与本社联系调换，电话：010-63131930

开　　本：170mm×240mm

字　　数：245 千字　　　　印　　张：15

版　　次：2024 年 1 月第 1 版　　　　印　　次：2024 年 1 月第 1 次印刷

书　　号：ISBN 978 - 7 - 5194 - 7756 - 1

定　　价：95. 00 元

内容简介

本研究立足于新《证券法》颁布和全面注册制推行的时代背景，研究了我国上市公司自愿信息披露的同行效应。具体而言，本书的切入点是上市公司自愿披露业绩预告引发的同行效应，研究发现：我国上市公司自愿信息披露行为存在显著的同行效应。从内部动因来看，管理层学习动机和管理层信息优势是同行效应存在的重要内因。从外部动因来看，企业外部信息需求、行业竞争程度和经济政策不确定性是同行效应存在的重要外因。最后，本书检验了同行效应存在的经济后果。本研究具有一定的理论意义与现实意义，不仅拓展了公司行为在行为金融学领域的研究，还为投资者、监管机构及上市公司在信息获取、信息监督与信息披露过程中提供一定启示作用。

前　言

本书研究了我国上市公司自愿信息披露同行效应的内外动因和经济后果。企业自愿信息披露不仅能向投资者传递企业真实价值，保护投资者权益，还能提高市场透明度，助推资本市场高质量发展。但长期以来，我国上市公司自愿信息披露的积极性并不高，这主要与我国自愿信息披露制度发展较为滞后有关。具体而言，我国企业自愿信息披露缺乏上位法支持，相关规定主要散落于证监会、交易所制定的规则和发出的文件，并没有形成一套体系化的自愿信息披露规定。直至2019年12月28日，第十三届全国人民代表大会常务委员会修订了《中华人民共和国证券法》（以下简称“新《证券法》”），不仅单设“信息披露”一章，还首次确立了信息披露义务人披露自愿性信息的合法地位，这为我国自愿信息披露制度的建立指引了方向。新《证券法》颁布后，证监会、交易所陆续修订或发布规范性文件，其中最重要的内容是鼓励企业披露自愿性信息。其中，上海证券交易所还针对科创板上市公司经营模式等特点，专门发布自律监管规则适用指引，引导上市公司规范披露自愿性信息。时至今日，虽然我国已初步建立了上市公司自愿信息披露体系，但上位法对自愿信息披露仍只是原则性规定，下位法的相关规定对企业自愿信息披露行为应遵循的原则、披露内容和披露对象的划分标准并不统一，这就导致企业在执行过程中具有较大裁量权，存在“选择性披露”“蹭热点”“报喜不报忧”等不规范的披露行为。例如，2020年3月1日新冠疫情暴发初期，也是新《证券法》执行首日，交易所对多家涉嫌蹭“疫苗”热点的上市公司发送监管函，并通报批评。因此，如何提高上市公司自愿信息披露整体水平，既是监管者重点关心的问题，也是学术界应研究的重要问题。本书基于以上现实背景，研究企业自愿信息披露行为的同行效应，以期通过研究结论为监管者提供可行的政策建议；同时也为上市公司提供专业的披露指导，引导上市公司提高自愿信息披露水平；最后为投资者更好解读企业自愿信息披露行为，优化投资决策提供帮助。

目前，我国资本市场改革已迈入深水区，以信息披露为核心的注册制改革是资本市场改革的重中之重。注册制改革要求上市公司充分披露信息，保障投资者合法权益。其中，与强制信息相比，企业披露的自愿性信息具有更高的信息含量。学者多围绕企业自愿信息披露的信息含量、披露动机展开丰富讨论，但大多未跳出经典理性模型的经济学框架。在现实中，人往往无法像理性人那样做出最优决策，甚至出现一些行为偏好。随着行为金融学的发展，人们发现企业很多非理性行为可以用行为模型去解释，例如，企业在做出投资决策时，可能并未考虑投资项目的收益率和企业财务能力，而是根据群体内大多数企业的投资活动选择是否投资。学者围绕企业投资、融资、经营等行为的同行效应展开了有益探讨，本书则借鉴相关研究理论，研究上市公司自愿信息披露的同行效应。具体而言，以2010—2020年A股上市公司季度数据为样本，把企业自愿披露的业绩预告作为代理变量，以经济学、经济社会学、心理学等多学科的信息不对称理论、信号理论、有限理性理论、嵌入理论、羊群理论等为基础，采用规范研究和实证研究相结合的研究方法，按照“提出问题—分析问题—解决问题”的研究思路，对上市公司自愿信息披露的“同行效应存在性—同行效应存在的内部动因—同行效应存在的外部动因”进行研究。同时，本书还探讨了不同动因下的经济后果。

首先，本书检验了上市公司自愿信息披露同行效应的存在性。研究发现，我国上市公司自愿信息披露行为存在显著的同行效应，表现为同行企业上一期披露的自愿性业绩预告数量越多，企业在本期披露自愿性业绩预告的概率越大。更换工具变量度量方法、更换模型估计方法、剔除样本、使用电话会议作为企业自愿信息披露的替代变量后的实证结果依然稳健。分组回归结果表明：1. 企业自愿信息披露的同行效应仅存在于那些同行自愿披露水平更高的公司组中；2. 行业跟随者企业会模仿行业领头羊企业的自愿信息披露行为，但反之不成立，说明领头羊企业与跟随者企业之间的信息披露决策存在差异，前者的自愿信息披露决策更加理性和成熟；3. 同行自愿信息披露水平越高，企业披露好消息的概率越大，这一方面说明我国上市公司的信息披露依然存在“报喜不报忧”的现象，另一方面也说明市场整体自愿信息披露质量不高，难以通过改善行业信息环境、降低投资者不确定性来提高管理层披露坏消息的意愿。

其次，本书从管理层个人动机出发，检验了企业自愿信息披露同行效应存在的内部动因和后果。研究发现有以下几点。1. 上市时间更短、CEO（首席执行官，英文全称为 Chief Executive Officer）不具有金融类职业背景的公司学习动机更强，因此更倾向于模仿同行公司的自愿信息披露行为。进一步研究经济后果发现，这些学习动机更强的公司，不仅提高了自愿信息披露意愿，还提高了自愿信息披露质量，表现为业绩预告精度更高。2. 管理层信息优势是企业模仿同行自愿信息披露的另一个重要内因，当董事网络结构洞更丰富、中心度更高时，企业自愿信息披露的同行效应更显著。进一步研究发现，这些具有信息优势的公司，不仅提高了自愿信息披露意愿，还提高了披露及时性，表现为业绩预告披露日距离季度或年度结束日更短。

最后，本书分别从企业外部信息需求、行业竞争程度和宏观环境三个方面检验了企业自愿信息披露同行效应存在的外部动因和后果。研究发现，企业自愿信息披露的同行效应仅存在于企业外部信息需求更高、行业竞争程度更强、经济政策不确定性更大的样本中。进一步研究发现，不同外部动机下的模仿行为会给企业带来不同的后果。具体而言，对那些外部信息需求更高的公司来说，模仿同行自愿披露能够提高企业未来投资者的关注度；对那些行业竞争程度更强的公司来说，本书未发现模仿同行自愿披露能够显著提高企业的产品市场占有率；当经济政策不确定性更大时，模仿同行自愿披露能降低公司股价的波动性，但同时企业自愿信息披露精度也有所下降。

本书的研究结论能够为监管层、上市公司和投资者提供可供参考的建议或指导。对监管层来说，一是要细化企业自愿信息披露制度，狠抓关键少数，发挥好行业领头羊公司自愿信息披露的先锋模范作用；二是在信息披露监管过程中，要适当考虑企业经营环境，扩大差异化监管范围；三是要对社会网络复杂的上市公司重点关注，防止利益输送，例如，泄露内幕消息等。对上市公司来说，一是要理性披露自愿性信息，避免盲目跟风；二是要合理权衡自愿信息披露的成本与收益，确保高效披露，防止给企业带来过高成本；三是要积极拓展企业自愿信息披露渠道，合理利用新媒体平台传递企业价值信息。对投资者来说，一是要正确理解企业自愿信息披露行为，识别披露动机，理性做出决策；二是要理性对待利好消息，避免追涨杀跌。

本书研究具有以下几点贡献。一是丰富了企业自愿信息披露同行效应相关研究。本书是国内首次研究企业自愿信息披露同行效应的专著，虽然最近国外有相关话题的研究，但本书与其制度背景和研究结论均有差异。因此，本书补充了国内相关研究领域的文献。二是丰富了企业自愿信息披露外部性的文献，响应了学者对研究行业信息传递机制和同行企业信息披露外部性的号召，用中国资本市场数据提供了来自新兴经济体的经验证据。已有关于企业信息披露外部性的文章，较多关注企业强制信息披露的外部性，且研究聚焦在对投资者反应或信息整合能力、分析师关注，或其他企业的投资行为、创新、资本成本、股价反应等影响。本书不仅考察了企业自愿信息披露的外部性，还验证了企业自愿信息披露能对其他企业的自愿信息披露行为产生外部性，这有助于管理层更好理解和权衡企业自愿信息披露的成本与收益，优化披露决策。三是本书检验了上市公司自愿信息披露的外部性，能够为监管部门制定更合理的信息披露监管政策提供参考。

目 录

CONTENTS

第一章

绪 论

第一节 研究背景与研究意义

一、研究背景

在世纪疫情冲击和百年未有之大变局下，坚持“稳字当头”“稳中求进”是2021年中央经济工作会议对中国资本市场提出的新定位和新要求。资本市场是基于信息定价的交易市场，影响资本市场稳定的重要因素之一是企业信息披露。① 企业信息披露质量越高，公司和资本市场越能长足、稳定、高质量发展。虽然中国资本市场发展的30年间，上市公司信息披露质量有所提升，但从近几年深圳证券交易所信息披露考评结果来看，上市公司信息披露质量两极分化情况比较严重，仍有较大提升空间。例如，2018—2020年考核为A的上市公司分别占当年深市主板、中小板、创业板上市公司总数的16.55%、17.62%、17.74%，其中不乏一些信息披露质量较高，连续多年被评为A的“优等生”公司；考核结果为C或D的上市公司占比则分别为18.6%、17.96%、17.2%。② 此外，近年资本市场发生的几起较大的财务造假案也涉及上市公司信息披露违规，例如，康美药业

---

① 曹廷求，张光利．自愿性信息披露与股价崩盘风险：基于电话会议的研究［J］．经济研究，2020，55（11）：191-207.

② 详见深圳证券交易所网站-信息披露-监管信息公开：http：//www.szse.cn/disclosure/supervision/check/index.html

于2019年被证监会揭露涉嫌信息披露违规和不披露重要信息，市值缩水近九成，最终面临司法审判。因此，如何提高我国上市公司信息披露质量，成为监管机构和学术界重点关注的话题。

企业信息披露类型可以分为法定强制信息披露和企业自愿信息披露。但前者因具有一定的披露模式，传递的增量信息有限；而后者形式多样化，内容丰富，能够传递更多的信息，因此广受人们关注。虽然在学术界，研究企业自愿信息披露动机、影响因素和经济后果已是一个经典的话题，但有如下四个原因表明在中国市场仍有研究机会。

一是，我国资本市场自愿信息披露制度与西方发达国家相比较为滞后，企业自愿信息披露的研究成果主要集中于对发达国家上市公司大样本的讨论。并且，我国制度背景、司法系统、产权保护、监管环境等市场环境与国外均有所差异，国外学者的研究结论是否同样适用于中国资本市场，仍有待商榷。

二是，我国资本市场关于企业自愿信息披露制度正处于建设和推进当中，因此研究企业自愿信息披露具有现实意义。长期以来，我国监管机构停留于对企业法定强制信息披露的监管，包括定期报告、盈余公告等。随着以信息披露为核心的注册制改革的全面推进，企业强制信息披露提供的增量信息有限，已不足以为投资者提供有利于作出价值判断和投资决策的信息。2020年3月1日开始执行的新修订的《证券法》单设“信息披露”一章，不仅将企业信息披露义务上升到立法层面，还对企业自愿信息披露做了概念界定，明确信息披露义务人可以“自愿披露与投资者作出价值判断和投资决策有关的信息”。据此，证监会、交易所纷纷以此为标准，陆续出台了适用于各板块和各行业上市公司的自愿信息披露规则或指引。但从实践来看，与国外成熟市场相比，中国上市公司自愿信息披露整体水平仍不高，“蹭热点”“选择性披露”行为时有发生。因此，只有深入研究企业作出自愿信息披露决策的动机及其影响因素，才能协助监管层进行更具针对性和更高效的监管。

三是，我国学者对上市公司整体信息披露质量的研究较多，企业自愿信息披露的相关专门研究相对较少。企业整体信息披露既包括法定强制信息披露，也包括企业自愿信息披露。而管理层在披露后者时具有较大的裁量权，这可能导致结果存在混淆。因此，有必要以企业披露的自愿性信息为对象，进行深入研究。

四是，本书不同于以往对企业自愿信息披露影响因素和经济后果的直接研究，而是引入行为金融学领域相关理论，研究企业自愿信息披露的同行效应。该话题在中国资本市场研究中，仍具有前沿性。公司财务领域的传统研究认为，企业自愿信息披露主要受公司特质、行业和环境等方面影响。但随着行为金融学的发展，人们放松了理性人假设，用人的非理性、心理或群体特征去解释企业行为。近几年国外研究发现，不论是企业的股利政策、税收政策，还是融资决策和投资创新等，都可能受群体内其他行为主体的影响。① Seo② 首次检验了企业自愿信息披露的同行效应（peer effect)，研究发现企业自愿信息披露与同行公司自愿信息披露水平正相关。作者认为同行自愿信息披露主要通过改善公司的信息环境、影响公司声誉和市场关注度，提高了企业自愿信息披露水平。但对我国来说，一方面上市公司自愿信息披露制度还不够完善，企业自愿信息披露水平并不高，可能不足以改善行业信息环境，也就无法对其他公司的自愿信息披露行为产生影响。另一方面，我国资本市场散户众多，与机构投资者相比，散户的非理性行为和噪声交易可能会导致企业自愿信息披露同行效应的影响机制并不同。

综上，在我国决策层推动上市公司不断提高自愿信息披露水平的时代背景下，本书将以中国上市公司为样本，研究企业自愿信息披露的同行效应，并深入探究其存在的内外动因和经济后果，以期更好地理解注册制改革下我国上市公司自愿信息披露的现状和行为，以及为监管部门高效监管提供实证参考。

---

① BIRD A, EDWARDS A, RUCHTI T G. Taxes and Peer Effects [J]. The Accounting Review, 2018, 93 (5): 97-117.
GRENNAN J. Dividend Payments as a Response to Peer Influence [J]. Journal of Financial Economics, 2019, 131 (3): 549-570.
KAUSTIA M, RANTALAV. Social Learning and Corporate Peer Effects [J]. Journal of Financial Economics, 2015, 117 (3): 653-669.
LEARYM T, ROBERTSMR. Do Peer Firms Affect Corporate Financial Policy? [J]. The Journal of Finance, 2014, 69 (1): 139-178.

② SEO H. Peer Effects in Corporate Disclosure Decisions [J]. Journal of Accounting and Economics, 2021, 71 (1): 101364.

二、研究意义

（一）理论意义

首先，本书拓展了公司行为在行为金融学领域的研究。传统经济学理论假设公司管理层为理性经济人。因此，长期以来关于企业行为决策的相关研究，大多未摆脱理性工具人的假设。但随着行为金融学和经济学交叉学科的发展，人们逐渐意识到在现实世界中，企业并非独立存在的经济体，管理层因具有特殊的偏好、限制和行为偏差，可能会受到资本市场其他经济体的影响，作出与理性经济人不同的决策。人们引入行为金融学的有限理性理论，对企业的投资决策①、融资决策②、分配决策③、经营决策、纳税决策④等展开了大量研究。而企业披露决策的成本和收益明显不同于投资、薪酬等实际的决策⑤，因此本书补充了企业在信息披露决策中存在行为偏差的相关文献。

---

① BEATTY A, LIAO S, YU J J. The Spillover Effect of Fraudulent Financial Reporting on Peer Firms' Investments [J]. Journal of Accounting and Economics, 2013, 55 (2-3): 183-205.
GORDON E A, HSU H T, HUANG H. Peer R&D Disclosure and Corporate Innovation: Evidence from American Depositary Receipt Firms [J]. Advances in Accounting, 2020, 49: 100471.

② LEARY M T, ROBERTS M R. Do Peer Firms Affect Corporate Financial Policy? [J]. The Journal of Finance, 2014, 69 (1): 139-178.

③ ADHIKARI B K, AGRAWAL A. Peer Influence on Payout Policies [J]. Journal of Corporate Finance, 2018, 48: 615-637.
DENIS D K, JOCHEM T, RAJAMANI A. Shareholder Governance and CEO Compensation: The Peer Effects of Say on Pay [J]. The Review of Financial Studies, 2020, 33 (7): 3130-3173.
GRENNAN J. Dividend Payments as a Response to Peer Influence [J]. Journal of Financial Economics, 2019, 131 (3): 549-570.
KEDIA S, RAJGOPAL S. Neighborhood Matters: The Impact of Location on Broad Based Stock Option Plans [J]. Journal of Financial Economics, 2009, 92 (1): 109-127.

④ BIRD A, EDWARDS A, RUCHTI T G. Taxes and Peer Effects [J]. The Accounting Review, 2018, 93 (5): 97-117.

⑤ MATSUMOTO D A, SERFLING M, SHAIKH S. Geographic Peer Effects in Management Earnings Forecasts [J]. Contemporary Accounting Research, 2022, 39 (3): 2023-2057.

其次，拓展了企业自愿信息披露在同行效应领域的研究。有学者研究了同地区上市公司自愿信息披露对企业自愿信息披露的影响①，研究发现在排除影响同地区上市公司自愿信息披露的共同因素后②，同地区上市公司自愿信息披露能够通过影响当地机构投资者的信息需求，提高企业自愿信息披露意愿。企业自愿信息披露决策也可能会受到同行企业的影响，Seo③ 主要以国外上市公司为样本，研究发现同行公司自愿信息披露水平越高，企业自愿信息披露水平越高。考虑到我国与国外成熟资本市场的法治环境和影响机制可能均有所不同，本书以我国 A 股上市公司为样本，使用工具变量排除影响行业内上市公司自愿信息披露的共同因素后④，不仅提供了企业自愿信息披露存在同行效应的经验证据，还检验了与 Seo⑤ 一文不同的影响机制。另外，本书还对企业自愿信息披露同行效应的经济后果展开讨论。总的来说，本书拓展了新兴经济体企业自愿信息披露在同行效应领域的相关研究。不仅丰富了企业自愿信息披露的影响因素⑥，还为学者今后在进行相关研究时控制同行企业的自愿信息披露水平提供实证支撑。

最后，从内外动因方面为企业自愿信息披露同行效应的影响机制做出解释，扩大了其影响机制范围。本书验证了企业自愿信息披露同行效应同时受内部动因和外部动因驱动。内部动因包括管理层学习动机和信息优势动机，外部动因包括满足外部信息需求、应对行业竞争压力和经济政策不

---

① MATSUMOTO D A, SERFLING M, SHAIKH S. Geographic Peer Effects in Management Earnings Forecasts [J]. Contemporary Accounting Research, 2022, 39 (3): 2023-2057.

② 例如，同地区上市公司具有相同的劳动力质量、监管强度或监管制度、产权保护等。

③ SEO H. Peer Effects in Corporate Disclosure Decisions [J]. Journal of Accounting and Economics, 2021, 71 (1): 101364.

④ 例如，同行业上市公司具有相似的客户群体或供应商、职业背景相似的经理人、相同的宏观经济冲击和行业监管等。本书使用工具变量回归尽量排除了这些共同因素。

⑤ SEO H. Peer Effects in Corporate Disclosure Decisions [J]. Journal of Accounting and Economics, 2021, 71 (1): 101364.

⑥ 学者主要从公司特征、管理层特质和行业特质等方面研究企业自愿信息披露的影响因素。

确定性。这与 Seo① 一文的影响机制有所差异，Seo② 验证了同行自愿信息披露通过改善行业的信息环境，以及降低公司披露环境的不确定性，提高了管理层披露自愿性信息尤其是披露坏消息的意愿。本书以中国上市公司为样本并未得出相似结论，这可能与我国资本市场信息环境的整体质量不高有关。

（二）现实意义

首先，有助于监管部门深入理解上市公司自愿信息披露行为，优化监管政策。长期以来，我国上市公司自愿信息披露质量不高，且缺乏相关经验，企业"报喜不报忧""选择性披露"的现象突出。部分学者认为，管理层隐藏坏消息已经成为一种习惯，并且有群体保持"沉默"的动机和倾向。③ 本书通过实证研究发现，企业自愿信息披露具有一定的"从众效应"，即同行公司自愿信息披露水平越高，企业自愿信息披露意愿越强。但通过分析其影响渠道发现，不同的"从众"动因会导致不同的结果。例如，当管理层出于学习动机模仿同行企业的自愿信息披露时，可以提高企业自身的自愿信息披露质量。但当管理层出于应对行业竞争压力和外部环境不确定性模仿同行企业的自愿信息披露时，并不能显著改善企业经营环境，甚至会导致企业信息披露质量的下降。这些结论有助于监管部门更好理解上市公司目前的自愿信息披露行为，并制定细化的信息披露制度和监管政策。

其次，有助于公司权衡自愿信息披露的成本与收益，优化披露决策。本书研究结论将有助于管理层更好理解企业自愿信息披露的经济后果。一方面，企业披露的自愿性信息可能会向行业内其他公司传递私有信息，这甚至会提高竞争对手企业的披露效率。另一方面，当同行公司自愿信息披露水平较高时，企业在不同行业竞争程度、宏观环境、市场环境下作出自愿信息披露决策的效果是不同的。综上，管理层可基于本书的研究结论，

---

① SEO H. Peer Effects in Corporate Disclosure Decisions [J]. Journal of Accounting and Economics, 2021, 71 (1): 101364.

② SEO H. Peer Effects in Corporate Disclosure Decisions [J]. Journal of Accounting and Economics, 2021, 71 (1): 101364.

③ 姚颐，赵梅. 中国式风险披露、披露水平与市场反应 [J]. 经济研究，2016, 51 (7): 158-172.

进行差异化披露，提高披露收益。

最后，有助于投资者更好理解企业自愿信息披露行为，改善投资决策。本书研究表明，当投资者接收到企业披露的自愿性信息时，应综合考虑企业所处的行业环境和宏观经济状况，理性判断企业自愿信息披露情况。本书研究发现，当同行披露的自愿性信息越多时，企业越倾向于披露好消息，而非坏消息。因此，当整个行业披露好消息的公司越多时，可能仅表明公司存在一种好消息的“从众效应”，而非整个行业的经营效率更高。另外，当经济政策不确定性较高时，同行自愿信息披露能够促使企业提高自愿信息披露意愿，但披露质量有所下降，表现为自愿性业绩预告精度降低。这表明企业可能忌惮于信息披露后潜在的诉讼风险，但又迫于短期内稳定公司股价，因而进行“选择性披露”。

第二节 概念界定

一、同行效应相关概念

在本书中，同行效应的英文名为 peer effect。peer effect 最早可追溯于 20 世纪 30 年代的心理学领域研究①，当时心理学家将儿童同伴关系对个体行为的影响称为 peer effect。这一研究方向在 20 世纪末的心理学领域掀起热潮。如今，心理学、教育学或社会心理学领域的中国学者通常将 peer effect 翻译为“同伴效应”，用来形容某一主体在作出决策时受群体内其他行为主体影响的现象。

在经济学或金融学领域的研究中，中国学者通常将 peer effect 翻译为“同群效应”“同侪效应”或“同行效应”。但因研究内容和研究方向不同，研究主体可能略有差异。例如，宋泽和邹红②将家庭消费偏好受周围

① LADD G W. Having Friends, Keeping Friends, Making Friends, and Being Liked by Peers in the Classroom: Predictors of Children's Early School Adjustment? [J]. Child Development, 1990, 61 (4): 1081-1100.

② 宋泽，邹红．增长中的分化：同群效应对家庭消费的影响研究［J］．经济研究，2021，56（01）：74-89.

相同社会地位群体消费的影响过程称为“同群效应”；肖怿昕和金雪军① 则将企业投资决策的趋同行为称为“同群效应”；罗福凯等②将企业研发投入受同行公司研发投入影响的现象称为“同侪效应”；杨海生等③与肖怿昕和金雪军的研究内容一致，但把企业新增投资与同行企业新增投资趋同的行为称为“同行效应”。总的来说，虽然学者研究的领域各不相同，中文翻译也不尽一致，但其研究本质大同小异，均为个体行为受群体行为影响的现象。

来自斯坦福大学，提出“镶嵌理论”的著名社会学家马克·格兰诺维特（Mark Granovetter），曾提出格兰诺维特模型对 peer effect 进行形象的解释。马克·格兰诺维特以集体运动为例，认为群体中个体阈值差异越大，群体行为越可能发生。马克·格兰诺维特将那些阈值较低的个体称为“摇尾巴的狗（The tail is wagging the dog）”。当群体中发生了零星的行为时，可能会首先引发阈值较低个体的行动。随着行动的人数增加，这又会带动阈值高的人作出决策，最终导致群体行为的发生。总之，格兰诺维特模型可以帮助我们更好理解 peer effect 的含义。

与 peer effect 类似的专有名词还有 contagion effects，中文一般翻译为“传染效应”。20 世纪六七十年代，有人认为导致银行监管出台的最重要原因是银行破产存在传染效应④，即一家银行（尤其是规模较大的银行）的破产，可能导致公众对银行体系失去信心，从而对其他银行产生挤兑效应。不管其他银行经济效益如何，都可能导致这些银行股票下跌甚至破

---

① 肖怿昕，金雪军．“经济飞地”政策与企业投资：同群效应还是追赶效应？［J］．产业经济研究，2020，109（6）：113-127.

② 罗福凯，李启佳，庞廷云．企业研发投入的“同侪效应”检验［J］．产业经济研究，2018（06）：10-21.

③ 杨海生，柳建华，连玉君，等．企业投资决策中的同行效应研究：模仿与学习［J］．经济学（季刊），2020，19（4）：1375-1400.

④ BURNS A. Maintaining the Soundness of Our Banking System ［C］//American Bankers Association Convention，1974：18-19.

MELTZERAH. Major Issues in the Regulation of Financial Institutions ［J］. Journal of Political Economy，1967，75（4，Part 2）：482-501.

产，最终扰乱货币系统稳定性。Aharony 和 Swary① 首次用实证研究对此进行回应，但否认了银行破产存在完全纯粹的传染效应的可能性。具体而言，作者认为当银行因存在内部欺诈和违规行为破产时，对其他银行不具有传染效应；当银行因外汇损失导致破产时，表明其他银行同样存在外汇损失的风险，那么，其他银行股价下跌的现象应解释为投资者对不利信息的正常反应，也非“传染效应”。Lang 和 Stulz② 则将一家公司破产导致客户和供应商对同行业其他公司保持怀疑，致使其他公司处境更糟的现象称之为纯粹的“传染效应”；将一家公司破产后，因共同风险因素导致其他公司现金流受影响的现象称之为温和的“传染效应”。总的来说，与 peer effect 相比，“传染效应”更倾向于对坏消息在行业内或群体内非理性蔓延的描述。

与 peer effect 相比，herd behavior 似乎更被大众熟悉，中文一般翻译为“羊群效应”，指人的思想或行为容易受大众一致思想或行为的影响。Keynes③ 最初将羊群效应解释为“因循守旧的失败要比因循守旧的成功好”。研究证实，羊群效应广泛存在于经济学和金融学领域中，例如，分析师、机构投资者、基金经理等的行为。有三种经济学理论可以解释羊群行为，一是 Banerjee④ 和 Bikhchandani 等⑤提出的信息级联或信息瀑布理论（information cascade theory）。根据该理论，个体根据获取私有信息的顺序作出决策，并承担相应风险。当群体中有个体较早作出决策时，较晚作出决策的个体会接收到这个信号，并同时赋予私有信息和他人决策信号相同

---

① AHARONY J, SWARY I. Contagion Effects of Bank Failures: Evidence from Capital Markets [J]. Journal of Business, 1983, 56 (3): 305-322.

② LANG L H P, STUL Z R M. Contagion and Competitive Intra - Industry Effects of Bankruptcy Announcements [J]. Journal of Financial Economics, 1992, 32 (1): 45-60.

③ KEYNES J M. The General Theory of Employment, Interest, and Money [M]. Washington: Prometheus Books, 1936: 158.

④ BANERJEE A V. Simple Model of Herd Behavior [J]. The Quarterly Journal of Economics, 1992, 107 (3): 797-817.

⑤ BIKHCHANDANI S, HIRSHLEIFER D, WELCH I. A Theory of Fads, Fashion, Custom, and Cultural Change as Informational Cascades [J]. Journal of Political Economy, 1992, 100 (5): 992-1026.

的权重，最终作出不符合初始预期的选择。二是由 Scharfstein 和 Stein① 提出的基于声誉的羊群行为（reputation herding），后由 Graham② 和 Trueman③ 进行推广。该理论假设好的声誉是经理人个人能力的体现，能够为他们带来收益。并且，聪明的经理人一般会获取正确的信号，做出一致行动，而愚蠢的经理人一般会特立独行。因此，为证明个人能力，个体将忽视私有信息，群体的行为最终趋于一致。三是由 Dye 和 Sridhar④ 和 Gul 和 Lundholm⑤ 提出的战略集群行为（strategic clustering），该理论倾向于将羊群效应视为一种社会学习行为，是在合理参考他人行为和个体私有信息后作出的理性决策⑥。总而言之，究其内在机制，公司行为的羊群效应主要因个体存在有限理性⑦，公司存在信息不对称⑧和委托代理问题而产生⑨。

为与企业信息披露领域前沿研究保持一致，本书将同行企业自愿信息披露对企业自愿信息披露的影响称为“同行效应（peer effect）”。

---

① SCHARFSTEIN D S, STEIN J C. Herd Behavior and Investment [J]. The American Economic Review, 1990, 80 (3): 465-479.

② GRAHAM J R. Herding Among Investment Newsletters: Theory and Evidence [J]. The Journal of Finance, 1999, 54 (1): 237-268.

③ TRUEMAN B. Analyst Forecasts and Herding Behavior [J]. The Review of Financial Studies, 1994, 7 (1): 97-124.

④ DYE R A, SRIDHAR S S. Industry - Wide Disclosure Dynamics [J]. Journal of Accounting Research, 1995, 33 (1): 157-174.

⑤ GUL F, LUNDHOLM R. Endogenous Timing and the Clustering of Agents' Decisions [J]. Journal of Political Economy, 1995, 103 (5): 1039-1066.

⑥ BIKHCHANDANI S, HIRSHLEIFER D, WELCH I. Learning from the Behavior of Others: Conformity, Fads, and Informational Cascades [J]. Journal of Economic Perspectives, 1998, 12 (3): 151-170.

TSE S, TUCKER J W. Within-Industry Timing of Earnings Warnings: Do Managers Herd? [J]. Review of Accounting Studies, 2010, 15 (4): 879-914.

⑦ DEVENOW A, WELCH I. Rational Herding in Financial Economics [J]. European Economic Review, 1996, 40 (3-5): 603-615.

⑧ RAJAN R G. Why Bank Credit Policies Fluctuate: A Theory and Some Evidence [J]. The Quarterly Journal of Economics, 1994, 109 (2): 399-441.

⑨ MAUG E, NAIK N. Herding and Delegated Portfolio Management: The Impact of Relative Performance Evaluation on Asset Allocation [J]. The Quarterly Journal of Finance, 2011, 1 (02): 265--292.

二、企业自愿信息披露

（一）概念

根据2019年12月28日第十三届全国人民代表大会常务委员会第十五次会议修订的《中华人民共和国证券法》，除企业依法需要披露的信息外，凡是企业自愿披露的“有利于投资者作出价值判断和投资决策”的相关信息，都属于企业自愿信息。从披露范围看，企业强制信息包括法律、行政法规、部门规章、准则等规范性文件法定强制企业披露的信息；企业自愿信息则涵盖所有与公司有关、与投资者作出价值判断或决策相关的信息。因此，企业自愿信息范围更广。从披露形式看，企业强制信息以公司在指定报刊、媒体平台披露的定期报告、重大事件为主，具有一定模板，便于量化，多表现为“硬信息”；企业自愿信息以公司在官网、指定媒体或新媒体等平台披露的新闻、临时公告、会议记录等，多表现为“软信息”。因此，企业自愿信息形式更具多样化，内容更加丰富、复杂，管理层在披露过程中具有更大的自由裁量权。

（二）内容与原则

内容方面，在新《证券法》修订之前，我国并未对企业自愿信息披露内容或原则做详细规定，除非应规上市公司自愿披露的业绩预告、社会责任报告外，以临时公告的形式在指定媒体平台，或以新闻报道的形式在公司官网、微博等平台披露的信息也属于企业自愿信息。新《证券法》修订之后，证监会、交易所陆续颁布指引或指南进一步明确了企业自愿信息披露内容。例如，根据证监会于2021年6月28日修订的《公开发行证券的公司信息披露内容与格式准则第2号——年度报告的内容与格式》（证监发〔2021〕15号）、《公开发行证券的公司信息披露内容与格式准则第3号——半年度报告的内容与格式》（证监发〔2021〕16号），企业披露的“有利于保护生态、防治污染、履行环境责任的相关信息”和“在报告期内为减少其碳排放所采取的措施及效果”均属于自愿性信息。根据上交所于2020年9月25日制定的《上海证券交易所科创板上市公司自律监管规则适用指引第2号——自愿信息披露》（上证发〔2020〕70号），科创板上市公司自愿信息披露内容包括战略规划、盈利预测、公司治理、环境保护、社会责任、人力资本、公司研发进展、行业变化、运营数据、非财务指标等。

披露原则方面，虽然企业在作出自愿信息披露决策时具有较大的自由裁量权，但这并不意味着管理层可以选择性披露或虚假披露。新《证券法》规定，企业自愿信息披露应确保真实、准确、完整，简明清晰，通俗易懂等原则，不得与依法披露信息相冲突，不得误导投资者。基于此，证监会、交易所后续颁布或修订的《上海证券交易所科创板上市公司自律监管规则适用指引第 2 号——自愿信息披露》（上证发〔2020〕70 号）、《深圳证券交易所上市公司规范运作指引》（深证上〔2020〕125 号）、《深圳证券交易所上市公司信息披露工作考核办法》（深证上〔2020〕795 号）、《公开发行证券的公司信息披露内容与格式准则第 2 号——年度报告的内容与格式》（证监发〔2021〕15 号）、《公开发行证券的公司信息披露内容与格式准则第 3 号——半年度报告的内容与格式》（证监发〔2021〕16 号）、《上市公司信息披露管理办法》（证监发〔2021〕182 号）等规则或指引，均以此为标准进行原则性规定。

（三）实证研究中常用的度量方法

企业自愿信息披露范围非常广泛，在实证研究中，学者使用多种方式进行度量。主要包括以下几方面。

1. 管理层盈余预测。在国外资本市场中，管理层盈余预测（management earnings forecasts）是企业自愿信息披露最广泛的形式之一。① 盈余预测包含企业未来业绩和预期需求的前瞻性信息②，能够向投资者传递企业的私

① HIRST D E，KOONCE L，VENKATARAMAN S. Management Earnings Forecasts：A Review and Framework［J］. Accounting Horizons，2008，22（3）：315-338.

② BEYER A，COHEN D A，LYS T Z，et al. The Financial Reporting Environment：Review of the Recent Literature［J］. Journal of Accounting and Economics，2010，50（2-3）：296-343.

有信息①，及时释放风险②。因此，学者通常使用管理层披露盈余预测的频率来衡量企业自愿信息披露水平。③ 我国资本市场业绩预告是一种与国外管理层盈余预测类似的披露方式，但与国外完全自愿的披露制度相比，我国对上市公司业绩预告执行的是半强制半自愿披露制度。具体而言，证监会于 1998 年推行业绩预告制度，并逐步搭建和完善各个板块上市公司业绩预告基本框架。总的来说，当上市公司经营业绩出现“净利润为负，净利润与去年同期相比上升或下降 50%以上，扭亏为盈”的情况时必须披露业绩预告，其他情况可自愿选择披露。与定期报告相比，企业披露的业绩预告包含更多“软信息”④，因此国内较多学者使用企业披露的自愿性业

① BADERTSCHER B，SHROFF N，WHITEH D. Externalities of public firm presence：Evidence from Private Firms' Investment Decisions [J]. Journal of Financial Economics，2013，109 (3)：682-706.

② BEYER A，COHEN D A，LYS T Z，et al. The Financial Reporting Environment：Review of the Recent Literature [J]. Journal of Accounting and Economics，2010，50 (2-3)：296-343.

KASZNIK R，LEV B. To Warn or Not to Warn：Management Disclosures in the Face of an Earnings Surprise [J]. The Accounting Review，1995，70 (1)：113-134.

③ ANILOWSKI C，FENG M，SKINNER D J. Does Earnings Guidance Affect Market Returns? The Nature and Information Content of Aggregate Earnings Guidance [J]. Journal of Accounting and Economics，2007，44 (1-2)：36-63.

GUAY W，SAMUELS D，TAYLOR D. Guiding Through the Fog：Financial Statement Complexity and Voluntary Disclosure [J]. Journal of Accounting and Economics，2016，62 (2-3)：234-269.

LIN Y，MAO Y，WANG Z. Institutional Ownership，Peer Pressure，and Voluntary Disclosures [J]. The Accounting Review，2018，93 (4)：283-308.

SEO H. Peer Effects in Corporate Disclosure Decisions [J]. Journal of Accounting and Economics，2021，71 (1)：101364.

TRUEMAN B. Why Do Managers Voluntarily Release Earnings Forecasts? [J]. Journal of Accounting and Economics，1986，8 (1)：53-71.

WAYMIRE G. Earnings Volatility and Voluntary Management Forecast Disclosure [J]. Journal of Accounting Research，1985，23 (1)：268-295.

④ 权小锋，肖红军．社会责任披露对股价崩盘风险的影响研究：基于会计稳健性的中介机理 [J]. 中国软科学，2016，306 (6)：80-97.

绩预告衡量企业自愿信息披露水平①。

2. 电话会议。随着科技进步和信息传播渠道的发展，在国外资本市场中，电话会议（conference calls）成为企业自愿信息披露的另一种最常见的方式。② 公司管理层通常在年度报告或季度报告披露之日或次日召开电话会议，与部分重要的投资者和分析师进行交流。公司召开电话会议，不仅为管理层提供了向外界传递公司业绩信息的渠道，还为投资者和市场参与者提供了直接与公司高管对话的机会，增强公司内外部的信息互动。③ 因此，国外学者还通过公司召开电话会议频率来衡量企业自愿信息披露水平④，同时对电话会议的文本和语调进行分析，剖析其信

---

① 刘慧芬，王华．竞争环境、政策不确定性与自愿性信息披露［J］．经济管理，2015，37（11）：145-155.
何威风，黄华，吴玉宇．最低工资政策变动与上市公司业绩预告［J］．中国软科学，2019，345（9）：119-133.
李晓溪，饶品贵，岳衡．年报问询函与管理层业绩预告［J］．管理世界，2019，35（8）：173-188，192.
王丹，孙鲲鹏，高皓．社交媒体上“用嘴投票”对管理层自愿性业绩预告的影响［J］．金融研究，2020，485（11）：188-206.
杨道广，王佳妮，陈汉文．业绩预告：“压力”抑或“治理”——来自企业创新的证据［J］．南开管理评论，2020，23（4）：107-119.

② BUSHEE B J，MATSUMOTO D A，MILLER G S. Open Versus Closed Conference Calls：The Determinants and Effects of Broadening Access to Disclosure［J］. Journal of Accounting and Economics，2003，34（1-3）：149-180.
KIMBROUGH M D. The Effect of Conference Calls on Analyst and Market Underreaction to Earnings Announcements［J］. The Accounting Review，2005，80（1）：189-219.

③ BROCHET F，KOLEV K，LERMAN A. Information Transfer and Conference Calls［J］. Review of Accounting Studies，2018，23（3）：907-957.

④ CHEN S，CHEN X，CHENG Q. Do Family Firms Provide More or Less Voluntary Disclosure?［J］. Journal of Accounting Research，2008，46（3）：499-536.
FRABKEL R，JOHNSON M，SKINNER D J. An Empirical Examination of Conference Calls as a Voluntary Disclosure Medium［J］. Journal of Accounting Research，1999，37（1）：133-150.
KIMBROUGH M D，LOUIS H. Voluntary Disclosure to Influence Investor Reactions to Merger Announcements：An Examination of Conference Calls［J］. The Accounting Review，2011，86（2）：637-667.

息含量①。我国针对电话会议的研究刚刚起步，最近有部分学者将企业召开电话会议作为企业自愿信息披露的替代变量进行相关研究。②

3. 内部控制鉴证报告。与国外强制要求公司披露内部控制鉴证报告制度相比，我国上市公司内部控制鉴证报告经历了从鼓励自愿披露到强制披露的过程。具体而言，2007—2010 年，上市公司为自愿披露阶段，2011—2013 年为自愿披露与强制披露相结合阶段，2014 年起主板上市公司全部被强制要求披露内部控制鉴证报告。③ 因此，这一特殊背景为学者提供了研究企业自愿信息披露的机会，早期国内部分学者把上市公司自愿披露内部控制鉴证报告作为企业自愿信息披露的替代指标进行相关研究。④

① DAVIS A K，GE W，MATSUMOTO D，et al. The Effect of Manager-Specific Optimism on the Tone of Earnings Conference Calls [J]. Review of Accounting Studies，2015，20 (2)：639-673.
HOBSON J L，MAYEW W J，VENKATACHALAM M. Analyzing Speech to Detect Financial Misreporting [J]. Journal of Accounting Research，2012，50 (2)：349-392.
MATSUMOTO D，PRONK M，ROELOFSEN E. What Makes Conference Calls Useful? The Information Content of Managers' Presentations and Analysts' Discussion Sessions [J]. The Accounting Review，2011，86 (4)：1383-1414.
PRICES M，DORAN J S，PETERSON D R，et al. Earnings Conference Calls and Stock Returns：The Incremental Informativeness of Textual Tone [J]. Journal of Banking & Finance，2012，36 (4)：992-1011.

② 曹廷求，张光利．自愿性信息披露与股价崩盘风险：基于电话会议的研究 [J]．经济研究，2020，55 (11)：191-207.
简晓彤，张光利，高皓．电话会议与中国上市公司股价同步性 [J]．系统工程理论与实践，2021，41 (11)：2786-2805.
闵敏，陈瑞华，刘莉亚，等．分析师自身乐观性："成竹在胸"抑或"夸夸其谈"？——基于语音情绪的实证研究 [J]．经济学（季刊），2021，21 (6)：2217-2238.

③ 方红星，楚有为．自愿披露、强制披露与资本市场定价效率 [J]．经济管理，2019，41 (1)：156-173.

④ 林斌，饶静．上市公司为什么自愿披露内部控制鉴证报告？——基于信号传递理论的实证研究 [J]．会计研究，2009，256 (2)：45-52，93-94.
方红星，金玉娜．高质量内部控制能抑制盈余管理吗？——基于自愿性内部控制鉴证报告的经验研究 [J]．会计研究，2011，286 (8)：53-60，96.
方红星，施继坤．自愿性内部控制鉴证与权益资本成本——来自沪市 A 股非金融类上市公司的经验证据 [J]．经济管理，2011，33 (12)：128-134.
袁蓉丽，陈黎明，文雯．上市公司内部控制审计报告自愿披露的经济效果研究——基于倾向评分匹配法和双重差分法的分析 [J]．经济理论与经济管理，2014，282 (6)：71-83.
方红星，楚有为．自愿披露、强制披露与资本市场定价效率 [J]．经济管理，2019，41 (1)：156-173.

4. 社会责任报告。我国目前关于企业社会责任报告的披露也处于强制与自愿相结合阶段。2006 年深交所鼓励上市公司自愿发布社会责任报告。2008 年起，上交所和深交所强制要求部分上市公司披露社会责任报告，包括上证公司治理板块、发行境外上市外资股、金融类上市公司、深证 100 指数、上证 100 指数等公司，对其他上市公司则鼓励自愿披露。相对应，部分学者进行相关研究时将企业自愿披露社会责任报告作为自愿信息披露的替代变量。①

5. 专业机构评级。国外有一些第三方评级机构每年对企业信息披露情况进行评级。例如，投资管理与研究协会②每年组织一支由分析师、基金经理等专业人员组成的团队对部分上市公司信息披露情况进行综合测评。因此，部分学者使用这类评级指标衡量企业自愿信息披露水平。③ 但也有学者指出，该类评级指标反映的是分析师对上市公司披露质量的看法，很可能受到其他因素的驱动，如公司业绩或与管理层的个人关系，因此可能缺乏客观性。④ 此外，该类指标往往仅涵盖行业内部分规模较大的上市公

---

① 黄寿昌，李芸达，陈圣飞．内部控制报告自愿披露的市场效应——基于股票交易量及股票收益波动率的实证研究［J］．审计研究，2010（4）：44-51.
陈国辉，关旭，王军法．企业社会责任能抑制盈余管理吗？——基于应规披露与自愿披露的经验研究［J］．会计研究，2018，365（3）：19-26.
刘媛媛，田言．财务报表误述、误述风险与自愿性信息披露——基于企业社会责任报告的证据［J］．会计研究，2019，378（4）：26-35.

② 如今被称为 CFA 协会，过去也叫金融分析师协会（Financial Analysis Federation，FAF）（Jones，2007）。

③ LANG M，LUNDHOLM R. Cross-Sectional Determinants of Analyst Ratings of Corporate Disclosures［J］. Journal of Accounting Research，1993，31（2）：246-271.
LANG M H，LUNDHOLM R J. Corporate Disclosure Policy and Analyst Behavior［J］. The Accounting Review，1996，71（4）：467-492.

④ BAMBER L S，CHEON Y S. Discretionary Management Earnings Forecast Disclosures：Antecedents and Outcomes Associated with Forecast Venue and Forecast Specificity Choices［J］. Journal of Accounting Research，1998，36（2）：167-190.
JONES D A. Voluntary Disclosure in R&D-Intensive Industries［J］. Contemporary Accounting Research，2007，24（2）：489-522.

司①，也会削弱指标的普适性。在国内，南开大学中国公司治理研究院从2003年起每年发布"中国上市公司治理指数"，该指数包括"股东治理指数、董事会治理指数、监事会治理指数、经理层治理指数、信息披露指数、利益相关者治理指数"六大维度，部分学者使用其中的信息披露指数衡量企业自愿信息披露水平②，但该指数并未公开披露。此外，深交所、上交所分别于2001年和2013年起每年对上市公司信息披露情况进行考评，并给予ABCD等级评分。该评级指标既包括企业强制信息披露情况，也包括企业自愿信息披露情况，因此在进行实证研究时可能噪声较大。

6. 自行构建指标。国内外也有学者自行构建企业自愿信息披露指标。例如，Kim和Verrecchia③创建了KZ指标，用公司股票收益率与交易量的斜率来衡量企业信息披露水平，斜率越大，表示信息披露质量越低；反之，则越高。但该指标既反映了企业强制披露情况，也反映了企业自愿信息披露情况。还有一类学者通过分析企业在年报、季报、临时公告中披露的特质信息④构建企业自愿信息披露指标。最近，Boulland等⑤基于公司网站信息构建了一种新的自愿信息披露指标，根据作者的表述，该指标不仅能够捕捉到企业在资本市场的相关信息，还可以捕捉到面向投资者以外的其他利益相关者（例如，客户）的额外信息，能够广泛适用于小规模企业、私营企业以及跨国公司等。总的来说，通过人为判断、赋值的方法自

---

① LANG M H, LUNDHOLM R J. Corporate Disclosure Policy and Analyst Behavior [J]. The Accounting Review, 1996, 71 (4): 467-492.

② 程新生，徐婷婷，王琦，等. 自愿性信息披露与公司治理：董事会功能与大股东行为 [J]. 武汉大学学报（哲学社会科学版），2008, 297 (4): 489-494.
程新生，谭有超，许垒. 公司价值、自愿披露与市场化进程——基于定性信息的披露 [J]. 金融研究，2011, 374 (8): 111-127.
程新生，谭有超. 自愿披露可以提高财务透明度吗？[J]. 经济管理，2013, 35 (6): 95-102.

③ KIM O, VERRECCHIA R E. The Relation Among Disclosure, Returns, and Trading Volume Information [J]. The Accounting Review, 2001, 76 (4): 633-654.

④ 包括公司战略信息、社会责任信息、财务信息、非财务信息等。

⑤ BOULLAND R, BOURVEAU T, BREUER M. Corporate Websites: A New Measure of Voluntary Disclosure [R]. Amsterdam: Working Paper, 2019.

行构建企业自愿信息披露指标，可能会受个体主观因素影响，缺乏客观性。

7. 财务报表中某类特质信息。也有学者使用财务报表或附注内的某类信息衡量企业特定维度的自愿信息披露水平，包括但不限于智力资本信息，支付的其他与经营活动有关的现金、前五大客户信息等。

8. 其他。随着新闻媒体行业的迅速发展，企业通过媒体发声的渠道越来越多。近几年有学者通过分析公司在微博等社交网站披露的自愿性信息进行相关研究，进一步扩展了企业自愿信息披露范围。

（四）本书实证研究使用的度量指标

通过对企业自愿信息披露的概念和定义，以及实证研究中常用的几种度量方法进行梳理后发现，学者对企业自愿信息披露的衡量标准各不相同。综合考虑，本书把上市公司自愿披露的业绩预告作为企业自愿信息披露的代理变量，原因如下：1. 不论国内还是国外，业绩预告（或管理层盈余预测）都是企业自愿信息披露最广泛的一种形式。很多国外权威文献直接将业绩预告（或管理层盈余预测）视为企业自愿信息披露。2. 业绩预告的信息含量更多。多数学者认为，业绩预告（或管理层盈余预测）具有丰富的信息含量①，不仅能够向外界传递公司的专有信息，还能传递宏观信息。3. 其他替代指标或难以获取，或缺乏客观性。不论是自行构建指标，还是第三方评级指标，都具有一定主观性，且容易与企业强制信息披露水平混淆，影响研究结论。值得说明的是，考虑到在国外，召开电话会

---

① BAMBER L S, CHEON Y S. Discretionary Management Earnings Forecast Disclosures: Antecedents and Outcomes Associated with Forecast Venue and Forecast Specificity Choices [J]. Journal of Accounting Research, 1998, 36 (2): 167-190.
BOULLAND R, BOURVEAU T, BREUER M. Corporate Websites: A New Measure of Voluntary Disclosure [R]. Amsterdam: Working Paper, 2019.
HUANG Y, JENNINGS R, YU Y. Product Market Competition and Managerial Disclosure of Earnings Forecasts: Evidence from Import Tariff Rate Reductions [J]. The Accounting Review, 2017, 92 (3): 185-207.
王玉涛，王彦超．业绩预告信息对分析师预测行为有影响吗［J］．金融研究，2012，384（6）：193-206.

议也是公司常见的自愿披露形式之一，且近期有国内学者予以关注。为增强研究结论普适性，本书在稳健性检验部分将上市公司召开电话会议作为企业自愿信息披露的替代指标。

第三节 研究思路与研究方法

一、研究思路

本书依照以下研究思路进行研究。

首先，明确研究问题。本书研究的是上市公司自愿信息披露的同行效应，具体来说，本书研究中国上市公司自愿信息披露同行效应的内外部动因和后果。本书先对我国上市公司自愿信息披露情况的研究背景进行介绍，然后分析本文研究的理论意义和现实意义。此外，还应界定书中的相关概念，避免混淆。主要介绍与同行效应相关的概念，和企业自愿信息披露概念、定义等，同时确定本书实证研究部分使用的代理变量。

其次，分析问题。一是通过梳理与企业自愿信息披露相关的国内外文献，寻找研究切入点，文献综述定位于企业自愿信息披露的影响因素和经济后果。二是通过梳理与企业行为同行效应相关的国内外文献，寻找研究机会，明确本书研究的增量价值。三是结合相关文献的梳理，对本书研究需要用到的几个重要的基础理论进行详细介绍，提高研究的理论支撑。

最后，解决问题。本书主要通过实证研究的方法进行相关研究。一是根据研究内容确定研究样本、样本筛选过程和样本区间选择。二是确定实证研究方法。根据已有研究成果，企业同行效应的研究容易存在反射问题（reflection problem），即因为同行企业受到共同因素的影响导致实证结果存在较大的内生性问题。因此，本书依照研究惯例，引入工具变量进行实证研究。三是对上市公司自愿信息披露同行效应的存在性进行检验，这是全书实证研究的基础。在这一部分，尽量从多维度进行深入分析，确保研究结论的稳健性。四是研究企业自愿信息披露同行效应的内在动因，主要从管理层学习动机和信息优势动机两方面进行分析，并进一步研究其后果。五是研究企业自愿信息披露同行效应的外在动因，分别从投资者（外部信息需求）、行业环境（行业竞争压力）、宏观环境（经济政策不确定性）三个方面进行分析。同理，也分别对三种外部动机下同行效应的后果展开讨论。五是结合本文的研究结论，分别从监管机构、上市公司、投资者的角度给出政策建议、披露指导或投资决策等。

二、研究方法

本书采用了文献分析法、演绎推理法、实证分析法多个研究方法，分析企业自愿信息披露同行效应的内外动因及后果。具体如下。

（一）文献分析法

根据本书的研究方向和研究内容，通过搜集、阅读、梳理关于企业自愿信息披露影响因素、企业自愿信息披露经济后果、企业行为同行效应领域的相关文献，厘清企业自愿信息披露的动机，了解行为经济学与公司金融交叉学科的研究成果。确定目前该领域的研究方法、研究进展、研究结论和研究不足，明确本书的文献定位和研究价值。

（二）演绎推理法

现有研究以经典理性模型为出发点，聚焦研究企业自愿信息披露的影响因素和后果。本书基于最新研究成果，根据行为经济学的行为模型进行推广演绎，分别从社会学的有限理性理论、经济社会学的嵌入理论、心理学和经济学的羊群效应出发，探讨企业自愿信息披露的同行效应，并对其存在的内部动因、外部动因、经济后果展开讨论。

（三）实证分析法

通过文献分析和演绎推理，结合已有研究，选择适用于本书研究内容的实证方法，包括面板普通最小二乘法（OLS）、面板工具变量法（IV）等。研究样本为中国 A 股上市公司，样本区间为 2010—2020 年。研究数据来自多个公开数据库，包括 CSMAR 数据库、WIND 数据库、香港浸会大学的数据库等。为解决同行效应研究中存在的反射问题（reflection problem)，选用合适的工具变量对主假设进行检验。另外，本书还采取了多个计量经济学中的回归方法进行稳健性检验。本书使用的计量软件为STATA 17.0。

第四节 研究内容与技术路线

一、研究内容

结合前文研究思路和研究方法，本书主要进行了以下研究。

第一章是绪论，包括研究背景与研究意义、概念界定、研究思路与研究方法、研究内容与技术路线、研究创新与研究不足。研究背景部分，首先，说明我国资本市场上市公司自愿信息披露质量不高的事实；其次，提出研究中国上市公司自愿信息披露动机和行为的四个必要性；最后，提出本书的研究问题。研究意义部分，首先，说明三个重要的理论意义；其次，说明三个重要的现实意义。概念界定部分，首先，对同行效应相关概念进行介绍和界定，包括“同群效应”“同侪效应”“传染效应”“羊群效应”等；其次，对企业自愿信息披露的概念及内容与原则、实证研究中的度量方法、本书实证研究使用的度量方法进行说明。研究思路与研究方法部分，首先，依照“提出问题—分析问题—解决问题”的逻辑梳理研究思路；其次，介绍本实证研究使用的三种研究方法。研究内容与技术路线部分，首先，详细说明每一章节的研究内容；其次，以流程图形式展示本书的技术路线。

第二章是文献综述，包括企业自愿信息披露的影响因素、企业自愿信息披露的经济后果、企业行为的同行效应、文献述评。首先，企业自愿信息披露的影响因素主要分为公司内部因素和公司外部因素，根据文献主题分门别类进行综述；其次，企业自愿信息披露的经济后果分为对信息不对称和资本成本、专有成本、公司股价、公司行为、市场参与者五个方面的影响；再次，企业行为的同行效应部分分别对企业投资、融资、信息披露、其他行为的同行效应文献进行梳理、归纳和总结；最后，文献述评指出现有文献的不足和未来研究方向，并说明本书与已有研究的不同之处。

第三章是制度背景与理论基础。首先，介绍了我国企业自愿信息披露的制度演进；其次，介绍本书使用的理论基础，包括信息经济学领域的信息不对称理论、信号理论，社会学领域的有限理性理论，经济社会学领域的嵌入理论，经济学领域的羊群效应等。

第四章是企业自愿信息披露同行效应的存在性研究。本章将使用实证分析方法对企业自愿信息披露同行效应的存在性进行检验。主要基于管理层的有限理性、公司信息不对称和羊群效应三个理论提出假设。在进一步研究部分，本章还对同行总体的自愿信息披露水平高低、行业领头羊和行业跟随者企业、企业自愿信息披露类型进行分组回归，进一步检验了不同情境下企业自愿信息披露的同行效应。

第五章是企业自愿信息披露同行效应的内部动因。本章在第四章基础上，从管理层个人动机入手，研究企业自愿信息披露同行效应存在的内在动因。具体而言，分别从管理层个人学习动机和管理层信息优势动机两个维度进行分组检验。在进一步研究部分，本书还检验了不同动机下的经济后果，这为我们更好理解管理层的模仿披露动机提供了帮助。

第六章是企业自愿信息披露同行效应的外部动因。本章主要从企业所处外部环境考虑同行效应的动因。具体而言，分别从企业外部信息需求、行业竞争压力、经济政策不确定性三个维度进行分组检验。同理，对不同动机下的经济后果进行检验，有助于深入理解管理层的模仿披露动机，同时也为厘清管理层的理性模仿和非理性模仿提供了参考。

第七章是研究结论与启示。首先，说明全书的研究结论；其次，分别从监管层、上市公司和投资者三个角度提出政策建议或决策指导。

二、技术路线

本书的研究结构图如图 1.1 所示。

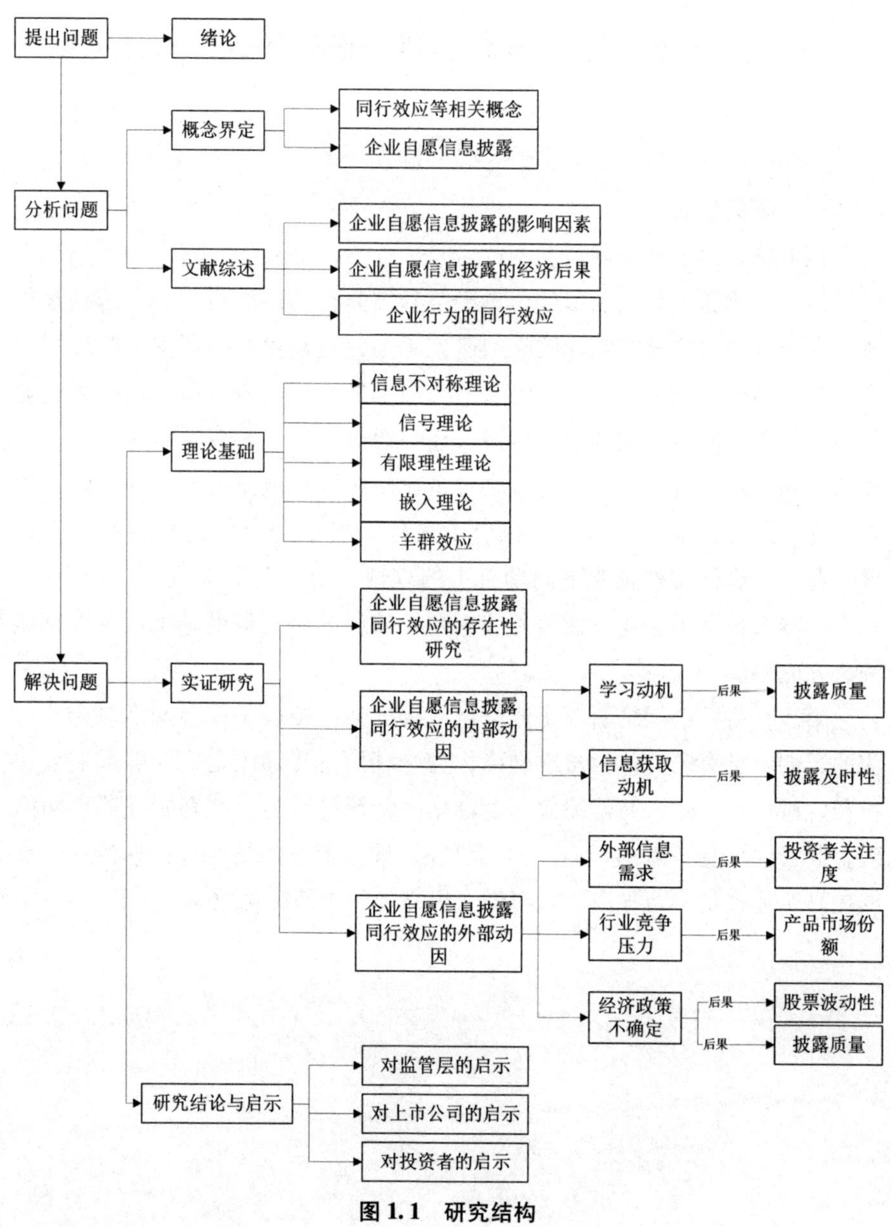
提出问题
绪论
分析问题
概念界定
同行效应等相关概念
企业自愿信息披露
文献综述
企业自愿信息披露的影响因素
企业自愿信息披露的经济后果
企业行为的同行效应
理论基础
信息不对称理论
信号理论
有限理性理论
嵌入理论
羊群效应
解决问题
实证研究
企业自愿信息披露同行效应的存在性研究
企业自愿信息披露同行效应的内部动因
学习动机
后果
披露质量
信息获取动机
后果
披露及时性
企业自愿信息披露同行效应的外部动因
外部信息需求
后果
投资者关注度
行业竞争压力
后果
产品市场份额
经济政策不确定
后果
股票波动性
后果
披露质量
研究结论与启示
对监管层的启示
对上市公司的启示
对投资者的启示

图 1.1 研究结构

第五节　研究创新与研究不足

一、研究创新

本书具有以下几个创新点。

第一，检验了我国上市公司自愿信息披露行为的同行效应。国外聚焦研究企业自愿信息披露同行效应的研究不多，对其存在动因多从管理层内部动机方面展开讨论。本书不仅从公司内部的学习动机、信息优势对企业模仿同行披露的内在动因进行探讨，还综合企业所处的资本市场环境、行业状况和宏观经济，从更多的维度对企业模仿同行披露的外部动因进行深入研究。此外，本书还进一步探讨了内外动机下企业模仿披露的经济后果，有助于更好理解企业不同动机下的理性模仿行为和非理性模仿行为。总之，本书拓宽了企业自愿信息披露同行效应的研究范围，丰富了该领域的研究成果。

第二，将社会网络引入企业信息披露框架，拓展了社会网络对企业行为的影响。已有研究认为董事网络作为一种信息传递渠道，能够影响公司投资、避税、捐赠、并购绩效、金融化、创新等行为，鲜有研究董事网络对企业自愿信息披露的影响。本书研究发现，董事网络通过信息传递，能够提高企业模仿同行披露的及时性，提高管理层的决策效率。

第三，回应了同行之间的信息披露是“替代效应”还是“互补效应”之争。有研究认为，同行企业之间披露的信息互为替代①，这是因为同行公司处于相同的宏观环境和行业冲击中。因此，投资者可以从同行披露的信息中获取信息，补充对公司的私有信息，从而降低公司披露意愿。也有研究认为同行企业之间披露的信息互为补充②，这是因为同行披露的信息具有增量价值，能够补充企业管理层的私有信息，从而提高公司披露意愿。本书研究结果表明，同行之间的信息披露是替代关系还是互补关系，要根据不同的情境来分析，当企业管理层的学习动机更强，管理层的社会网络更丰富，企业外部信息需求更高，行业竞争压力和宏观环境不确定性更大时，同行之间披露的信息可能“互为补充”，即同行自愿披露能够提高企业自愿信息披露；而当企业外部信息需求和行业竞争程度更小时，同行之间披露的信息可能“互为替代”，即同行自愿披露能够降低企业自愿信息披露。总之，本书研究表明，同行之间信息披露的关系，要视企业经营情况、行业环境及宏观经济状况而定。

二、研究不足

本书研究可能具有以下局限性。

第一，企业自愿信息披露的渠道较多，现有研究技术无法涵盖企业自

---

① BAGINSKI S P, HINSON L A. Cost of Capital Free-Riders [J]. The Accounting Review, 2016, 91 (5): 1291-1313.

BREUER M, HOMBACH K, MULLER M A. WhenYou Talk, I Remain Silent: Spillover Effects of Peers' Mandatory Disclosures on Firms' Voluntary Disclosures [J]. The Accounting Review, 2022, 97 (4): 155-186.

SHROFF N, VERDI R S, YOST B P. When Does the Peer Information Environment Matter? [J]. Journal of Accounting and Economics, 2017, 64 (2-3): 183-214.

② BOURVEAU T, SHE G, ŽALDOKAS A. Corporate Disclosure as a Tacit Coordination Mechanism: Evidence from Cartel Enforcement Regulations [J]. Journal of Accounting Research, 2020, 58 (2): 295-332.

KEPLER J D. Private Communication among Competitors and Public Disclosure [J]. Journal of Accounting and Economics, 2021, 71 (2-3): 101387.

SEO H. Peer Effects in Corporate Disclosure Decisions [J]. Journal of Accounting and Economics, 2021, 71 (1): 101364.

愿信息披露的所有范围。因此，本书选择国内外信息披露领域使用较多的、认可度更高的度量方式，用企业自愿披露的业绩预告来衡量企业自愿信息披露水平。为增强研究结论的普适性，在稳健性检验部分，本书还使用了上市公司召开电话会议的数据进行实证分析，研究结论没有发生改变。

第二，本书实证分析中使用的是上市公司季度数据，因此并未进一步研究企业模仿同行披露对企业长期价值的影响。未来可针对该领域进行深入研究，包括但不限于对企业价值、资本成本、投资者反应等的进一步讨论。

第二章

文献综述

第一节　企业自愿信息披露的影响因素

根据企业自愿信息披露框架，当公司接收到有价值的私有信息时，会权衡披露成本与披露收益，进而做出信息披露决策。披露成本包括直接成本、诉讼成本、专用成本等；披露收益包括减少公司信息不对称程度，提高股票流动性，降低企业资本成本等。当披露收益大于披露成本时，企业会向投资者传递可靠的信息，进行信息披露；当披露收益小于披露成本时，企业会隐藏信息。

学者针对企业自愿信息披露动机和影响因素展开了广泛而深入的研究，大体可将企业自愿信息披露的影响因素归纳为公司内部因素和公司外部因素。

一、公司内部因素

（一）公司个体和财务特征

公司个体特征及财务特征能够影响管理层的披露成本与披露收益，从而影响披露意愿。研究发现，公司利润率、规模、资产负债率、上市状态、注册地、融资需求、可变回报、销售增长率、盈利能力等均与企业自愿信息披露相关。企业成本粘性也与管理层盈余预测水平正相关，这是因为成本粘性较大的公司，盈余波动性也较大，这会增大管理层盈余预测误差，从而增加投资者对信息的需求。① 此外，公司无形资产越高，企业召开电话会议概率越低，因为管理层更喜欢向成熟投资者（例如，分析师）披露复杂的财务信息。②

（二）管理层个人特征

管理层不同的个人特征会导致差异化的披露偏好。Liao 等③研究了管理层性格特征对企业盈余预测的影响，研究发现当首席财务官（CFO）性格为外向型时，公司的盈余预测水平和预测误差均有所增加，但作者未发现首席执行官（CEO）性格与企业盈余预测具有显著相关性。Chen 等④研究管理层情绪对企业自愿信息披露特征的影响。具体而言，利用美国恐怖袭击的外生冲击研究发现，被袭击严重的城市附近的企业管理层发布的盈余预测更消极，且当管理层更年轻、更缺乏经验和信息时，这种负相关性更强。

（三）公司股东结构

总的来说，公司股东能够发挥监督作用，促使管理层自愿披露信息。具体而言，当公司股东数量越多时，企业召开电话会议概率越大⑤，这是

---

① CIFTCI M, SALAMA F M. Stickiness in Costs and Voluntary Disclosures: Evidence from Management Earnings Forecasts [J]. Journal of Management Accounting Research, 2018, 30 (3): 211-234.

② BUSHEE B J, MATSUMOTO D A, MILLER G S. Open Versus Closed Conference Calls: The Determinants and Effects of Broadening Access to Disclosure [J]. Journal of Accounting and Economics, 2003, 34 (1-3): 149-180.

③ LIAO C H, SAN Z, TSANG A, et al. Executive Extraversion and Voluntary Disclosure: Evidence from Management Earnings Forecasts [J]. Asia-Pacific Journal of Accounting & Economics, 2023, 30 (1): 56-71.

④ CHEN W, WU H, ZHANG L. Terrorist Attacks, Managerial Sentiment, and Corporate Disclosures [J]. The Accounting Review, 2021, 96 (3): 165-190.

⑤ BUSHEE B J, MATSUMOTO D A, MILLER G S. Open Versus Closed Conference Calls: The Determinants and Effects of Broadening Access to Disclosure [J]. Journal of Accounting and Economics, 2003, 34 (1-3): 149-180.
PRICE S M, DORAN J S, PETERSON D R, et al. Earnings Conference Calls and Stock Returns: The Incremental Informativeness of Textual Tone [J]. Journal of Banking & Finance, 2012, 36 (4): 992-1011.

因为管理层需要满足股东的信息需求。Bourveau 和 Schoenfeld① 研究发现股东激进主义促使企业披露自愿性信息，当公司面临被激进投资者攻击的风险时，管理层会频繁发布盈余预测和销售预测，这可以降低公司成为激进投资者目标的可能性。这一研究表明管理层会利用企业自愿披露来先发制人。Akamah 和 Shu② 研究发现大股东投资组合多样化也会提高管理层自愿信息披露，因为大股东多样化投资组合可以降低公司管理层利用私人信息进行获益的可能性，提高了对管理层的监督能力，从而促进企业披露更多的盈余预测。另外，管理层持股比例越低，政府持股比例越高，企业自愿信息披露水平越高；外部董事则降低公司自愿信息披露水平。③

（四）薪酬合同

Beyer 和 Dye④ 通过构建分析模型，研究了薪酬合同和企业自愿信息披露之间的关系。研究发现，不同的薪酬结构对公司自愿信息披露的影响是不同的，在基于债务契约和股权契约制定的薪酬合同下，企业自愿信息披露水平随着债务的增加而减少；在基于股权契约和公司价值制定的薪酬合同下，当初始债务水平很低（高）时，债务的提高会导致企业降低（提高）自愿信息披露水平；在基于公司价值制定的薪酬合同下，企业自愿信息披露水平与债务水平不相关；在基于股权契约制定的薪酬合同下，企业自愿信息披露水平会降低；在基于债务契约制定的薪酬合同下，企业自愿信息披露水平会提高；在薪酬合同的制定中增加股票价格的权重，会减少企业自愿信息披露水平。Nagar 和 Schoenfeld⑤ 发现当公司存在大股东能够约束管理层共享私人收益的合同时，管理层公开披露信息成本很高，这会

---

① BOURVEAU T, SCHOENFELD J. Shareholder Activism and Voluntary Disclosure [J]. Review of Accounting Studies, 2017, 22 (3): 1307-1339.

② AKAMAH H T, SHU S Q. Large Shareholders with Diversified Equity Portfolios and Voluntary Disclosure: International Evidence [R]. Amsterdam: Working Paper, 2017.

③ ENG L L, MAK Y T. Corporate Governance and Voluntary Disclosure [J]. Journal of Accounting and Public Policy, 2003, 22 (4): 325-345.

④ BEYER A, DYE R A. Debt and Voluntary Disclosure [J]. The Accounting Review, 2021, 96 (4): 111-130.

⑤ NAGAR V, SCHOENFELD J. Shareholder Monitoring and Discretionary Disclosure [J]. Journal of Accounting and Economics, 2021, 72 (1): 101422.

促使管理层向大股东提供更多私有信息，挤出对外的信息披露，从而降低企业盈余预测水平。Kim① 最近通过实证研究发现，管理层职业生涯的不确定会影响企业自愿信息披露水平。具体而言，任期较短的管理层有动机为了影响短期内的股价波动来增加自愿信息披露，而任期较长的管理层更注重企业未来股价，不会提高短期内的自愿信息披露水平。因此，当投资者无法确定企业管理层任期长短时，任期较短的管理层可基于这种信息不对称隐藏坏消息。随着管理层任期信息公开，任期较短的管理层会显著提高企业的自愿信息披露水平。

（五）公司行为

Chen 等②研究发现企业期权市场交易会导致管理层为了避免挤出知情交易而隐瞒信息，降低盈余预测频率。Kimbrough 和 Louis③ 研究了并购形式对公司召开电话会议的影响，研究发现当并购形式是融资并购和股票并购，且并购规模较大时，并购方更可能在并购宣告日前召开电话会议，向外界传递私有信息。Kays④ 以澳大利亚上市公司为样本，研究了公司强制信息披露对自愿信息披露的影响，研究发现当公司被强制要求披露纳税申报单时，随着申报单复杂程度增加，投资者信息理解成本会增加，信息精度会降低，这会促使管理层披露更多的自愿性信息进行澄清。Huang 等⑤ 研究了公司创新对自愿披露的影响，研究发现当公司创新成功后，管理层

---

① KIM J, VALENTINE K. The Innovation Consequences of Mandatory Patent Disclosures [J]. Journal of Accounting and Economics, 2021, 71 (2-3): 101381.

② CHEN Y, NG J, YANG X. Talk Less, Learn More: Strategic Disclosure in Response to Managerial Learning from the Options Market [J]. Journal of Accounting Research, 2021, 59 (5): 1609-1649.

③ KIMBROUGH M D, LOUIS H. Voluntary Disclosure to Influence Investor Reactions to Merger Announcements: An Examination of Conference Calls [J]. The Accounting Review, 2011, 86 (2): 637-667.

④ KAYS A. Voluntary Disclosure Responses to Mandated Disclosure: Evidence from Australian Corporate Tax Transparency [J]. The Accounting Review, forthcoming, 2022, 97 (4): 317-344.

⑤ HUANG S, NG J, RANASINGHE T, et al. Do Innovative Firms Communicate More? Evidence from the Relation between Patenting and Management Guidance [J]. The Accounting Review, 2021, 96 (1): 273-297.

为了回应投资者的信息需求会披露更多盈余预测。

二、公司外部因素

（一）行业环境和竞争程度

行业环境方面，同行企业行为可能通过影响行业环境，影响公司自愿信息披露。例如，Ai 等①研究了同行诉讼风险对企业自愿信息披露的溢出效应，发现同行公司诉讼风险会提高焦点公司（focal firms）的不确定性和披露成本，从而降低焦点公司的盈余预测概率和频率。进一步研究发现，机构投资者交叉持股是同行诉讼风险外部性的潜在机制。行业竞争方面，一方面有学者认为，行业竞争程度与企业自愿信息披露负相关②，因为信息会给企业带来专有成本。理论模型也表明，企业披露过多信息会给竞争对手企业带来收益，因此市场竞争与企业自愿信息披露负相关。③ Huang 等④利用美国进口关税削减这一外生事件，检验了产品市场竞争与管理层盈余预测的关系。研究发现关税削减导致国内市场竞争程度增加，会降低管理层的盈余预测频率，这是因为企业自愿信息披露给企业带来了专有成

---

① AI M, BAI J J, CHEN T, et al. The Spillover of Shareholder Litigation Risk and Corporate Voluntary Disclosure [R]. Amsterdam: Working Paper, 2021.

② BENS D A, BERGER P G, MONAHAN S J. Discretionary Disclosure in Financial Reporting: An Examination Comparing Internal Firm Data to Externally Reported Segment Data [J]. The Accounting Review, 2011, 86 (2): 417-449.
DEDMAN E, LENNOX C. Perceived Competition, Profitability and the Withholding of Information about Sales and the Cost of Sales [J]. Journal of Accounting and Economics, 2009, 48 (2-3): 210-230.

③ CLINCH G, VERRECCHIA R E. Competitive Disadvantage and Discretionary Disclosure in Industries [J]. Australian Journal of Management, 1997, 22 (2): 125-137.
VERRECCHIA R E. Discretionary Disclosure [J]. Journal of Accounting and Economics, 1983, 5: 179-194.
VERRECCHIA R E. Information Quality and Discretionary Disclosure [J]. Journal of Accounting and Economics, 1990, 12 (4): 365-380.

④ HUANG Y, JENNINGS R, YU Y. Product Market Competition and Managerial Disclosure of Earnings Forecasts: Evidence from Import Tariff Rate Reductions [J]. The Accounting Review, 2017, 92 (3): 185-207.

本。Glaeser 和 Landsman ①也发现，随着产品市场竞争程度增加，企业可能为了降低与竞争对手产品相似度而提高专利信息的自愿披露水平。另一方面，行业竞争程度也可能与企业自愿信息披露正相关②，因为企业可以通过披露自愿性信息阻止潜在竞争者进入该行业。③ 也有学者认为，不同的行业竞争性质对企业自愿信息披露的影响方向是不同的。Li④ 在对竞争情况进行详细区分后发现，由潜在进入者带来的市场竞争会提高公司的自愿信息披露水平，而由在位企业带来的市场竞争会降低公司的自愿信息披露水平。综上，关于行业竞争与企业自愿信息披露的研究结论存在争议，这可能与在实证研究中学者使用的市场集中度指标不同有关。⑤

（二）投资者

机构投资者通过施加外部压力和发挥监督功能，能够促使企业披露更

---

① GLAESER S A，LANDSMAN W R. Deterrent Disclosure［J］. The Accounting Review，2021，96（5）：291-315.

② BOTOSAN C A，STANFORD M. Managers' Motives to Withhold Segment Disclosures and the Effect of SFAS No. 131 on Analysts' Information Environment［J］. The Accounting Review，2005，80（3）：751-772.
HARRISM S. The Association between Competition and Managers' Business Segment Reporting Decisions［J］. Journal of Accounting Research，1998，36（1）：111-128.

③ DARROUGH M N，STOUGHTON N M. Financial Disclosure Policy in an Entry Game［J］. Journal of Accounting and Economics，1990，12（1-3）：219-243.
WAGENHOFER A. Voluntary Disclosure with a Strategic Opponent［J］. Journal of Accounting and Economics，1990，12（4）：341-363.

④ LI X. The Impacts of Product Market Competition on the Quantity and Quality of Voluntary Disclosures［J］. Review of Accounting Studies，2010，15（3）：663-711.

⑤ ALI A，KLASA S，YEUNG E. Industry Concentration and Corporate Disclosure Policy［J］. Journal of Accounting and Economics，2014，58（2-3）：240-264.
HUANG Y，JENNINGS R，YU Y. Product Market Competition and Managerial Disclosure of Earnings Forecasts：Evidence from Import Tariff Rate Reductions［J］. The Accounting Review，2017，92（3）：185-207.
LANG M，SUL E. Linking Industry Concentration to Proprietary Costs and Disclosure：Challenges and Opportunities［J］. Journal of Accounting and Economics，2014，58（2-3）：265-274.

多自愿信息①，同时还能影响披露的数量、形式和质量。② 机构投资者的共同所有权则提高企业自愿信息披露水平③，这是因为共同所有权的机构投资者降低了行业竞争和公司披露的专用成本，不仅促使公司披露更多自愿信息，还能促使机构投资者共享公司信息披露的正外部性。Peyravan和Wittenberg-Moerman④ 研究了机构投资者双重持股（同时持有公司债券和股权）对企业自愿信息披露的影响，研究发现公司在贷款后为了防止机构投资者根据借贷关系收集的私有信息进行交易，会提高盈余预测水平；而当公司未披露盈余预测时，具有双重持股的机构投资者在发放贷款后会进行股权交易获取更大收益。该研究还验证了公司会利用自愿信息披露决策来缓解机构投资者对公司信息环境造成的不利影响。

（三）制度因素

制度因素可以粗略地划分为正式制度和非正式制度。正式制度方面，会计准则的变更或实施会影响企业自愿信息披露水平。Hribar 等⑤研究发现，公认会计准则（GAAP）会限制管理层通过操纵财务报告传递信息，从而提高管理层对非 GAAP 盈余信息、盈余预测、管理层讨论与分析的自愿性披露。作者进一步研究发现，当公司外部信息需求更高、监督能力更强时，两者之间的关系更显著。非正式制度方面，传统文化涵盖社会成员

① LIN Y, MAO Y, WANG Z. Institutional Ownership, Peer Pressure, and Voluntary Disclosures [J]. The Accounting Review, 2018, 93 (4): 283-308.

② AJINKYA B, BHOJRAJ S, SENGUPTA P. The Association between Outside Directors, Institutional Investors and the Properties of Management Earnings Forecasts [J]. Journal of Accounting Research, 2005, 43 (3): 343-376.
BIRD A, KAROLYI S A. Do Institutional Investors Demand Public Disclosure? [J]. Review of Financial Studies, 2016, 29 (12): 3245-3277.

③ PARK J, SANI J, SHROFF N, et al. Disclosure Incentives When Competing Firms Have Common Ownership [J]. Journal of Accounting and Economics, 2019, 67 (2-3): 387-415.

④ PEYRAVAN L, WITTENBERG-MOERMAN R. Institutional Dual-Holders and Managers' Earnings Disclosure [J]. The Accounting Review, 2022, 97 (3): 343-371.

⑤ HRIBAR P, MERGENTHALER R, ROESCHLEY A, et al. Do ManagersIssue More VoluntaryDisclosure When GAAPLimitsTheir ReportingDiscretion in Financial Statements? [J]. Journal of Accounting Research, 2022, 60 (1): 299-351.

的价值观，可能会影响管理层的信息披露决策。① 毕茜等②发现中国传统宗教文化能促使企业披露环境信息。邹萍③发现中国传统儒家文化能够提高企业的社会责任披露质量和水平。

（四）资本市场发展和宏观环境

资本市场发展会影响公司自愿信息披露水平。Rickmann④ 用公司股价和交易量来衡量市场透明度，研究发现随着市场透明度提高，公司会披露更多盈余预测，尤其是坏消息。此外，资本市场开放也能通过降低企业信息不对称程度、提高市场信息需求，促使管理层提高自愿性业绩预测精度和意愿。⑤ 宏观环境也会对企业自愿信息披露产生影响。当宏观冲击造成股价异常上涨，或企业所处的外部环境诉讼风险较高时，公司的事前诉讼风险增加⑥，为降低诉讼风险，企业会增加自愿信息披露。⑦ Schloetzer 等⑧认

---

① HANIFFA R M，COOKE T E. Culture，Corporate Governance and Disclosure in Malaysian Corporations [J]. Abacus，2002，38 (3)：317-349.

② 毕茜，顾立盟，张济建．传统文化、环境制度与企业环境信息披露 [J]．会计研究，2015 (03)：12-19，94.

③ 邹萍．儒家文化能促进企业社会责任信息披露吗？[J]．经济管理，2020，42 (12)：76-93.

④ RICKMANNG A. The Effect of Market Transparency on Corporate Disclosure：Evidence from the Observability of Bond Prices and Trading [J]. The Accounting Review，2022，97 (4)：371-397.

⑤ 唐建新，程利敏，陈冬．资本市场开放与自愿性信息披露——基于沪港通和深港通的实验检验 [J]．经济理论与经济管理，2021，41 (2)：85-97.

⑥ KIM I，SKINNER D J. Measuring Securities Litigation Risk [J]. Journal of Accounting and Economics，2012，53 (1-2)：290-310.

⑦ CAO Z，NARAYANAMOORTHY G S. The Effect of Litigation Risk on Management Earnings Forecasts [J]. Contemporary Accounting Research，2011，28 (1)：125-173.
HIRST D E，KOONCE L，VENKATARAMAN S. Management Earnings Forecasts：A Review and Framework [J]. Accounting Horizons，2008，22 (3)：315-338.
KASZNIK R，LEV B. To Warn or Not to Warn：Management Disclosures in the Face of an Earnings Surprise [J]. The Accounting Review，1995，70 (1)：113-134.
SKINNER D J. Why Firms Voluntarily Disclose Bad News [J]. Journal of Accounting Research，1994，32 (1)：38-60.

⑧ SCHLOETZER J D，TSENG A，YOHN T L，et al. Blame Attribution and Disclosure Propensity [J]. The Accounting Review，2021，96 (4)：405-432.

为，社会的责任归因会降低企业自愿披露水平。具体而言，作者对 383 个重大负面事件（包括伤亡事故、石油泄漏、灾难、投资者集体诉讼）进行分析后发现，当外界很可能将负面事件归因于公司时，公司为了避免诉讼成本和声誉成本会减少自愿信息披露。此外，技术的发展也会影响企业自愿信息披露。例如，Xue 和 Zheng① 构建分析模型发现，随着技术创新增加，投资者获取的私有信息更多，这会增加市场噪声交易和股价波动。为降低股价波动，公司会增加和提高自愿信息披露的数量和质量。

第二节　企业自愿信息披露的经济后果

企业自愿信息披露作为一种信号传递机制，可以向外界传递公司透明度很高的信息，影响市场对企业价值的预期。企业对内信息披露既能对内影响企业的信息不对称程度和资本成本，也可以对外影响资本市场参与者的行为。

一、信息不对称和资本成本

理论和经验证据都表明，企业自愿信息披露可以降低企业信息不对称程度和资本成本。②

理论依据是，根据信息不对称理论，信息拥有者会利用信息优势获取私利，信息劣势者为弥补损失，会向企业索取较高的风险溢价。③ 当企业信息不对称程度较高时，公司股票价格的买卖价差增加，这直接提高企业

① XUE H, ZHENG R. Word - of - Mouth Communication, Noise - Driven Volatility, and Public Disclosure [J]. Journal of Accounting and Economics, 2021, 71 (1): 101363.

② AJINKYA B B, GIFT M J. Corporate Managers' Earnings Forecasts and Symmetrical Adjustments of Market Expectations [J]. Journal of Accounting Research, 1984, 22 (2): 425-444.

SENGUPTA P. Corporate Disclosure Quality and the Cost of Debt [J]. The Accounting Review, 1998, 73 (4): 459-474.

③ ADMATI A R. Noisy Rational Expectations Equilibrium for Multi-Asset Securities Markets [J]. Econometrica: Journal of the Econometric Society, 1985, 53 (3): 629-657.

的外部融资成本①；当企业信息不对称程度较低时，投资者会认为公司与其他公司现金流的协方差较低，这会减小公司股票价格的买卖价差，进而降低企业的外部融资成本。因此，当企业自愿信息披露较少时，投资者会认为管理层隐藏了坏消息，这会降低投资者对公司股票的购买价格，增加买卖价差，最终提高资本成本；反之，当企业自愿信息披露水平较高时，企业的信息不对称程度和投资者承担的流动性风险降低，投资者会索取较低的风险溢价，最终降低企业资本成本。

具体研究如下，Shroff 等②以美国证券交易委员会于 2005 年颁布的《证券发行改革》为自然实验，研究了企业自愿信息披露与股权资本成本的关系。《证券发行改革》允许上市公司在股票发行前披露自愿性信息，作者使用双重差分法（DID）研究发现，改革后发行上市公司的信息不对称程度得到显著降低，表现为更低的股权资本成本。Bonetti 等③研究了企业环境信息披露与资本成本的关系。作者基于福岛核灾难事件，以日本公司为研究样本，研究发现那些在环境报告中披露更准确信息的公司，与那些在环境报告中披露更粗略信息的公司相比，其资本成本增长率更低。Cao 等④利用全球企业数据，研究了管理层盈余预测与公司权益资本成本的关系，研究发现管理层盈余预测会显著降低公司的权益资本成本。但这主要取决于国家制度因素，在投资者保护程度更强、信息传播更好的国家

① ARMSTRONG C S, CORE J E, TAYLOR D J, et al. When Does Information Asymmetry Affect the Cost of Capital? [J]. Journal of Accounting Research, 2011, 49 (1): 1-40. DHALIWAL D S, LI O Z, TSANG A, et al. Voluntary Nonfinancial Disclosure and the Cost of Equity Capital: The Initiation of Corporate Social Responsibility Reporting [J]. The Accounting Review, 2011, 86 (1): 59-100.

② SHROFF N, SUN A X, WHITE H D, et al. Voluntary Disclosure and Information Asymmetry: Evidence from the 2005 Securities Offering Reform [J]. Journal of Accounting Research, 2013, 51 (5): 1299-1345.

③ BONETTI P, CHO C H, MICHELON G. Environmental Disclosure and the Cost of Capital: Evidence from the Fukushima Nuclear Disaster [R]. Amsterdam: Working Paper, 2015.

④ CAO Y, MYERS L A, TSANG A, et al. Management Forecasts and the Cost of Equity Capital: International Evidence [J]. Review of Accounting Studies, 2017, 22 (2): 791-838.

中，管理层盈余预测对权益资本成本的影响更大；在强制披露要求更高的国家，管理层盈余预测对权益资本成本的影响更弱。此外，管理层盈余预测频率、精度和分散度也会影响两者的关系。Shimada① 则验证了管理层披露投资预测信息与企业未来资本成本的负相关关系。一方面，企业披露未来投资相关的预测信息对投资者来说是价值相关的②，可以提高投资者对企业现在和未来发展的认知；另一方面，管理层披露投资预测信息通过直接满足投资者的信息需求③来解决道德风险和逆向选择问题，从而降低企业信息不对称程度。因此，随着企业公开信息增加，处于信息劣势的投资者会积极购买股票，提高股票流动性，降低买卖价差和交易成本，从而降低企业的资本成本。此外，企业过去披露的那些历史性信息也有助于降低企业当前的信息不对称程度。Hail 等④利用 2015 年瑞士央行宣布脱钩汇率作为对企业的外部宏观冲击，研究发现那些事先披露过外汇风险敞口的公司，在事后信息不对称程度得到更显著的降低。

也有学者认为企业自愿信息披露可能与公司资本成本正相关。例如，陈宋生等⑤研究发现当企业 XBRL 拓展分类信息越多时，公司的权益资本成本越高，因为公司披露的自愿信息提高了投资者的信息处理成本，加剧了公司的信息不对称程度。还有学者认为企业自愿信息披露与公司资本成本不相关。该类研究认为管理层盈余预测信息可能仅仅为一种汇总性信

---

① SHIMADA Y. Voluntary Disclosure of Investment Forecasts and the Cost of Capital: Evidence from the Treatment Effect Estimates Model [J]. Asia - Pacific Journal of Accounting & Economics, 2020, 27 (4): 472-489.

② MCCONNELL J J, MUSCARELLA C J. Corporate Capital Expenditure Decisions and the Market Value of the Firm [J]. Journal of Financial Economics, 1985, 14 (3): 399-422.

③ MYERS S C, MAJLUF N S. Corporate Financing and Investment Decisions When Firms Have Information that Investors Do not Have [J]. Journal of Financial Economics, 1984, 13 (2): 187-221.

④ HAIL L, MUHN M, OESCH D. Do Risk Disclosures Matter When It Counts? Evidence from the Swiss Franc Shock [J]. Journal of Accounting Research, 2021, 59 (1): 283-330.

⑤ 陈宋生，田至立，岳江秀. 自愿性信息披露越多越好吗？——基于 XBRL 扩展分类标准的视角 [J]. 会计与经济研究，2020，34 (4)：24-45.

息，信息精度较低，不足以向外界传递有用信息。① Eugster② 则研究了企业自愿信息披露与资本成本的内生性关系及动态变化，作者使用动态面板系统 GMM，检验了企业 10 年间的自愿信息披露水平与资本成本的动态变化，发现在充分控制潜在的内生性问题、未观测的异质性后，企业自愿信息披露与资本成本不相关。

二、专有成本

企业披露自愿性信息可能给公司带来专有成本（proprietary cost）。但是在实证研究中，直接度量专有成本是否存在具有一定挑战性。③ 因为行业结构和专有成本的关系在理论上具有模糊性，学者只能通过间接的方式验证专有成本的存在。④ 近期有学者尝试通过外生冲击识别因果关系，直接验证专有成本的存在，例如，Li 等⑤利用美国各州法院逐步采用的不可避免披露原则（IDD）作为外生冲击，研究发现当 IDD 被执行时，公司会降低客户的披露水平，这种负相关性在那些波动性较大、外部融资依赖程

---

① GLAESER S. The Effects of Proprietary Information on Corporate Disclosure and Transparency: Evidence from Trade Secrets [J]. Journal of Accounting and Economics, 2018, 66 (1): 163-193.
LANG M, SUL E. Linking Industry Concentration to Proprietary Costs and Disclosure: Challenges and Opportunities [J]. Journal of Accounting and Economics, 2014, 58 (2-3): 265-274.

② EUGSTER F. Endogeneity and the Dynamics of Voluntary Disclosure Quality: Is there Really an Effect on the Cost of Equity Capital? [J]. Contemporary Accounting Research, 2020, 37 (4): 2590-2614.

③ LANG M, SUL E. Linking Industry Concentration to Proprietary Costs and Disclosure: Challenges and Opportunities [J]. Journal of Accounting and Economics, 2014, 58 (2-3): 265-274.

④ BERNARD D, BURGSTAHLER D, KAYA D. Size Management by European Private Firms to Minimize Proprietary Costs of Disclosure [J]. Journal of Accounting and Economics, 2018, 66 (1): 94-122.

⑤ LI Y, LIN Y, ZHANG L. Trade Secrets Law and Corporate Disclosure: Causal Evidence on the Proprietary Cost Hypothesis [J]. Journal of Accounting Research, 2018, 56 (1): 265-308.

度较低的行业中更显著。Cao 等①通过跟踪投资公司在 EDGAR 网站上的数字足迹来识别模仿公司，发现这些模仿公司能够从其他公司披露的信息中获益，甚至损害那些披露公司的企业价值。此外，当模仿公司具有较好的模仿者技能，披露公司的交易策略需要较长时间才能完成，披露信息中涉及的股票具有较高的信息不对称时，模仿公司对披露公司业绩的损害性更大。总之，Cao 等的研究价值体现在，通过新技术获取独特的数据，直接验证了信息披露专有成本的存在。

三、公司股价

企业自愿信息披露作为一种信号，可以吸引市场投资者的关注和交易，从而影响股价。例如，Rahman 等②以新加坡上市公司为研究样本发现，当公司自愿披露季报时，分析师对其的关注会增加，但这也加强了公司股价的波动性。Cuijpers 和 Peek③ 以丹麦、荷兰和英国公司为研究样本发现，与披露半年报相比，公司自愿性披露季度报告能降低买卖价差，提高股票异常换手率。Schoenfeld④ 利用指数基金构建企业自愿信息披露的结构方程模型，发现企业自愿信息披露能够提高公司股价的流动性。Maslar 等⑤研究了经济衰退期管理层盈余预测的信息含量，发现在经济低迷时期，管理层预测会引起更大的股价反应和分析师修正，同时管理层预测的准确

① CAO S S, DU K, YANG B, et al. Copycat Skills and Disclosure Costs: Evidence from Peer Companies' Digital Footprints [J]. Journal of Accounting Research, 2021, 59 (4): 1261-1302.

② RAHMAN A R, TAY T M, ONG B T, et al. Quarterly Reporting in a Voluntary Disclosure Environment: Its Benefits, Drawbacks and Determinants [J]. The International Journal of Accounting, 2007, 42 (4): 416-442.

③ CUIJPERS R, PEEK E. Reporting Frequency, Information Precision and Private Information Acquisition [J]. Journal of Business Finance & Accounting, 2010, 37 (1-2): 27-59.

④ SCHOENFELD J. The Effect of Voluntary Disclosure on Stock Liquidity: New Evidence from Index Funds [J]. Journal of Accounting and Economics, 2017, 63 (1): 51-74.

⑤ MASLAR D A, SERFLING M, SHAIKH S. Economic Downturns and the Informativeness of Management Earnings Forecasts [J]. Journal of Accounting Research, 2021, 59 (4): 1481-1520.

性相对于分析师也会有所提高，这表明公司披露的自愿信息的信息含量更大。

在我国，胡军和王甄①以中国上市公司为样本，通过微博衡量企业自愿信息披露水平，研究发现公司开通微博可以降低股价同步性，提高分析师预测准确度。谭松涛等②则研究了 2010 年深交所“互动易”网络交流平台设立这一外生事件对企业股价同步性的影响，其本质就是研究企业通过新设立的网络交流平台披露更多自愿信息能否改善公司信息环境，为投资者提供增量信息。研究发现平台设立降低了股价同步性和分析师预测偏差。姚颐和赵梅③研究发现招股说明书中的自愿风险披露能够降低 IPO 抑价，提高公司股票流动性。

四、公司行为

企业自愿信息披露也会对企业自身行为产生影响，其原理是企业自愿信息披露通过改善企业信息环境，发挥公司治理作用，能够提高企业决策效率。例如，企业披露的自愿性信息可以通过降低企业信息不对称程度、吸引分析师关注，遏制企业避税行为。④ Boubaker 等⑤以法国上市公司为样本，也得出了与上述一致结论。Joh 和 Kim⑥ 则认为企业披露的自愿信息越多，公司透明度越高，投资者对管理层机会主义行为的监督效应越大，企业盈余管理程度也越低。

---

① 胡军，王甄．微博、特质性信息披露与股价同步性［J］．金融研究，2015，425（11）：190-206.

② 谭松涛，阚铄，崔小勇．互联网沟通能够改善市场信息效率吗？——基于深交所“互动易”网络平台的研究［J］．金融研究，2016（03）：174-188.

③ 姚颐，赵梅．中国式风险披露、披露水平与市场反应［J］．经济研究，2016，51（7）：158-172.

④ 李姝，田马飞，李丹，等．客户信息披露会影响企业税收规避吗［J］．南开管理评论，2022，25（06）：75-85，107，86-87.

⑤ BOUBAKER S，DEROUICHE I，NGUYEN H. Voluntary Disclosure，Tax Avoidance and Family Firms［J］. Journal of Management and Governance，2022，26：129-158：1-30.

⑥ JO H，KIM Y. Disclosure Frequency and Earnings Management［J］. Journal of Financial Economics，2007，84（2）：561-590.

也有学者认为，企业披露自愿性信息可能会给公司带来诉讼成本，增加管理层的短视行为。例如，Kasznik① 发现披露更乐观盈余预测的公司，其管理层为了降低诉讼成本，会上调盈余管理水平。也有学者认为企业自愿信息披露能帮助维护公司的组织合法性，从而掩饰管理层的机会主义行为。②

五、市场参与者

整体而言，公司自愿信息披露对市场参与者信息决策具有正向影响。公司自愿信息披露能够为投资者提供更多关于企业未来发展的相关信息，降低投资者对盈余的反应不足，提高投资者决策效率。此外，企业自愿信息披露还能提高分析师跟踪数量③和预测准确度。④ 但也有学者认为管理层可能会通过操纵自愿信息披露质量影响投资者的反应，例如，通过披露低质量的自愿信息降低投资者对坏消息的反应程度⑤等。

另外，前文已述及，企业披露自愿性信息可能会增加管理层的短视行为，因此有学者研究了公司停止披露自愿性信息对市场参与者的影响。例如，ZhouF. S. 和 ZhouY.⑥ 研究发现若企业减少盈余预测的披露，会增加未来一期盈余公告的偏差，降低公司的定价效率，这说明投资者并未正确理解管理层的披露策略。作者进一步研究发现，投资者有限注意力和卖空

① KASZNIK R. On the Association between Voluntary Disclosure and Earnings Management [J]. Journal of Accounting Research, 1999, 37 (1): 57-81.

② SUN N, SALAMA A, HUSSAINEY K, et al. Corporate Environmental Disclosure, Corporate Governance and Earnings Management [J]. Managerial Auditing Journal, 2010, 25 (7): 679-700.

③ RAHMAN A R, TAY T M, ONG B T, et al. Quarterly Reporting in a Voluntary Disclosure Environment: Its Benefits, Drawbacks and Determinants [J]. The International Journal of Accounting, 2007, 42 (4): 416-442.

④ BOWEN R M, DAVIS A K, MATSUMOTO D A. Do Conference Calls Affect Analysts' Forecasts? [J]. The Accounting Review, 2002, 77 (2): 285-316.

⑤ BUSHEE B J, MATSUMOTO D A, MILLER G S. Open Versus Closed Conference Calls: The Determinants and Effects of Broadening Access to Disclosure [J]. Journal of Accounting and Economics, 2003, 34 (1-3): 149-180.

⑥ ZHOU F S, ZHOU Y. The Dog that Did Not Bark: Limited Price Efficiency and Strategic Nondisclosure [J]. Journal of Accounting Research, 2020, 58 (1): 155-197.

限制是潜在的影响机制。Houston 等①则发现停止披露季度盈余预测的公司并未提高长期投资水平，并且公司的信息环境变差，表现为分析师预测误差增加、预测分歧度提高、跟踪数量降低等。

第三节 企业行为的同行效应

随着行为金融学发展，人们发现企业行为不仅受管理层特质、公司特质等内部因素影响，还会受到同行公司的影响。人们将企业行为受群体内其他企业行为影响的过程称为“peer effect”，本书翻译为“同行效应”。②学者针对企业行为的同行效应展开了大量研究，包括企业投资行为、融资行为、分配行为、信息披露行为等。

一、企业投资行为的同行效应

Scharfstein 和 Stein③ 最早构建分析模型，研究了企业投资决策的羊群效应。作者认为，即便对公司来说模仿其他公司的投资决策具有成本，但这种模仿至少能保证管理层的声誉不受损。Chen 和 Ma④ 发现，同行企业的投资每增加一个标准差，企业投资将增加 4%。进一步研究发现，当企业具有信息优势，信息披露质量越高或竞争越激烈时，同行效应越显著；当公司是行业追随者，上市较晚，面临融资约束时，企业投资的同行效应更显著。我国学者的相关研究也大多支持上市公司的投资行为存在同行效

① HOUSTON J F, LEV B, TUCKER J W. To Guide or Not to Guide? Causes and Consequences of Stopping Quarterly Earnings Guidance [J]. Contemporary Accounting Research, 2010, 27 (1): 143-185.

② 详见第一章的第二节关于同行效应的相关概念。

③ SCHARFSTEIN D S, STEIN J C. Herd Behavior and Investment [J]. The American Economic Review, 1990, 80 (3): 465-479.

④ CHEN S, MA H. Peer Effects in Decision-making: Evidence from Corporate Investment [J]. China Journal of Accounting Research, 2017, 10 (2): 167-188.

应。方军雄①研究了企业投资决策的羊群效应，其本质也是研究企业投资行为是否受行业内其他公司的影响。作者发现行业内的投资羊群效应会显著降低行业的整体绩效，而有效的公司治理机制能够抑制企业投资的羊群行为。白让让②以我国乘用车制造业企业为样本，研究发现企业新增投资与竞争对手企业的扩张行为正相关，验证了同行效应。杨海生等③研究了企业新增投资的同行效应，研究发现企业倾向于根据同行公司的财务特征模仿其投资策略，产业政策会加剧这种同行效应。另外，作者还发现，企业倾向于模仿行业内规模较大公司的投资策略。此外，江新峰④、张硕⑤、王雯⑥、张骁⑦、肖怿昕（2021）⑧ 的博士论文对中国上市公司投资行为的同行效应进行了丰富研究。

二、企业融资行为的同行效应

Leary 和 Roberts⑨ 研究了企业资本结构的同行效应，研究发现同行资本结构显著影响企业的资本结构和融资策略，尤其当企业规模更小，盈利能力更低时，同行的影响更大。Bernard 等⑩也得出了相似结论，作者利用

---

① 方军雄．企业投资决策趋同：羊群效应抑或“潮涌现象”？［J］．财经研究，2012，38（11）：92-102.

② 白让让．竞争驱动、政策干预与产能扩张——兼论“潮涌现象”的微观机制［J］．经济研究，2016，51（11）：56-69.

③ 杨海生，柳建华，连玉君，等．企业投资决策中的同行效应研究：模仿与学习［J］．经济学（季刊），2020，19（4）：1375-1400.

④ 江新峰．产业政策、官员激励与企业投资同群效应研究［D］．武汉：中南财经政法大学，2017.

⑤ 张硕．企业研发投资强度的模仿效应研究——来自董事联结关系的经验证据［D］．长春：吉林大学，2018.

⑥ 王雯．中国企业研发投资同群效应研究［D］．上海：华东师范大学，2019.

⑦ 张骁．经济政策不确定性、管理者动机与企业投资同群效应研究——基于沪深 A 股上市公司的经验数据［D］．武汉：中南财经政法大学，2019.

⑧ 肖怿昕．企业投资同侪效应的动因研究［D］．杭州：浙江大学，2021.

⑨ LEARY M T，ROBERTS M R. Do Peer Firms Affect Corporate Financial Policy？［J］．The Journal of Finance，2014，69（1）：139-178.

⑩ BERNARD D，KAYA D，WERTZ J. Entry and Capital Structure Mimicking in Concentrated Markets：The Role of Incumbents' Financial Disclosures［J］．Journal of Accounting and Economics，2021，71（2-3）：101379.

德国私营企业信息披露改革，研究了进入企业如何模仿在位企业的资本结构。研究发现，当市场集中度越高时，在位企业公开披露财务报告会促使进入企业模仿，这是因为进入企业，通过学习在位企业的财务信息模仿了在位企业的资本结构。连玉君等①以中国上市公司为样本，研究发现中国企业的资本结构也存在同行效应。进一步研究还发现，企业资本结构的同行效应仅存在于经济上行期和企业面临融资约束较高时。张天宇②的博士论文则对中国上市公司资本结构同群效应的影响机制进行了详细研究。

三、企业信息披露行为的同行效应

关于企业信息披露的同行效应研究起步较晚。虽然 Tse 和 Tucker③ 最早研究了管理层披露盈余预警的羊群效应，发现管理层倾向于在同行企业发出盈余预警后尽快发出预警，因为这样可以减少他们对亏损业绩的明显责任。但根据 Seo④ 的观点，盈余预警并非属于企业自愿信息披露决策，而是属于企业盈余公告策略的一部分。并且，Tse 和 Tucker⑤ 一文更倾向于将管理层盈余预警的羊群行为归因于受外部共同因素冲击的影响。因此从严格意义上来说，Tse 和 Tucker 研究的内容并不属于企业信息披露的同行效应。⑥ Seo⑦ 研究了企业自愿信息披露的同行效应，研究结果表明，同行公司披露的盈余预测越多，企业盈余预测披露水平越高。当企业面临的

---

① 连玉君，彭镇，蔡菁，等．经济周期下资本结构同群效应研究［J］．会计研究，2020，397（11）：85-97.

② 张天宇．资本结构决策同伴效应与产生机制实证研究——来自中国 A 股非金融上市公司的数据检验［D］．沈阳：东北大学，2017.

③ TSE S，TUCKER J W. Within-Industry Timing of Earnings Warnings：Do Managers Herd?［J］．Review of Accounting Studies，2010，15（4）：879-914.

④ SEO H. Peer Effects in Corporate Disclosure Decisions［J］．Journal of Accounting and Economics，2021，71（1）：101364.

⑤ TSE S，TUCKER J W. Within-Industry Timing of Earnings Warnings：Do Managers Herd?［J］．Review of Accounting Studies，2010，15（4）：879-914.

⑥ 本书之所以对 Tse 和 Tucker（2010）一文进行综述，是因为有学者将该研究视为最早研究企业自愿信息披露同行效应的文献，例如，Matsumoto 等。

⑦ SEO H. Peer Effects in Corporate Disclosure Decisions［J］．Journal of Accounting and Economics，2021，71（1）：101364.

环境不确定性和融资约束越高时，同行效应越显著。这说明同行自愿信息披露通过降低环境不确定性和影响管理层声誉，提高了企业自愿信息披露。Cao 等①利用断点回归的方法研究了企业社会责任报告的同行效应，研究发现，当公司通过企业社会责任报告提案后，同行企业也会采取类似的 CSR 战略。最近，还有学者研究了同地区企业自愿信息披露对企业自愿信息披露的影响，Matsumoto 等②研究发现管理层盈余预测披露水平与同地区企业的盈余预测披露水平显著正相关。作者还验证了市场信息需求的机制作用，即企业所在地机构投资者的信息需求驱动管理层在同地区企业发布盈余预测后提高盈余预测的披露意愿。虽然作者还论述了管理层信息共享渠道和职业忧虑渠道是导致同行效应的两个潜在机制，但实证结果并未证实该假设。

四、企业其他行为的同行效应

还有学者研究了企业其他行为的同行效应，包括公司避税、股票分割、财务报表可比性、股利政策等。具体而言：Bird 等③利用同行公司管理层换届这一外生冲击，研究发现企业避税程度与同行避税程度显著正相关，同行效应对企业避税的影响程度大概在 10%。De Franco 等④研究发现，企业财务报表可比性与位于同一都市统计区（metropolitan statistical area）的同行企业的财务报表可比性显著正相关。进一步研究发现，行业追随者与行业领导者公司之间财务报表可比性的相关性更大。截面分析表明，当企业社会网络更强，不确定性更高时，财务报表可比性的同行效应

① CAO J，LIANG H，ZHAN X. Peer Effects of Corporate Social Responsibility [J]. Management Science，2019，65（12）：5487-5503.

② MATSUMOTO D A，SERFLING M，SHAIKH S. Geographic Peer Effects in Management Earnings Forecasts [J]. Contemporary Accounting Research，2022，39（3）：2023-2057.

③ BIRD A，EDWARDS A，RUCHTI T G. Taxes and Peer Effects [J]. The Accounting Review，2018，93（5）：97-117.

④ DE FRANCO G，HOU Y，MA M S. Do Firms Mimic Their Neighbors' Accounting?：Industry Peer Headquarters Co-Location and Financial Statement Comparability [R]. Amsterdam：Working Paper，2019.

更显著。Denis 等①研究了公司薪酬的同行效应，研究发现当同行公司披露CEO减薪后，公司也会向下调整CEO薪酬。当公司CEO具有超额薪酬，CEO在劳动力市场上与同行竞争更密切，同行公司绩效更好时，公司的减薪幅度更大。最后，作者认为薪酬的同行效应通过公司对同行股东投票的学习和薪酬目标两种渠道产生。

第四节　文献述评

通过对企业自愿信息披露领域的重要文献进行梳理后发现，企业自愿信息披露的影响因素非常多，既包括企业的财务特征、公司治理、管理层特征等内部因素，也包括宏观环境等外部因素。但一言以蔽之，目前关于企业自愿信息披露的研究依然局限于经典理性模型框架。② 根据经典理性模型框架，投资者行为符合贝叶斯规则，投资者对公司基本面和信息披露持有相同的先验信念，投资者根据风险偏好作出收益最大化的最优决策。最终，知情投资者根据私有信息进行交易，不知情的投资者不做决策或者从价格中获取信息。因此，企业自愿信息披露行为也是管理层根据私有信息作出的理性决策。

但是随着行为经济学和行为金融学的发展，人们发现行为模型（behavioral models）通过放松理性经济人的假设，更能解释现实中人的非理性行为。例如，管理层可能因为具有某些心理偏差（如过度自信、自我归因等）作出非理性决策。学者对企业行为同行效应的研究就是对这一领域的深入探索。已有学者针对企业投资行为、融资行为等经营行为的同行效应展开丰富讨论，验证了管理层行为受到群体内其他企业行为偏差的影

① DENIS D K, JOCHEM T, RAJAMANI A. Shareholder Governance and CEO Compensation: The Peer Effects of Say on Pay [J]. The Review of Financial Studies, 2020, 33 (7): 3130-3173.

② BLANKESPOOR E, DEHAAN E, MARINOVIC I. Disclosure Processing Costs, Investors' Information Choice, and Equity Market Outcomes: A Review [J]. Journal of Accounting and Economics, 2020, 70 (2-3): 101344.

响。但对企业自愿信息披露行为同行效应的研究还不多。Matsumoto 等①认为，企业披露决策的成本和收益明显不同于投资和薪酬等实际决策，因此有必要对企业自愿信息披露的同行效应展开深入研究。

本书基于同行效应领域已有的研究成果，利用中国上市公司数据，检验企业自愿信息披露同行效应的内外动因及经济后果。在理论方面，能够丰富相关领域的文献。在识别方面，则借鉴大多学者对因果识别的处理②，把同行企业股票超额回报的均值作为同行自愿信息披露水平的工具变量进行实证检验。在研究维度方面，拓展了 Seo③ 的机制渠道，分别从企业内部的学习动机和管理层信息优势、企业外部的信息需求、行业竞争压力、经济政策不确定性多个维度对企业自愿信息披露的同行效应进行检验，并尝试对与 Seo 的研究结论存在的差异之处给予合理解释。

---

① MATSUMOTO D A，SERFLING M，SHAIKH S. Geographic Peer Effects in Management Earnings Forecasts [J]. Contemporary Accounting Research，2022，39 (3)：2023-2057.

② LEARY M T，ROBERTS M R. Do Peer Firms Affect Corporate Financial Policy? [J]. The Journal of Finance，2014，69 (1)：139-178.

③ SEO H. Peer Effects in Corporate Disclosure Decisions [J]. Journal of Accounting and Economics，2021，71 (1)：101364.

第三章

制度背景与理论基础

本章分为两个部分。首先，梳理了我国关于上市公司自愿信息披露的法律、法规、规则等文件，对上市公司自愿信息披露的制度背景进行了介绍。其次，对本书研究使用的重要理论进行详细说明。

第一节　制度背景

我国企业自愿信息披露制度大致可分为四个阶段。

第一阶段为强制披露阶段（2002 年以前），根据当时的证券法、公司法等，该阶段以强制企业披露定期报告和重大事件为主，尚未对企业自愿信息披露行为作明确说明。

第二阶段为自愿披露萌芽阶段（2002—2013）。从可追溯的规范文件看，“自愿性信息披露”的概念最早出现于《上市公司治理准则》（证监发〔2002〕1 号）第八十八条“上市公司除按照强制性规定披露信息外，应主动、及时地披露所有可能对股东和其他利益相关者决策产生实质性影响的信息，并保证所有股东有平等的机会获得信息”。准则虽未明确使用企业“自愿披露”这一术语，但已萌生出企业可以自愿披露非强制信息这一概念。随后，《深圳证券交易所上市公司投资者关系管理指引》（深证上〔2003〕53 号）第三章单设“自愿性信息披露”章节，对深交所上市公司自愿披露的对象、原则、内容及风险提示做了详细说明，这也是我国资本市场首次使用“自愿信息披露”术语的规范文件。上交所最早在《上海证券交易所上市公司信息披露事务管理制度指引》（上证上字〔2007〕59

号）中确立了自愿信息披露原则和内容。虽然当时证监会部门规章制度和交易所的部分准则指引已增加了鼓励企业自愿披露的条款，但从2012年开始，该类条款才在上市公司信息披露内容与格式准则中予以体现，逐步鼓励上市公司披露非财务信息，包括“对业绩敏感度较高的关键业绩指标”“前5名客户和供应商信息”和“积极履行社会责任的工作情况”等。随后，上交所将企业自愿信息披露情况纳入上市公司信息披露评级。总之，在萌芽阶段，企业自愿信息披露行为规定主要散落于证监会、交易所制定的规则和文件中，并没有形成一套体系化的自愿披露规定。从这些规则和文件的内容看，因为缺乏上行法的支持，对企业自愿信息披露行为应遵循的原则、披露内容和披露对象的划分标准并不统一，企业在执行过程中具有较大裁量权。

第三阶段为自愿披露发展阶段（2013—2019）。该阶段以国务院办公厅颁布的一系列意见为指导，由证监会牵头，以交易所制定指引为基础，推动企业自愿披露制度迅速发展。具体而言，《国务院办公厅关于进一步加强资本市场中小投资者合法权益保护工作的意见》（国办发〔2013〕110号）和《国务院关于进一步促进资本市场健康发展的若干意见》（国发〔2014〕17号）明确要“保护中小投资者知情权”和“制定自愿性和简明化的信息披露规则”，督促建立和完善以信息披露为中心的发行制度，严格压实发行人和中介机构信息披露责任和义务。为此，证监会、交易所陆续颁布或修订准则、指引或办法，一方面鼓励上市公司充分披露对投资者尤其是中小投资者有用的信息，另一方面对公司自愿披露应遵循的原则、披露内容和披露义务做详细规定，并明确禁止公司利用自愿性信息披露从事市场操纵、内幕交易或者其他违法违规行为。2018年9月，《上市公司治理准则》（证监会公告〔2018〕29号）时隔十六年重新修订，新增了上市公司自愿披露的内容。总的来说，在发展阶段，自愿信息披露义务人的责任得到强化，企业披露自愿性信息不仅应遵循公平性和及时性原则，还要保证披露信息的真实性和准确性。

第四阶段为自愿披露立法阶段（2019年至今）。2019年12月28日，全国人民代表大会常务委员会修订并通过《中华人民共和国证券法》，首次确立了企业自愿披露的法律地位，标志着我国企业自愿信息披露制度进入立法阶段。新《证券法》不仅明确了信息披露义务人自愿披露的权利和义务，还对信息披露质量提出要求。具体要求信息披露义务人不仅要保证信息的“真实、准确、完整”，还要保证“简明清晰，通俗易懂”。至此，企业自愿信息披露有了法律支撑，证监会、交易所陆续出台规范性文件，对新《证券法》内容进行规范和落实，包括《上市公司创建信息披露示范公司试点工作实施办法（征求意见稿）》（上证公告〔2020〕2号）、《深圳证券交易所上市公司规范运作指引（2020年修订）》（深证上〔2020〕125号）、《上市公司信息披露管理办法（修订稿）》《上海证券交易所科创板上市公司自律监管规则适用指引第2号——自愿信息披露》等。另外，深交所发布的《深圳证券交易所上市公司信息披露工作考核办法（2020年修订）》，首次将上市公司自愿性披露情况纳入考核条目，对企业披露的信息以投资者需求为导向，有利于投资者作出价值判断和投资决策予以加分。

时至今日，我国上市公司自愿信息披露体系不断完善，表现为自愿披露内容不断扩充，自愿披露规定不断精细，自愿披露责任主体违法违规的罚则日益明确，自愿披露内容格式越发统一，自愿披露监管重视程度日益提升。表3-1是汇总的上市公司自愿披露条文、原则、内容和披露对象的制度演进。

表3-1 上市公司自愿信息披露制度演进

	文件条文	自愿披露应遵循的原则	自愿披露内容	自愿披露对象
萌芽阶段	《上市公司治理准则》（证监发〔2002〕1号）第八十八条	主动，及时，平等	所有可能对股东和其他利益相关者决策产生实质性影响的信息	股东和其他利益相关者
	《深圳证券交易所上市公司投资者关系管理指引》（深证上〔2003〕53号）第三章	公平，避免选择性披露，诚实信用，提示风险，及时更新，持续披露	现行法律法规和规则规定应披露信息以外的信息，包括公司经营状况、经营计划、经营环境、战略规划及发展前景等	所有股东及潜在投资者

续表

	文件条文	自愿披露应遵循的原则	自愿披露内容	自愿披露对象
萌芽阶段	《上市公司与投资者关系工作指引》（证监公司字〔2005〕52号）第四条	充分披露	投资者关心的其他相关信息	投资者
	《上海证券交易所上市公司信息披露事务管理制度指引》（上证上字〔2007〕59号）第十四条	在不涉及敏感财务信息、商业秘密基础上，主动，及时	对股东和其他利益相关者决策产生较大影响的信息，包括公司发展战略、经营理念、公司与利益相关者的关系等	股东和其他利益相关者
发展阶段	《深圳证券交易所主板上市公司规范运作指引（2015年修订）》《深圳证券交易所中小板上市公司规范运作指引（2015年修订）》《深圳证券交易所创业板上市公司规范运作指引（2015年修订）》（深证上〔2015〕65号）第五章	公平，避免选择性信息披露，不得利用自愿性信息披露从事市场操纵、内幕交易或者其他违法违规行为，及时披露进展，提示风险	-	投资者
	《上市公司治理准则（2018年修订）》（证监会公告〔2018〕29号）第九十一条	公平，持续，一致，不得选择性披露，不得利用自愿性信息披露从事市场操纵、内幕交易或者其他违法违规行为，不得违反公序良俗、损害社会公共利益，提示风险	可能对股东和其他利益相关者决策产生影响的信息	股东和其他利益相关者
	《科创板上市公司持续监管办法（试行）》（证监会令第154号）第十三条	真实，准确，完整，不得利用该等信息不当影响公司股票价格，同一标准	有助于投资者决策，但不属于依法应当披露的信息	投资者

续表

	文件条文	自愿披露应遵循的原则	自愿披露内容	自愿披露对象
立法阶段	《中华人民共和国证券法（2019年修订）》第八十四条	真实，准确，完整，简明清晰，通俗易懂，不得与依法披露的信息相冲突，不得误导投资者	与投资者作出价值判断和投资决策有关的信息	投资者
	《上市公司创建信息披露示范公司试点工作实施办法（征求意见稿）》（上证公告〔2020〕2号）第二十五条	合理，审慎，客观，标准一致，及时披露进展，不得误导投资者，不得与依法披露的信息相冲突，不得利用该等信息不当影响公司股票交易价格、从事内幕交易或者其他违法违规行为	在公司生产经营、业务开展、经营业绩、企业研发等方面，与投资者作出价值判断和投资决策有关的信息	投资者
	《深圳证券交易所上市公司规范运作指引（2020年修订）》（深证上〔2020〕125号）5.2.23和5.2.24	公平，完整，持续，一致，避免选择性披露，不得与依法披露的信息相冲突，不得误导投资者，不得利用自愿性信息披露从事市场操纵、内幕交易或者其他违法违规行为，及时披露进展，提示风险	与投资者作出价值判断和投资决策有关的信息	投资者
	《深圳证券交易所上市公司信息披露工作考核办法（2020年修订）》第十四条	公平，完整，持续，一致，不得与依法披露的信息相冲突，不得选择性披露，不得误导投资者，提示风险	–	投资者

续表

	文件条文	自愿披露应遵循的原则	自愿披露内容	自愿披露对象
立法阶段	《上海证券交易所科创板上市公司自律监管规则适用指引第 2 号——自愿信息披露》	真实，准确，完整，充分披露风险，简明友好，清晰易懂，一致，持续	与投资者作出价值判断和投资决策有关的信息，例如，战略规划、盈利预测、公司治理、环境保护、社会责任、人力资本等	投资者
	《上市公司信息披露管理办法》（证监会令第 182 号）第五条	公平，真实，准确，完整，不得与依法披露的信息相冲突，不得误导投资者，不得选择性披露，持续，一致，不得利用自愿披露的信息不当影响公司证券及其衍生品种交易价格，不得利用自愿性信息披露从事市场操纵等违法违规行为	与投资者作出价值判断和投资决策有关的信息	投资者

第二节　理论基础

本书研究将运用到信息经济学的信息不对称理论、信号理论，公司金融学的委托—代理理论，社会学的嵌入理论，经济学的羊群理论等。本章将对重要的理论做详细介绍，部分衍生理论做简要介绍。

一、信息不对称理论

信息不对称（information asymmetry）广泛存在于经济学领域和非经济学领域，但直至二战以后才逐渐被人们认识，该理论主要发展于 20 世纪 70 年代。与新古典经济学的完全信息假设不同，在契约理论和经济学中，信息不对称理论假设信息在市场上是不完全的。信息不对称模型假设交易双方信息不对等，一方比另一方拥有更多的信息。或者至少在某些情况下，一方能够强制执行合同的某些条款，而另一方不能执行合同的不公平契约状态。信息不对称的存在会影响市场效率，甚至导致市场失灵。逆向选择和道德风险是信息不对称导致的两个直接后果。

信息不对称理论的具体发展过程如下。公元前二世纪，希腊斯多葛学派就曾在罗兹商人的故事中论述了卖方可以利用信息优势获取超额收益的问题。故事讲述的是，当罗德岛屿发生饥荒时，亚历山大的商人负责出海输送粮食。首先到达的商人将面临两种选择：一是诚实地告知罗德岛居民还有更多粮食会陆续运来；二是隐瞒真相，利用首达的优势获取超额收益。虽然当时希腊斯多葛学派认为商人应该选择充分披露信息，但中世纪意大利哲学家托马斯·阿奎那（Thomas Aquinas）否认了商人具有披露价格的义务，即认为商人可以利用这种信息优势来获利。长期以来，信息在市场中一直没有得到重视。1945 年，英国经济学家弗里德里希·哈耶克（Friedrich Hayek）提出价格可以传递商品稀缺性的理论，其本质与信息不对称理论不谋而合①，但作者当时并未明确提出信息不对称的概念。1963 年，新古典经济学开创者之一肯尼斯·约瑟夫·阿罗（Kenneth J. Arrow）研究了医疗保险领域中的信息不确定性，并首次提出道德风险的概念，描述了已经购买保险的顾客可能因具有生病赔偿保障而不那么注重自己的健康，但保险公司事先并无法判断每个人未来的健康状况，只能收取相同的保费，却在未来可能支出更多赔偿的事实。肯尼斯·约瑟夫·阿罗指出信任在医疗保险行业中的关键作用，也因此获得了 1973 年诺贝尔经济学奖。

如果说上述学者仅简单提出了信息不对称的相关理念，那么 20 世纪 70 年代三位因提出与信息相关的模型并揭开信息在市场中神秘又重要的面纱而获得 2001 年诺贝尔经济学奖的重要学者，则将信息不对称理论的发展推向高潮。这三位学者推翻了新古典经济学中的完全信息假设，指出了传

---

① ROSSER JR J B. A Nobel Prize for Asymmetric Information：The Economic Contributions of George Akerlof，Michael Spence and Joseph Stiglitz [J]. Review of Political Economy，2003，15（1）：3-21.

统经济模型中的局限性。不仅改变了经济学领域对市场的看法，也引发了后来的经济学运动，吸引大批学者对此展开丰富探讨。第一位学者是美国经济学家乔治·阿克洛夫（George Akerlof），首先将信息不对称理论引入经济学领域研究前沿。乔治·阿克洛夫于1970年提出旧车市场是一个信息不对称的柠檬市场，卖方对于旧车真实的品质了如指掌，但买方只能通过卖方的描述判断旧车品质的好坏，并给予相应的价格。由于买方是信息劣势方，只能通过压低价格弥补信息不足的损失。而卖方为了获得更多利润，只能进而提供品质更差的旧车，最终出现市场上流通品的平均品质下降的现象，即市场上流通的只剩品质较差的旧车。这便是著名的由信息不对称导致的逆向选择（adverse selection）问题，与格雷欣法则中的“劣币驱逐良币”原理类似。在乔治·阿克洛夫的模型中，信息不对称是导致市场失灵最重要的原因，因为在完美的市场中，所有的旧车都可以依据其真实的品质全部售出；而在柠檬市场中，由于买卖双方存在信息不对称情况，品质更差的商品反而流通更广。乔治·阿克洛夫还指出，如果说旧车市场是一个卖方信息高于买方信息的柠檬市场，那么在医疗保险行业，买方具有的信息含量高于卖方。买方在支付保险金时，并不能详尽罗列自己所有真实的健康状况，卖方只能通过买方描述的情况收取固定的保险金额。这样，为了弥补未来可能支付的大额赔偿金，保险公司会进一步推高投保费用，这也使得投保的人是由逆向选择筛选后的健康状况更差的群体组成。此外，乔治·阿克洛夫还指出信息不对称可能会导致道德风险。例如，购买保险的人群可能因为保险公司的保障机制，不那么重视自身的健康，这也会进一步提高保险公司未来的支出，最终增加交易成本。最后，乔治·阿克洛夫还进一步将信息不对称理论拓展到劳动力市场，认为信息不对称会导致人近似理性的行为，使得他们在就业市场中偏离最优选择。总的来说，乔治·阿克洛夫率先将信息不对称理论引入市场交易，并指出信任在市场交易中的重要作用。

第二位学者是美国经济学家迈克尔·斯宾塞（Michael Spence），于1973年将信息不对称理论引入就业市场，并首次创造了信号（signaling）这个术语。迈克尔·斯宾塞认为信号传递是解决信息不对称的重要方法，同时呼吁更多学者对此展开研究。具体而言，迈克尔·斯宾塞以就业市场为例，指出所有的雇主都希望雇用一名善于学习的雇工，但雇工都会声称自己善于学习。此时，雇主和雇工之间存在信息不对称现象。因此，为了在人群中凸显自己，学习能力更强的人可以通过学历传递个人信号。比如，上过大学的人比没上过大学的人学习能力可能更强。迈克尔·斯宾塞创造性提出的信号概念，不仅衍生出了信号理论（signaling theory），还催生了 20 世纪 80 年代的博弈论理论。

第三位学者是美国经济学家约瑟夫·斯蒂格利茨（Joseph E. Stiglitz）。约瑟夫·斯蒂格利茨基于乔治·阿克洛夫和迈克尔·斯宾塞等人观点，于 1976 年引入信息不对称的经济学函数，提出了筛选理论（screening theory）。约瑟夫·斯蒂格利茨将信息不对称解释为“当不同的人知道不同的事情时，信息不对称就会发生”。即当拥有某些信息的人和那些如果拥有这些信息就有可能作出更好决策的人同时存在时，市场会出现信息不对称问题。约瑟夫·斯蒂格利茨主要关注保险市场中的信息不对称问题，认为市场的本质是信息低效，激励是永远有效的。据此，约瑟夫·斯蒂格利茨提出了应对信息不对称的两个机制：一是激励机制，二是缓解信息不对称的机制。在约瑟夫·斯蒂格利茨的基础下，许多信息不对称领域关于行为和意图的相关研究都在考察如何使用激励机制来减少由个人行为导致的潜在道德风险。①

基于上述三位学者的重要理论贡献，詹姆斯·莫里斯（James Mirrlees）和威廉·维克瑞（William Vickrey）研究了信息不对称情况下的激励问题并获得了 1996 年诺贝尔经济学奖，这也意味着经济学领域开始承认信息的重要性。与此同时，在公司金融领域中，因公司经营涉及信息的传递与决策，学者也开始基于信息不对称的框架进行研究，并引申出了代理理论（agency theory）。具体而言，拥有较多信息和较大权力的管理者，可能会通过损害公司利益，作出有利于个人利益的决策，从而导致错误定价。当公司信息不对称程度和相关监管成本较高时，为防止管理层滥用职权，企

① JENSEN M C，MECKLING W H. Theory of the Firm：Managerial Behavior，Agency Costs and Ownership Structure ［J］. Journal of Financial Economics，1976，3（4）：305-360. ROSSSA. The Economic Theory of Agency：The Principal's Problem ［J］. The American Economic Review，1973，63（2）：134-139.

业倾向于选择激励合同来协调管理层的个人利益。例如，采取基于业绩的薪酬合同等，这开启了公司治理中代理理论的研究领域。

在其他交易市场中，解决信息不对称的衍生工具有担保、品牌连锁、特许经营权等，而在资本市场中，信息披露被视为解决市场信息不对称的重要手段。① 因为不论是迈克尔·斯宾塞的信号机制，还是约瑟夫·斯蒂格利茨的筛选机制，都类似于一种自愿信息披露策略，即拥有更多信息的一方，为了获取最大利益，会采取各种方式向外传递自身价值的信号。但是自愿信息披露并不总是可行的，因此监管机构开始强制经济主体披露信息。例如，美国证券交易所颁布公平披露原则（regulation fair disclosure），强制要求公司向投资者披露信息，这在一定程度上降低了信息不对称和交易成本。

本书正是基于信息不对称这一重要理论进行相关研究，具体在第四章对企业自愿信息披露同行效应的存在性进行论述时使用了信息不对称理论。企业进行自愿信息披露的本质是公司存在信息不对称问题和代理问题。一方面，公司股东无法判断管理层是否勤勉尽责，因此管理层需要充分披露信息接受股东监督；另一方面，公司也需要充分披露信息满足利益相关方的信息需求。但当市场信息不对称程度较高，管理层个人能力不足时，管理层可能无法获取私有信息或准确分析信息，也就无法提高企业的信息披露水平。此时，对行业内其他公司的信息披露行为进行模仿将是一种更合理的决策。

二、信号理论

前文已述及，信号理论由迈克尔·斯宾塞首次提出，该理论的内涵是将成本归因于在各种经济和社会现象中解决信息不对称的信息获取过程。迈克尔·斯宾塞在阐述信号理论时，利用劳动力市场来模拟教育的信号功能，提出求职者利用受教育程度向雇主传递个人能力的信号，来缓解劳动

① ZHU X，ZHANG C. Reducing Information Asymmetry in the Power Industry：Mandatory and Voluntary Information Disclosure Regulations of Sulfur Dioxide Emission ［J］. Energy Policy，2012，45：704-713.

力市场的信息不对称问题。迈克尔·斯宾塞的模型与人力资本理论不同，并不强调教育对提高工人生产率的作用，而是将其视为一种求职者不可观察的个人特征。① 因此，信号理论的本质是传递真实的质量。为了更好阐释信号理论的基本模型，Kirmani 和 Rao② 以高质量公司和低质量公司为例进行说明。具体而言，在资本市场中，因为信息不对称的存在，投资者并不清楚所有公司的真实价值，而公司也可以自发选择是否披露真实质量。假设高质量公司发布信号，将获取 A 份额的收益，不发布信号，将获取 B 份额的收益；低质量的公司发布信号，将获取 C 份额的收益，不发布信号，将获取 D 份额的收益。对高质量公司来说，当 A 大于 B 且 D 大于 C 时，发布信号是可行的策略。因此高质量公司选择发布信号，而低质量公司选择不发布信号，最终导致分离均衡（separating equilibrium），此时投资者能够区分出高质量公司与低质量公司。但当所有公司都能从发布信号中获益，即 A 大于 B 且 C 大于 D 时，混合均衡（pooling equilibrium）结果将导致投资者无法区分两类公司。

信号理论适用于多个领域，包括人力资源、商业以及金融领域。其中，信号理论在公司金融领域的发展更为广泛，许多关于信号理论的重要观点都启发于金融和经济领域的研究结论。对公司来说，债务和股利均可视为一种高质量的信号③，因为只有质量更好的公司才有能力支付利息和发放股利。同理，在公司信息披露过程中，业绩更好、透明度更高的公司可以通过披露自愿性信息来传递信号，获取更好的市场反应，从而与质量较差的公司区别开来。

本书主要在第六章对企业自愿信息披露同行效应的外部动因进行研究

---

① WEISS A. Human Capital vs. Signalling Explanations of Wages [J]. Journal of Economic Perspectives, 1995, 9 (4): 133-154.

② KIRMANI A, RAO A R. No Pain, No Gain: A Critical Review of the Literature on Signaling Unobservable Product Quality [J]. Journal of Marketing, 2000, 64 (2): 66-79.

③ ROSS S A. The Economic Theory of Agency: The Principal's Problem [J]. The American Economic Review, 1973, 63 (2): 134-139.

BHATTACHARYA S. Imperfect Information, Dividend Policy, and "the Bird in the Hand" Fallacy [J]. The Bell Journal of Economics, 1979, 10 (1): 259-270.

时使用了信号理论。具体而言，同行公司自愿信息披露水平越高，企业通过自愿信息披露向市场传递公司透明度较高信号的动机越强。这不仅有利于公司回应外部信息需求，还有利于企业在面临环境不确定性时，降低股价波动性。

三、有限理性理论

大多经济学模型，例如，期望效用最大化、贝叶斯概率判别等均假设经济主体的行为平均而言是理性的，管理层可以根据个人偏好作出决策，达到效用最大化。① 但如同现实中并不存在完美的有效市场，人们逐渐认识到能够权衡成本收益作出最优决策的理性经济人在经济学领域中的局限性。在社会学领域中，赫伯特·西蒙（Herbert A. Simon）放松了理性经济人的假设，提出了著名的有限理性（bounded rationality）理论。具体而言，赫伯特·西蒙提出了"社会人"的概念，认为人类的偏好是由相对于某一参考水平的结果的变化决定的。② 换句话说，个人因在作出决策时思维、认知、时间的有限性，最终只能作出次优决策。赫伯特·西蒙将人类认知的局限性和环境结构比喻为剪刀的两面，描述了大脑如何利用已知的环境结构来补偿有限的资源。当环境更复杂时，人会利用启发式而非严格的优化规则作出决策。

有限理论弥补了理性经济人与现实人决策之间的鸿沟，认为决策者在作出决策时无须追求完全的成本效益分析，仅追求满意标准。这与 20 世纪 50 年代新古典经济学的假设是不同的，新古典经济学假设决策者在作出决策时，能提前获知问题的复杂度、问题的呈现方式、备选方案、效用函数。此外，新古典经济学也没有考虑个人价值、发现和创造替代方案的方式，以及决策过程周围的环境。有限理性提出后，心理学家对有限理性作

① CAMPITELLI G，GOBET F. Herbert Simon's Decision-Making Approach：Investigation of Cognitive Processes in Experts ［J］. Review of General Psychology，2010，14（4）：354-364.

② SENT E M. Rationality and Bounded Rationality：You Can't Have One Without the Other ［J］. The European Journal of the History of Economic Thought，2018，25（6）：1370-1386.

出了拓展，例如，格尔德·吉仁泽（Gerd Gigerenzer）认为简单的启发式决策反而比理论上的最优决策更好，格尔德·吉仁泽还认为，个体能够对环境作出反应，并适应认知的变化。

总的来说，赫伯特·西蒙的有限理性理论指出，人们在面对复杂的现实问题并作出决策之前获取的资源和信息有限，这会导致人下意识地使用令人满意的方式来作出决策，并且这种决策过程是推断形成的。该理论较早深入探究了人类的认知与决策之间的关系，挑战了早期完美理性人的假设，对多个学科领域产生了深远影响，不仅包括经济学、心理学，还影响了法学、政治科学、认知科学，以及社会网络的拓扑结构等。

基于有限理性理论，本书认为，管理层天然具有认知和思维方面的偏差，当面临更复杂的环境时，倾向于使用启发式的思维进行决策，例如，模仿群体的行为。具体而言，当企业上市年龄较短，公司 CEO 缺乏金融类的职业背景，或管理层面临的行业竞争程度和环境不确定性更大时，管理层获取的私有信息有限，会通过模仿其他公司的自愿信息披露行为来降低公司风险。本书对有限理性理论的运用主要体现在第四章、第五章和第六章。

四、嵌入理论

嵌入理论（embeddedness theory）是经济社会学科的重要概念，由经济史学家卡尔·波兰尼（Karl Polanyi）于 1968 年首次提出。该理论描述了经济活动受非经济制度的约束程度，即某种现象（包括但不限于经济市场活动、组织、关系、个体等）对制度、社会、认知或文化的依赖性。具体而言，卡尔·波兰尼认为，与工业革命之后基于交换的市场不同，非资本主义、工业革命之前的非市场经济体建立在再分配和互惠的基础之上。此时的经济活动并不独立，而是内嵌在经济和非经济制度中。互惠寓意着在长期关系中互相交换商品或服务，再分配寓意着存在一个强大的政治中心（这种政治中心可能是基于亲属关系），该中心会依据特定的文化准则对资源进行重新分配。因此，非市场经济体的经济决策不依赖于个体选择，而是依赖于社会关系、文化价值观、道德、政治、宗教、权威等。例如，宗教和政府可能比市场经济本身的影响大，而社会文化义务、规范和价值观等在人们经济决策中发挥的作用更大。总之，卡尔·波兰尼认为任何脱离于社会文化和政治背景的经济模型都是有缺陷的。虽然在完全市场化的社会中，经济活动已经合理化，经济行为能够从社会中“剥离”出来，并且遵循经济模型中的独特逻辑。但实际上，经济运作并不能完全脱离其所处的社会，经济活动将嵌入在非市场化的亲属关系、宗教、政治制度当中。

嵌入理论描述并解释了不同制度和情境如何相互交织、互补或冲突的问题，其核心观点是制度是经济运行背后最核心的组织。嵌入理论对多学科产生了深远影响，甚至引发了人类学领域形式主义与实体主义之争。在新经济社会学领域，嵌入理论也得到了进一步发展，经济社会学家马克·格兰诺维特于 1985 年提出了一种新的研究范式——新实质主义（neo-substantivism)，指出即使在市场化的社会中，经济活动也不像经济模型所假设的那样脱离社会。① 马克·格兰诺维特以印尼华人的商业网络为例，研究发现个体的经济活动内嵌在强大的人际网络中，长期持续的人际网络在商业活动中的作用很大。

上市公司也是内嵌在各种社会网络中，公司行为可能会受到这些社会关系的影响。根据 Zukin 等②的细分，嵌入理论下经济活动可细分为认知、文化、结构与政治。认知镶嵌指人在作出经济决策时因存在认知偏差和非理性预期可能会导致不同的结果。③ 文化镶嵌指不同的文化背景、价值观对交易和消费等经济层面的影响。结构镶嵌即马克·格兰诺维特提出的基于人际网络的经济活动。政治镶嵌则指国家政治制度层面对经济活动的影响。在本书中，企业的自愿信息披露过程可能同时受到认知镶嵌、文化镶嵌、组织镶嵌的影响。具体而言，本书第五章指出，当公司管理层同时任

① GRANOVETTER M. Economic Action and Social Structure: The Problem of Embeddedness [J]. American Journal of Sociology, 1985, 91 (3): 481-510.

② ZUKIN S, DIMAGGIO P. Structures of Capital: The Social Organization of the Economy [M]. Cambridge: CUP Archive, 1990, 979-996.

③ AKERLOF G A, SHILLER R J. Animal Spirits: How Human Psychology Drives the Economy, and Why it Matters for Global Capitalism [M]. Princeton: Princeton University Press, 2010, 14-18.

职于多家上市公司时，管理层的社会网络更丰富，能够通过网络的信息传递功能，接收到其他公司的企业文化观、管理层认知或私有信息等。这些信息既可以决定同行公司的自愿信息披露决策，也可以影响企业的自愿信息披露决策。因此嵌入理论可以用来解释企业自愿信息披露同行效应的内在动因。

五、羊群效应

羊群效应（herd behavior）又可翻译为“从众效应”，指个体在没有任何指引的情况下，群体出现行为趋同的一种现象。群体行为在动物中很常见，例如，当遇到危险时，群体动物可能出现朝同一方向奔跑的现象。在人类活动中羊群效应也广泛存在，例如，投票、示威、暴乱、集体罢工、体育赛事、宗教集会等都是羊群效应在人类中的体现。羊群效应的概念最初由威尔弗雷德·特罗特（Wilfred Trotter）在《和平与战争中民众的本能》（1914）（*Instincts of the Herd in Peace and War*）① 一书中提出，但此前心理学家西格蒙德·弗洛伊德（Sigmund Freud）已讨论了群体心理学的思想。在政治、科学、人口文化等领域，人们通常将羊群效应称为信息级联或信息瀑布（information cascades）。②

在经济学领域中，羊群效应意味着人们依据群体行为而非私有信息作出独立决策。例如，投资者集体非理性行为导致的市场泡沫是羊群效应的典型表现③，当某些投资者抛售股票会引发群体抛售股票的行为，从而导致市场崩盘。因此，资本市场中的羊群效应会放大股市的波动。羊群效应存在的本质是个体存在追逐私利的动机，例如，面临危险时，动物会争先恐后地向兽群中心聚集，因为这样可以使自己免受伤害，人类也同样如

---

① TROTTER W. Instincts of the Herd in Peace and War [M]. London: TF Unwin Limited, 1921, 27-41.

② BIKHCHANDANI S, HIRSHLEIFER D, WELCH I. A Theory of Fads, Fashion, Custom, and Cultural Change as Informational Cascades [J]. Journal of Political Economy, 1992, 100 (5): 992-1026.

③ BANERJEE A V. Simple Model of Herd Behavior [J]. The Quarterly Journal of Economics, 1992, 107 (3): 797-817.

此。具体而言，在经济学领域，羊群效应的产生有两大动因：一是信息不对称，二是代理问题。以投资者为例，一方面，投资者根据个人私有信息进行交易，但因投资者获取并分析信息的能力并不相同，导致投资者之间的信息禀赋存在差异。在有限的时间内，为迅速作出决策且避免损失，投资者会直接从他人的行为中获取信息，即模仿他人的交易行为。另一方面，基于委托—代理理论，风险厌恶的基金经理可能为了避免声誉损失，或出于薪酬合同的考虑而跟随他人行为。① 因为与群体行为保持一致，至少可以保证公司能获取平均报酬率。即便遭遇损失，管理层个人声誉也不会受到较大影响。但管理层若选择逆势而行，一旦遭遇损失，个人声誉和职业生涯都将受到更大冲击。

因此，在本书中，羊群效应也会导致管理层模仿同行企业的自愿信息披露。本书对羊群效应理论的运用主要体现在第四章和第六章，当企业面临的外部环境不确定性较高时，管理层为降低决策风险、避免声誉损失，会选择跟随大多数企业的信息披露行为。

---

① SCHARFSTEIND S, STEIN J C. Herd Behavior and Investment [J]. The American Economic Review, 1990, 80 (3): 465-479.

第四章

企业自愿信息披露同行效应的存在性研究

第一节　问题提出

资本市场是基于信息互换的交易市场，信息披露对资本市场健康发展至关重要，不仅影响投资者的决策①，还决定了资本市场的稳定性。② 近年来，随着我国资本市场的全面改革，以信息披露为核心的注册制改革不断推进，资本市场形成了以法律法规顶层设计为统领，以证监会、交易所等部门规章制度为落实的自上而下的信息披露规则体系，为上市企业信息披露制度的制定和落实指引了方向。具体而言，2019 年 12 月 28 日新修订的《证券法》进一步完善了证券市场相关的基础制度，其中最大的亮点是首次为企业信息披露设定单独章节，不仅扩大了信息披露义务人的范围，还承认了企业自愿信息披露的合法地位及重要性。总之，新《证券法》的修订并执行，从根本上改变了我国上市企业信息披露的范围、原则和方向。因为长期以来，我国上市企业自愿信息披露缺乏上位法的支持，资本

① AHMED A S，SCHNEIBLE JR R A. The Impact of Regulation Fair Disclosure on Investors' Prior Information Quality—Evidence From an Analysis of Changes in Trading Volume and Stock Price Reactions to Earnings Announcements [J]. Journal of Corporate Finance, 2007, 13 (2-3): 282-299.

② 曹廷求，张光利．自愿性信息披露与股价崩盘风险：基于电话会议的研究［J］．经济研究，2020，55（11）：191-207.

市场并未形成统一且成熟的自愿信息披露规则体系①，有关规定仅散落于各交易所、监管部门的规章制度中②。自新《证券法》颁布以来，形成了以证监会为引领，各权力机关陆续制定企业自愿信息披露细则的新局面。如今，证监会不仅重新修订了《上市公司信息披露管理办法》（证监会令第182号），明确企业自愿信息披露的原则规定，还对公开发行证券的公司的年度报告及半年度报告内的企业自愿信息披露做了详细规定。例如，为协同国家“碳达峰、碳中和”的战略目标，证监会鼓励上市企业在年度报告和半年度报告中自愿披露为减少碳排放采取的措施及效果，这不仅响应了国家的战略号召，还增加了投资者对企业可持续发展的理解，提高投资者的决策效率。相对应，在上位法指引和证监会号召下，上交所不仅创建信息披露示范公司试点，鼓励示范公司结合自身的经营情况和行业特征，披露有利于投资者作出价值判断和投资决策的自愿信息，协助投资者充分挖掘公司潜在价值，还专门针对科创板上市企业制定自愿信息披露指引。具体而言，《上海证券交易所科创板上市公司自律监管规则适用指引第2号——自愿信息披露》（上证发〔2020〕70号）结合一批新业态、新经济和新模式下的科创板上市企业营业特点，对科创板企业自愿信息披露的原则、内容、注意事项等，提供具有针对性的指导建议；深交所则自2020年起，在每年度针对上市公司信息披露考核工作中增加对企业自愿信息披露规范情况的考核，对符合披露规范的公司予以加分。

总的来说，不论是从制度的顶层设计层面，还是从规则的中层承接方面，我国正在形成并完善一套体系化的企业自愿信息披露规定。但再完善、再具体的制度，一旦脱离了落实，便成为一纸空文。从我国上市企业自愿信息披露实践来看，不论是强制披露还是自愿披露，企业的整体披露质量并不高。据笔者统计③，2000—2020年间，因涉嫌信息披露违规被证监会和交易所调查并处罚的上市公司占比高达40.7%。2020年3月，新冠疫情暴发初期，也是新《证券法》执行的首月，仍有多家上市公司因涉嫌

① 李有星，康琼梅．论证券信息自愿披露及免责事由［J］．社会科学，2020，481(9)：104-111.

② 详见第三章制度背景的介绍。

③ 数据来源为国泰安—公司研究系列—违规处理。

在自愿信息披露过程中“蹭热点”被证监会立案调查。因此，只有深入研究企业自愿信息披露的动机和行为，才能提供针对性的指导，协助规范公司自愿信息披露行为，确保自愿信息成为强制信息的有益补充。最终达到进一步提升上市公司透明度、净化营商环境、确保投资者合法权益的目的。

在公司金融学中，企业自愿信息披露是一个经典的研究领域。虽然以财务报表为主的强制披露信息能够传递一些关于企业财务状况的硬信息，但因其缺乏时效性和个性化，且具有高度统一的披露形式，难以向市场传递有效信号。[①] 而公司披露的自愿性信息因具有可供传递的个性化增量信息，引起了国内外学者大量讨论。具体研究结论如下。

研究内容方面，学者主要针对企业自愿信息披露的后果和影响因素展开讨论。对企业自愿信息披露后果主要从公司自身角度展开深入探讨，研究发现企业自愿信息披露能够给公司带来一定收益，例如，降低股价波动性和信息不对称程度、资本成本、股价崩盘风险、股价同步性和专有化成本，提高公司股票流动性和分析师预测准确性等。企业自愿信息披露也可能给公司带来一定成本，例如，Rahman 等[②]以新加坡上市公司自愿披露季报为例，研究发现季报披露吸引了更多分析师关注，但是提高了公司股价波动性。还有学者发现，企业频繁的信息披露也会增加管理层的短视行为，提高企业盈余管理水平等。[③] 也有少数学者或发现企业自愿信息披露对资本成本影响方向和影响程度取决于公司所处的市场环境[④]，或发现两

---

① 方红星，楚有为．自愿披露、强制披露与资本市场定价效率［J］. 经济管理，2019，41（1）：156-173.

② RAHMAN A R，TAY T M，ONG B T，et al. Quarterly Reporting in a Voluntary Disclosure Environment：Its Benefits，Drawbacks and Determinants［J］. The International Journal of Accounting，2007，42（4）：416-442.

③ GIGLER F，KANODIA C，SAPRA H，et al. How Frequent Financial Reporting Can Cause Managerial Short-Termism：An Analysis of the Costs and Benefits of Increasing Reporting Frequency［J］. Journal of Accounting Research，2014，52（2）：357-387.

④ CAO Y，MYERS L A，TSANG A，et al. Management Forecasts and the Cost of Equity Capital：International Evidence［J］. Review of Accounting Studies，2017，22（2）：791-838.

者之间没有显著关系①。对企业自愿信息披露影响因素主要从管理层特质、公司内部和公司外部展开探讨。管理层特质包括管理层外向型特征、管理层情绪、薪酬契约。公司内部包括成本粘性、期权交易行为、并购行为、股东特征等。公司外部包括机构投资者持股或特征、行业竞争程度、社会价值观、技术创新、市场透明度、资本市场开放程度等。以上因素均会对企业自愿信息披露决策产生不同程度影响。

研究主体方面，与我国半强制的业绩预告披露制度不同，以美国为首的发达经济体的资本市场以自愿披露管理层业绩预告为主。因此，长期以来，国外学者在研究企业自愿信息披露时，通常使用管理层业绩预告披露作为企业自愿信息披露的替代指标。此外，电话会议作为一种新型的传播工具，既能帮助管理层传递额外信息，又能实时满足市场参与者的提问和解答，逐渐被视为衡量企业自愿信息披露的另一个重要指标。② 还有学者或根据公司网站披露的信息自行构建指标③，或使用企业某类财务信息如支付的其他与经营活动有关的现金④，或使用非财务信息如可扩展商务报告语言⑤、微博等社交媒体⑥、权威机构对企业信息披露的评级等指标来

① EUGSTER F. Endogeneity and the Dynamics of Voluntary Disclosure Quality: Is there Really an Effect on the Cost of Equity Capital? [J]. Contemporary Accounting Research, 2020, 37 (4): 2590-2614.

② BOWEN R M, DAVIS A K, MATSUMOTO D A. Do Conference Calls Affect Analysts' Forecasts? [J]. The Accounting Review, 2002, 77 (2): 285-316.

③ BOULLAND R, BOURVEAU T, BREUER M. Corporate Websites: A New Measure of Voluntary Disclosure [R]. Amsterdam: Working Paper, 2019.

④ 罗炜，朱春艳．代理成本与公司自愿性披露［J］．经济研究，2010，45（10）：143-155.
牛建波，吴超，李胜楠．机构投资者类型、股权特征和自愿性信息披露［J］．管理评论，2013，25（3）：48-59.

⑤ EFENDI J, PARK J D, SUBRAMANIAM C. Does the XBRL Reporting Format Provide Incremental Information Value? A Study Using XBRL Disclosures during the Voluntary Filing Program [J]. Abacus, 2016, 52 (2): 259-285.
陈宋生，田至立，岳江秀．自愿性信息披露越多越好吗？——基于 XBRL 扩展分类标准的视角［J］．会计与经济研究，2020，34（4）：24-45.

⑥ 黄宏斌，于博，丛大山．经济政策不确定性与企业自愿性信息披露——来自上市公司微博自媒体的证据［J］．管理学刊，2021，34（6）：63-87.

衡量企业自愿信息披露水平。

随着行为金融学的发展，行为金融学领域的相关理论开始渗入公司治理与公司财务研究。例如，与古典经济学的理性经济人假设不同，行为金融学的有限理性理论认为人具有认知、能力等方面的局限性，即便在充分分析信息的成本与收益后，经济人也只能作出次优选择。并且，在市场存在信息不对称的情况下，为了充分补充个体的私有信息，有限理性的经济人可能会参照他人行为进行决策。① 例如，近几年有不少国内外学者研究发现，企业的薪酬合同制定、避税行为、资本结构、投资行为、创新、并购行为、社会责任履行、财务违规等均受其他企业行为的影响。考虑到管理层作出信息披露决策时的成本和收益模型与企业作出上述决策时并不一致②，且学者大多从公司特质方面对企业自愿信息披露行为进行研究③。那么，企业自愿信息披露行为是否也受群体内其他企业的影响？国外最新研究发现，同行企业或同地区企业的自愿信息披露行为能显著提高企业的自愿信息披露意愿。但目前仍缺乏基于中国上市公司大样本的讨论，本书欲弥补该方面的研究空白。

综上，本书欲基于信息不对称理论、有限理性理论、羊群理论，以中国上市公司为样本，实证研究我国上市企业自愿信息披露的同行效应。之所以研究同行效应，是因为在现实世界中企业并非独立存在的个体，具有很多经济关联的同行公司，因此企业的信息披露决策很可能会受到同行公司的影响。本书与 Seo④ 一文不同之处在于以下几点。一是研究样本不同。

---

① MANSKI C F. Identification of Endogenous Social Effects: The Reflection Problem [J]. The Review of Economic Studies, 1993, 60 (3): 531-542.
SEO, H. Peer Effects in Corporate Disclosure Decisions [J]. Journal of Accounting and Economics, 2021, 71 (1): 101364.

② MATSUMOTO D A, SERFING M, SHAIKH S. Geographic Peer Effects in Management Earnings Forecasts [J]. Contemporary Accounting Research, 2022, 39 (3): 2023-2057.

③ LEUZ C, WYSOCKI P. The Economics of Disclosure and Financial Reporting Regulation: Evidence and Suggestions for Future Research [J]. Journal of Accounting Research, 2016, 54 (2): 525-622.

④ SEO H. Peer Effects in Corporate Disclosure Decisions [J]. Journal of Accounting and Economics, 2021, 71 (1): 101364.

Seo以西方发达国家上市公司为研究对象，而本书的研究样本为发展中国家上市企业。中国的资本市场，不论是从文化环境、制度建设、市场结构，还是从司法保障等方面，均与西方有所不同。这些差异可能会使我们得出与Seo不同的研究结论。二是研究切入点不同。Seo主要从同行公司披露能够改善行业信息环境、降低管理层决策成本的角度，研究企业自愿信息披露的同行效应。本书的第五章和第六章分别从企业内部学习动机、信息优势动机，企业外部信息需求动机、市场压力、宏观环境角度进行深入研究。三是研究结论存在差异。Seo研究发现同行企业自愿信息披露能够显著提高公司披露坏消息的可能性，但本书未发现相似结论，并在后文给出了合理解释。

本书研究具有以下几点贡献。首先，丰富了企业自愿信息披露同行效应相关研究。随着媒体行业的快速发展，企业不再是独立存在的经济体，信息传播使公司与其他企业之间的空间和距离逐渐缩小。管理层可以较便利地从网络、报刊等媒体渠道获取同行公司或竞争对手企业的信息披露情况，补充管理层的私有信息，从而影响管理层自身的披露行为。但国内还缺乏相关研究，本书丰富了该领域的文献。其次，丰富了企业自愿信息披露外部性相关研究。已有关于企业信息披露外部性的相关研究，除少数学者考察了对其他企业自愿信息披露行为的外部性影响①，大多学者主要研究企业信息披露特征对投资者反应或信息整合能力，分析师关注，其他公司的投资行为、创新、资本成本、股价反应等影响。本书验证了企业自愿信息披露也能对其他企业自愿信息披露行为产生外部性影响，这能帮助管理层更好理解并权衡企业自愿信息披露的成本与收益。再次，本书响应了学者对研究行业信息传递机制②和同行企业信息披露外部性③的号召，用中国资本市场数据提供了来自新兴经济体的经验证据。最后，本书检验信

---

① SEO H. Peer Effects in Corporate Disclosure Decisions [J]. Journal of Accounting and Economics, 2021, 71 (1): 101364.

② SCHIPPER K. Information Transfers [J]. Accounting Horizons, 1990, 4 (4): 97.

③ LEUZ C, WYSOCKI P. The Economics of Disclosure and Financial Reporting Regulation: Evidence and Suggestions for Future Research [J]. Journal of Accounting Research, 2016, 54 (2): 525-622.

息披露外部性得出的相关结论有助于监管者更好地进行信息披露监管①，能够为监管部门未来制定更合理的信息披露监管政策提供参考。

第二节 理论分析与研究假设

社会心理学家将个体在作出决策时受同一群体内其他主体行为影响的现象定义为 peer effect，中文一般翻译为“同群效应”。本书认为企业在作出自愿信息披露决策时，会受到行业内其他企业自愿信息披露行为的影响，因此将 peer effect 翻译为“同行效应”。企业自愿信息披露同行效应存在的主要原因是环境的信息不确定性和管理层的有限理性。具体而言，有以下几点。

首先，同行自愿信息披露能够补充管理层的私有信息，提高管理层自愿信息披露意愿。有限理性理论认为，人在面临复杂问题需要作出决策判断时，往往因为存在思维或认知的局限性，无法在一定时间内进行完美的成本效益分析并作出最优决策。考虑到企业内外环境存在一定信息不对称，当管理层因认知局限无法判断外部环境时，对企业未来现金流和业绩预测难度加大②，可能会为了规避风险降低信息披露精度或披露意愿③。而同行公司披露的自愿性信息可能会补充管理层的私有信息，提高自愿信息披露水平。例如，当同行公司披露更多关于行业发展趋势、经营状况、企业战略或投资方向等信息时，管理层能够根据这些信息对自身业绩或经营前景进行正确评估，提高他们的决策效率。此外，镶嵌理论（mosaic theory）认为分析师能够将若干非重大的碎片化信息结合起来，形成重要

---

① ROYCHOWDHURY S，SHROFF N，VERDI R S. The Effects of Financial Reporting and Disclosure on Corporate Investment：A Review ［J］. Journal of Accounting and Economics，2019，68（2-3）：101246.

② BLOOM N，BOND S，VAN REENEN J. Uncertainty and Investment Dynamics ［J］. The Review of Economic Stuies，2007，74（2）：391-415.

③ CHEN S，MATSUMOTO D，RAJGOPAL S. Is Silence Golden? An Empirical Analysis of Firms that Stop Giving Quarterly Earnings Guidance ［J］. Journal of Accounting and Economics，2011，51（1-2）：134-150.

的信息。同理，同行公司披露的自愿性信息越多，管理层也越能够将这些可能同时具有公司特质、行业趋势、宏观环境的信息整合起来，优化个体决策，最终提高企业自愿信息披露水平。

其次，同行自愿信息披露能够改善信息环境，降低投资者的预测风险，提高管理层自愿信息披露意愿。同行自愿披露水平越高，投资者获取的私有信息越多，整个行业的信息随之越精准，这会有助于投资者更准确理解和评估管理层披露的自愿性信息并给予正确的市场反应，从而降低管理层披露信息的风险，提高披露意愿。① 另外，当同行披露的自愿性信息因精度较低不利于投资者对公司作出正确估计时，公司增加披露也会降低投资者对公司系统性风险的感知②，最终公司将提高自愿信息披露水平。

最后，同行自愿信息披露能够影响管理层的声誉，提高管理层自愿信息披露水平。根据羊群理论，同行效应存在最重要的原因是委托代理问题。现代公司所有权与经营权分离导致管理层在作出决策时更多考虑个人的薪酬和声誉。当同行公司披露的自愿性信息更多时，管理层为了凸显个人的勤勉尽责，或考虑到基于行业平均水平制定的薪酬合同，会促使公司行为与群体行为趋于一致。即便根据个体的私有信息，公司可能并不适合披露过多自愿性信息，但存在委托代理问题的公司管理层会选择忽视股东权益，提高自愿信息披露水平。综上，本书提出以下假设：

假设 4-1：企业自愿信息披露存在同行效应。具体而言，同行自愿信息披露水平越高，企业自愿信息披露水平越高。

---

① BEYER A, COHEN D A, LYS T Z, et al. The Financial Reporting Environment: Review of the Recent Literature [J]. Journal of Accounting and Economics, 2010, 50 (2-3): 296-343.
SUIJS J. Voluntary Disclosure of Information When Firms are Uncertain of Investor Response [J]. Journal of Accounting and Economics, 2007, 43 (2-3): 391-410.

② DYE R A, HUGHES J S. Equilibrium Voluntary Disclosures, Asset Pricing, and Information Transfers [J]. Journal of Accounting and Economics, 2018, 66 (1): 1-24.

第三节 研究设计

一、样本与数据来源

本书以2010—2020年A股上市公司为研究对象。样本之所以选择从2010年开始，是因为数据显示从2010年起，披露业绩预告的上市公司数量开始增加。① 这可能与我国《上市公司信息披露管理办法》于2007年以后才正式颁布有关。本书对初始样本进行如下筛选。1. 剔除金融类的上市企业。金融行业的商业模式和财务指标与其他行业公司相比，具有较大差异，这会影响实证结果。因此，本书依照实证研究常规惯例予以剔除。2. 剔除被ST、PT的上市企业。该类被特殊处理的上市公司的会计信息按照相关规定进行特殊披露，且其财务指标和经营情况很不正常②，可能会影响回归结果。因此，本书依照实证研究惯例予以剔除。3. 剔除创业板上市企业。本书使用上市公司自愿披露的业绩预告来衡量企业自愿信息披露水平，创业板上市公司的业绩预告属于强制披露范围，因此予以剔除。③ 4. 参照Seo④，剔除同行企业个数小于10家的样本。同行公司数量过少，可能会影响对行业平均自愿信息披露水平的计算，增加样本离群值。剔除后共获得43135个公司—季度有效观测值。最后，为克服离群值的影响，参照Leary和Roberts⑤，本书分别在第1和99百分位上对连续变量进行缩

① 作者根据CSMAR数据库数据整理得出。

② 刘媛媛，刘斌．劳动保护、成本粘性与企业应对［J］．经济研究，2014，49（5）：63-76.

③ 关于企业自愿信息披露的具体衡量方式详见二、模型与变量定义部分。另外，根据深交所2020年6月修订的《深圳证券交易所创业板股票上市规则》，创业板上市公司业绩预告披露制度从强制披露改为半强制披露。为减少2020年样本可能存在的噪声，本书将创业板上市公司一并剔除。

④ SEO H. Peer Effects in Corporate Disclosure Decisions［J］. Journal of Accounting and Economics，2021，71（1）：101364.

⑤ LEARY M T，ROBERTS M R. Do Peer Firms Affect Corporate Financial Policy?［J］. The Journal of Finance，2014，69（1）：139-178.

尾处理。本书的数据来自国泰安（CSMAR）数据库和万得（WIND）数据库。具体而言，上市公司业绩预告数据和企业产权性质（*SOE*）指标来自WIND数据库，其他财务数据来自CSMAR数据库。

二、模型与变量定义

本书采用模型（4-1）来检验假设4-1。本书采用公司的季度数据进行回归，因此，i、j和t分别代表公司、行业和季度。各变量具体定义如下。

（一）被解释变量

$VolDis_{i,j,t}$是被解释变量，表示行业j中i公司在t季度是否自愿披露业绩预告。若是则取值为1，否则为0。

（二）解释变量

$PVolDis_{-i,j,t-1}$是解释变量，表示行业j中公司i的同行企业（排除公司i）在t-1季度的自愿披露水平，用同行企业披露的自愿性业绩预告（包括年度业绩预告和季度业绩预告）的数量均值来表示。① *PVolDis*数值越高，说明同行自愿信息披露水平越高。本书之所以选择管理层业绩预告衡量企业自愿信息披露水平，是因为业绩预告是管理层自愿披露的一种最重要形式，包括公司未来业绩和预期需求的前瞻性信息②，不仅能够向本公司投

① ANILOWSKI C, FENG M, SKINNER D J. Does Earnings Guidance Affect Market Returns? The Nature and Information Content of Aggregate Earnings Guidance [J]. Journal of Accounting and Economics, 2007, 44 (1-2): 36-63.
GUAY W, SAMUELW D, TAYLOR D. Guiding Through the Fog: Financial Statement Complexity and Voluntary Disclosure [J]. Journal of Accounting and Economics, 2016, 62 (2-3): 234-269.

② BEYER A, COHEN D A, LYS T Z, et al. The Financial Reporting Environment: Review of the Recent Literature [J]. Journal of Accounting and Economics, 2010, 50 (2-3): 296-343.

资者传递公司未来的财务信息①，还能向同行公司的投资者和管理层传递信息②。近期在关于企业自愿信息披露行为相关研究领域，不论是国内学者还是国外学者，均把管理层盈余预测作为企业自愿信息披露的替代指标。③ 因此，为与近期权威文献和相关研究领域保持一致，本书统一使用中国上市公司业绩预告计算企业自愿信息披露水平。值得说明的是，与国外资本市场完全自愿性的业绩预告披露制度不同，我国监管部门对上市公司业绩预告采用半强制制度，除"净利润为负，净利润与去年同期相比上升或下降50%以上，扭亏为盈"的公司被要求必须披露业绩预告，其余情况的上市公司对于业绩预告的披露具有自由裁量权。因此，本书剔除上市公司披露的强制性业绩预告，用企业披露的自愿性业绩预告来衡量企业自愿信息披露水平④，然后按照证监会 2012 年公布的二级行业分类为标准⑤，计算同行平均自愿披露水平。另外，为确保企业作出自愿信息披露决策时能够观察到同行公司的自愿信息披露行为，本书对解释变量做滞后

① HEALY P M, PALEPU K G. Information Asymmetry, Corporate Disclosure, and the Capital Markets: A Review of the Empirical Disclosure Literature [J]. Journal of Accounting and Economics, 2001, 31 (1-3): 405-440.

② PARK J, SANI J, SHROFF N, et al. Disclosure Incentives When Competing Firms have Common Ownership [J]. Journal of Accounting and Economics, 2019, 67 (2-3): 387-415.

③ MATSUMOTO D A, SERFING M, SHAIKH S. Geographic Peer Effects in Management Earnings Forecasts [J]. Contemporary Accounting Research, 2022, 39 (3): 2023-2057.

SEO H. Peer Effects in Corporate Disclosure Decisions [J]. Journal of Accounting and Economics, 2021, 71 (1): 101364.

王丹，孙鲲鹏，高皓．社交媒体上"用嘴投票"对管理层自愿性业绩预告的影响 [J]. 金融研究，2020，485 (11)：188-206.

杨道广，王佳妮，陈汉文．业绩预告："压力"抑或"治理"——来自企业创新的证据 [J]. 南开管理评论，2020，23 (4)：107-119.

④ 王丹，孙鲲鹏，高皓．社交媒体上"用嘴投票"对管理层自愿性业绩预告的影响 [J]. 金融研究，2020，485 (11)：188-206.

杨道广，王佳妮，陈汉文．业绩预告："压力"抑或"治理"——来自企业创新的证据 [J]. 南开管理评论，2020，23 (4)：107-119.

⑤ 连玉君，彭镇，蔡菁，等．经济周期下资本结构同群效应研究 [J]. 会计研究，2020，397 (11)：85-97.

一期处理。

（三）控制变量

$Controls_{i,j,t-1}$是公司 i 的控制变量，控制那些通过影响企业自愿信息披露成本与收益，影响管理层自愿信息披露水平的特质因素。① 包括公司规模（*SIZE*）、资产负债率（*LEV*）、总资产收益率（*ROA*）、账面市值比（*BM*）、资本支出（*INVEST*）、产权性质（*SOE*）、分析师跟踪数量（*ANALYST*）、机构投资者持股比例（*IO*）、股权集中度（*TOP*1）。$Controls_{-i,j,t-1}$是同行企业的控制变量，用同行公司（排除公司 i）财务指标的均值来衡量。同行企业的控制变量用来控制同行公司的语境效应②，也就是学习效应③，判断企业是否会根据同行公司的财务特征来调整自愿信息披露策略。

φ_t是季度固定效应，用来控制随时间变化的公司信息披露趋势。δ_j是行业固定效应，控制可能影响公司自愿信息披露但不可观测的共同因素。$\varepsilon_{i,j,t}$为随机扰动项。本书使用的统计软件为 Stata17.0。本书重点关注的系数是α_1，若α_1显著大于 0，说明企业自愿信息披露存在同行效应，即同行自愿信息披露能够提高公司 i 的自愿信息披露水平，假设 4-1 成立。表 4-1 是变量说明。

$$Vol\ Dis_{i,j,t}=\alpha_0+\alpha_1 PVolDis_{-i,j,t-1}+\gamma\ Controls_{i,j,t-1}+\rho Controls_{-i,j,t-1}+\delta_j+\varphi_t+\varepsilon_{i,j,t} \tag{4-1}$$

① AJINKYA B, BHOJRAJ S, SENGUPTA P. The Association between Outside Directors, Institutional Investors and the Properties of Management Earnings Forecasts [J]. Journal of Accounting Research, 2005, 43 (3): 343-376.

② SEO H. Peer Effects in Corporate Disclosure Decisions [J]. Journal of Accounting and Economics, 2021, 71 (1): 101364.

③ 连玉君，彭镇，蔡菁，等. 经济周期下资本结构同群效应研究 [J]. 会计研究, 2020, 397 (11): 85-97.

表 4-1 变量说明

	变量符号	变量名称	变量定义
被解释变量	*VolDis*	企业自愿信息披露	若公司在 t 期自愿披露业绩预告为 1，否则为 0
解释变量	*PVolDis*	同行自愿信息披露	等于 t-1 期同行公司自愿披露业绩预告数量的均值
控制变量	*SIZE*	公司规模	等于 t-1 期公司总资产的自然对数
	LEV	资产负债率	等于 t-1 期公司总负债除以总资产
	ROA	总资产收益率	等于 t-1 期公司净利润除以总资产
	BM	账面市值比	等于 t-1 期公司总资产除以市值
	INVEST	资本支出	等于 t-1 期公司资本支出除以总资产
	SOE	产权性质	若 t-1 期公司为国有企业，则取值为 1，否则为 0
	ANALYST	分析师跟踪数量	等于 t-1 期公司被研报跟踪数量加 1 后取自然对数
	IO	机构投资者持股比例	等于 t-1 期公司所有机构投资者持股比例之和
	TOP1	股权集中度	等于 t-1 期公司第一大股东持股比例
	PSIZE	同行公司规模	等于 t-1 期同行公司总资产自然对数的均值
	PLEV	同行公司资产负债率	等于 t-1 期同行公司总负债除以总资产的均值
	PROA	同行公司总资产收益率	等于 t-1 期同行公司净利润除以总资产的均值
	PBM	同行公司账面市值比	等于 t-1 期同行公司总资产除以市值的均值
	PINVEST	同行公司资本支出	等于 t-1 期同行公司资本支出除以总资产的均值
	PSOE	同行公司产权性质	等于 t-1 期同行公司中国有企业的比例

续表

	变量符号	变量名称	变量定义
控制变量	*PANALYST*	同行公司分析师跟踪	等于 t-1 期同行公司被研报跟踪数量加 1 后取自然对数的均值
	PIO	同行公司机构投资者持股	等于 t-1 期同行公司所有机构投资者持股比例之和的均值
	*PTOP*1	同行公司股权集中度	等于 t-1 期同行公司第一大股东持股比例的均值

三、工具变量

Manski① 和 Angrist② 认为，在同行类问题的研究中存在反射问题（reflection problem），导致单纯回归同行自愿信息披露水平和公司自愿信息披露水平时具有很大内生性问题。因为两者可能受行业共同因素影响，导致 OLS 回归结果有偏。为了缓解这个问题，借鉴 Leary 和 Roberts③ 和 Seo④，把同行企业股票异质收益率作为工具变量。原理是股价中包含公司特质信息，股价波动能够影响管理层自愿披露的动机。⑤ 而经市场和行业调整后的同行股票特质收益率能够满足工具变量的使用条件，既与本书的解释变量（同行自愿信息披露）相关，又与本书的被解释变量（企业自愿信息披露）无关。

在计算工具变量时，考虑到 Fama 和 French⑥ 的三因子模型可能并不

① MANSKI C F. Identification of Endogenous Social Effects: The Reflection Problem [J]. The Review of Economic Studies, 1993, 60 (3): 531-542.

② ANGRIST J D. The Perils of Peer Effects [J]. Labour Economics, 2014, 30: 98-108.

③ LEARY M T, ROBERTS M R. Do Peer Firms Affect Corporate Financial Policy? [J]. The Journal of Finance, 2014, 69 (1): 139-178.

④ SEO H. Peer Effects in Corporate Disclosure Decisions [J]. Journal of Accounting and Economics, 2021, 71 (1): 101364.

⑤ SLETTEN E. The Effect of Stock Price on Discretionary Disclosure [J]. Review of Accounting Studies, 2012, 17 (1): 96-133.

⑥ FAMA E F, FRENCH K R. Common Risk Factors in the Returns on Stocks and Bonds [J]. Journal of Financial Economics, 1993, 33 (1): 3-56.

完全适用于中国市场，这会导致工具变量存在严重的衡量偏误问题。因此借鉴连玉君等①的研究设计，在 Liu 等②的基础上，构造适合中国市场的四因子模型来计算工具变量。具体构造方法见模型（4-2）和模型（4-3）。其中，$R_{i,j,t}$表示 j 行业中公司 i 在第 t 月的股票收益率；$R_{-i,j,t}$表示 j 行业排除公司 i 后在第 t 月的股票收益率，$R_{m,t}$表示第 t 月的市场收益率；Rf_t表示第 t 月的无风险收益率；SMB_t表示中国的 Size 因子，VMG_t表示中国的 Value 因子，PMO_t表示中国的情绪因子，具体因子的定义方式参见 Liu 等。③ 使用每年年初的前 60 个月的数据对模型（4-2）进行回归，得到回归系数$\alpha_{i,j,t}$、$\beta_{i,j,t}^{IND}$、$\beta_{i,j,t}^{M}$、$\beta_{i,j,t}^{SMB}$、$\beta_{i,j,t}^{VMG}$、$\beta_{i,j,t}^{PMO}$的估计值。在年度内的每个月，使用相同的回归系数，用模型（4-2）和模型（4-3）计算每只股票每月的股票特质收益率$R_{idiosyncratic}$，随后将月度特质股票收益率复合，得到该公司季度股票异质收益率。最后，把同行企业季度股票异质收益率的均值作为同行自愿信息披露的工具变量。

$$R_{i,j,t}=\alpha_{i,j,t}+\beta_{i,j,t}^{IND}(R_{-i,j,t}-Rf_t)+\beta_{i,j,t}^{M}(R_{m,t}-Rf_t)+\beta_{i,j,t}^{SMB}SMB_t+\beta_{i,j,t}^{VMG}VMG_t+\beta_{i,j,t}^{PMO}PMO_t+\eta_{i,j,t} \tag{4-2}$$

$$R_{idiosyncratic}=R_{i,j,t}-\widehat{R}_{i,j,t} \tag{4-3}$$

第四节 实证结果

一、描述性统计

表 4-2 是描述性统计结果。*VolDis* 的均值为 0.358，说明样本中有 35.8%的上市公司自愿披露业绩预告。*PVolDis* 的均值为 0.073，说明同行

① 连玉君，彭镇，蔡菁，等．经济周期下资本结构同群效应研究［J］．会计研究，2020，397（11）：85-97.

② LIU J，STAMBAUGH R F，YUAN Y. Size and Value in China［J］. Journal of Financial Economics，2019，134（1）：48-69.

③ LIU J，STAMBAUGH R F，YUAN Y. Size and Value in China［J］. Journal of Financial Economics，2019，134（1）：48-69.

企业中自愿披露业绩预告的比例占 7.3%。*IV* 的均值为-0.002，标准差为 0.039，中位数为-0.003，与 Seo① 相差不大，说明本书采用适合中国市场的四因子模型来计算的工具变量是有效的。控制变量分布与现有研究差异不大，此处不再赘述。

表 4-2 描述性统计

Variable	N	Mean	SD	Min	p50	Max
VolDis	43135	0.358	0.479	0.000	0.000	1.000
PVolDis	43135	0.073	0.036	0.000	0.073	0.242
IV	43135	−0.002	0.039	−0.943	−0.003	0.883
SIZE	43135	22.720	1.276	19.870	22.560	26.260
LEV	43135	0.466	0.192	0.060	0.469	0.866
ROA	43135	0.044	0.043	−0.129	0.036	0.193
BM	43135	0.652	0.257	0.133	0.651	1.151
INVEST	43135	0.047	0.047	0.000	0.033	0.280
SOE	43135	0.513	0.500	0.000	1.000	1.000
ANALYST	43135	1.974	1.482	0.000	2.079	4.682
IO	43135	49.410	21.470	0.000	51.300	90.740
*TOP*1	43135	35.240	14.900	9.083	33.490	75.720
PSIZE	43135	22.450	0.643	20.990	22.270	24.250
PLEV	43135	0.445	0.096	0.266	0.427	0.673
PROA	43135	0.043	0.018	−0.013	0.043	0.087
PBM	43135	0.632	0.152	0.315	0.631	0.977
PINVEST	43135	0.053	0.022	0.009	0.054	0.136
PSOE	43135	0.422	0.206	0.000	0.380	0.905

① SEO, H. Peer Effects in Corporate Disclosure Decisions [J]. Journal of Accounting and Economics, 2021, 71 (1): 101364.

续表

Variable	N	Mean	SD	Min	p50	Max
PANALYST	43135	1.867	0.411	0.677	1.865	2.952
PIO	43135	47.900	8.695	16.490	46.590	66.690
*PTOP*1	43135	36.170	4.753	21.380	35.380	49.910

二、相关性分析

表4-3是相关性分析结果。*PVolDis* 与 *VolDis* 在1%水平下显著正相关，初步验证了假设4-1，即同行自愿信息披露显著提高企业自愿信息披露水平。*IV* 与 *PVolDis* 在1%水平下显著相关，与 *VolDis* 不相关，说明工具变量的选择符合相关性和外生性条件。此外，公司规模、资产负债率、账面市值比、产权性质、机构投资者持股比例、股权集中度与公司自愿信息披露显著负相关；总资产收益率、资本支出、分析师跟踪数量与公司自愿信息披露显著正相关。

表 4-3　相关性分析

	VolDis	*PVolDis*	*IV*	*SIZE*	*LEV*	*ROA*	*BM*	*INVEST*	*SOE*	*ANALYST*	*IO*	*TOP1*
VolDis	1											
PVolDis	0. 098 ***	1										
IV	0. 011	0. 005 ***	1									
SIZE	-0. 122 ***	0. 082 ***	-0. 010 **	1								
LEV	-0. 124 ***	-0. 065 ***	0	0. 489 ***	1							
ROA	0. 044 ***	0. 038 ***	0. 005	-0. 087 ***	-0. 421 ***	1						
BM	-0. 108 ***	-0. 041 ***	-0. 006	0. 513 ***	0. 382 ***	-0. 321 ***	1					
INVEST	0. 082 ***	-0. 083 ***	0. 019 ***	-0. 083 ***	-0. 047 ***	0. 130 ***	-0. 052 ***	1				
SOE	-0. 229 ***	-0. 181 ***	0. 002	0. 287 ***	0. 254 ***	-0. 125 ***	0. 193 ***	-0. 063 ***	1			
ANALYST	0. 081 ***	0. 042 ***	-0. 004	0. 382 ***	0. 019 ***	0. 390 ***	-0. 089 ***	0. 193 ***	-0. 027 ***	1		
IO	-0. 142 ***	0. 081 ***	-0. 018 ***	0. 407 ***	0. 163 ***	0. 060 ***	0. 084 ***	-0. 043 ***	0. 299 ***	0. 194 ***	1	
TOP1	-0. 071 ***	-0. 053 ***	-0. 005	0. 172 ***	0. 034 ***	0. 115 ***	0. 131 ***	0. 025 ***	0. 217 ***	0. 076 ***	0. 514 ***	1

注：***、**和*分别表示在1%、5%和10%水平下显著。

三、回归结果

表 4-4 是模型（4-1）的工具变量回归结果。第（1）列显示，不加入控制变量时，*PVolDis* 对 *VolDis* 的系数为 0.406，在 1%水平下显著为正；第（2）列显示，加入公司层面控制变量后，*PVolDis* 对 *VolDis* 的系数为 0.416，在 1%水平下显著为正；第（3）列显示，加入公司层面控制变量和同行公司层面控制变量后，*PVolDis* 对 *VolDis* 的系数为 0.472，在 1%水平下显著为正。一阶段回归结果显示，工具变量与解释变量显著相关。表 4-4 结果表明，在使用工具变量排除共同因素对同行企业和公司自愿信息披露水平的影响后，公司自愿信息披露依然与同行自愿信息披露显著正相关。同时也看到，同行企业的财务特征也对公司自愿信息披露产生显著影响。前文已述及，在控制变量中加入同行企业财务指标，是为了检验企业根据同行财务调整决策的“情境效应”，表 4-4 第（3）列显示，*PSIZE*、*PSOE*、*PIO* 的系数均显著为正，说明同行公司规模越大，同时公司为国有企业、机构投资者持股比例越高，企业自愿信息披露水平越高，即企业作出自愿信息披露决策时倾向于跟随那些领头羊企业、国有企业和市场关注度较高的企业，因为这些公司管理层可能具有更好的信息优势和披露精度，能够帮助管理层改善披露策略。综上，表 4-4 的回归结果说明企业在作出自愿信息披露决策时，会参考同行企业上一期的自愿信息披露水平，同行企业披露的自愿性业绩预告越多，企业自愿披露业绩预告的可能性也越大，验证了假设 4-1。

表 4-4　存在性检验

	(1)	(2)	(3)
	VolDis	*VolDis*	*VolDis*
PVolDis	0.406***	0.416***	0.472***
	(2.68)	(2.92)	(3.33)
SIZE		-0.114**	-0.095
		(-2.00)	(-1.25)

续表

	(1)	(2)	(3)
	VolDis	*VolDis*	*VolDis*
LEV		0.002	−0.006
		(0.04)	(−0.16)
ROA		−0.145	−0.090
		(−0.84)	(−0.53)
BM		0.195**	0.150
		(1.97)	(1.10)
INVEST		1.322***	1.162***
		(8.04)	(4.31)
SOE		−0.281**	−0.207
		(−2.21)	(−1.13)
ANALYST		0.067*	0.055
		(1.75)	(1.10)
IO		−0.003*	−0.003
		(−1.72)	(−1.03)
*TOP*1		0.003*	0.002
		(1.71)	(0.99)
PSIZE			0.286***
			(4.21)
PLEV			−0.818*
			(−1.82)
PROA			−4.458**
			(−2.22)
PBM			−0.203
			(−0.88)
PINVEST			2.569

续表

	(1)	(2)	(3)
	VolDis	*VolDis*	*VolDis*
			(1.57)
PSOE			1.971***
			(2.66)
PANALYST			-0.233***
			(-4.82)
PIO			0.019***
			(3.12)
*PTOP*1			-0.014
			(-1.10)
常数项	-1.230***	1.225	-5.815***
	(-3.23)	(1.39)	(-4.32)
第一阶段回归	0.006**	0.006**	0.004*
	(2.39)	(2.40)	(1.66)
行业	控制	控制	控制
季度	控制	控制	控制
N	43135	43135	43135
R^2	0.735	0.735	0.743

注：①***、**和*分别表示在1%、5%和10%水平下显著，本书对标准误在公司层面进行了聚类处理，②为避免解释变量系数过大，对 *PVolDis* 和 *IV* 变量乘 100 处理。

第五节　稳健性检验

本书采用了多种稳健性检验方法，包括更换工具变量、更换模型估计方法、剔除样本、更换解释变量。

一、更换工具变量

本书分别采用 Fama 和 French① 的三因子模型和 Carhart② 的四因子模型重新构造工具变量。回归结果如表 4-5 第（1）列和第（2）列所示。当使用 Fama 三因子模型构造工具变量时，*PVolDis* 对 *VolDis* 的系数为 0.406，在 5%水平下显著为正；当使用 Carhart 四因子模型构造工具变量时，*PVolDis* 对 *VolDis* 的系数为 0.280，在 5%水平下显著为正。更换工具变量后的实证结果与表 4-4 回归结果一致。

二、更换模型估计方法

在主检验中，本书采用工具变量 2SLS 方法进行回归分析。下面，采用普通 OLS 回归方法进行稳健性检验。表 4-5 第（3）列显示，采用 logit 回归后，*PVolDis* 对 *VolDis* 的系数在 1%水平下显著为正。更换计量方法后的实证结果与表 4-4 回归结果一致。

三、剔除样本

首先，剔除那些与上市公司处于同一地区的样本公司，重新计算同行自愿信息披露水平。有研究表明，地理位置相邻的公司之间会发生知识溢出效应，影响企业的行为。③ 根据 Matsumoto 等④的最新研究，同地区公司

---

① FAMA E F, FRENCH K R. Common Risk Factors in the Returns on Stocks and Bonds [J]. Journal of Financial Economics, 1993, 33 (1): 3-56.

② CARHART M M. On Persistence in Mutual Fund Performance [J]. The Journal of Finance, 1997, 52 (1): 57-82.

③ GREENSTONE M, HORNBECK R, MORETTI E. Identifying Agglomeration Spillovers: Evidence from Winners and Losers of Large Plant Openings [J]. Journal of Political Economy, 2010, 118 (3): 536-598.
JAFFE A B, TRAJTENBERG M, HENDERSON R. Geographic Localization of Knowledge Spillovers as Evidenced by Patent Citations [J]. The Quarterly Journal of Economics, 1993, 108 (3): 577-598.

④ MATSUMOTO D A, SERFLING M, SHAIKH S. Geographic Peer Effects in Management Earnings Forecasts [J]. Contemporary Accounting Research, 2022, 39 (3): 2023-2057.

的管理层盈余预测水平会影响目标公司未来的盈余预测披露意愿。因此，为排除同地区上市公司自愿信息披露对公司的影响，本书剔除与公司 i 的注册地位于同一省份的上市公司后，重新计算同行自愿信息披露水平。表 4-5 第（4）列是回归结果，*PVolDis* 的系数在 5%水平下显著为正，说明剔除同地区公司的影响后，研究结论没有发生变化。

其次，考虑到新冠疫情对上市公司经营业务的影响，疫情防控期间居家办公可能会使公司为了缓解信息不对称，提高自愿信息披露水平。因此，本书剔除 2020 年样本重新进行回归。表 4-5 第（5）列结果显示，剔除 2020 年样本后，*PVolDis* 的系数在 1%水平下显著为正，研究结论不变。

四、更换解释变量

如今，召开电话会议也成为上市公司自愿信息披露的重要形式。① 学者针对中国上市公司召开电话会议的经济后果展开研究，发现公司召开电话会议具有一定信息含量，能够影响公司股价崩盘风险②、股价同步性③等。为此，借鉴曹廷求和张光利④，使用上市公司季度内召开电话会议的次数（*Call*）作为企业自愿信息披露水平的替代变量，使用同行企业季度内召开电话会议次数的均值（*PCall*）作为同行企业自愿信息披露水平的替代变量，重新进行回归。其中电话会议数据来自 WIND 数据库。表 4-5 第（6）列为实证结果，*PCall* 的系数在 1%水平下显著为正，说明同行召开电话会议次数越多，企业召开电话会议的次数也越多。综上，更换解释变量后，企业自愿信息披露的同行效应依然显著。

---

① BROWN S，HILLEGEIST S A，LO K. Conference Calls and Information Asymmetry [J]. Journal of Accounting and Economics，2004，37（3）：343-366.
曹廷求，张光利. 自愿性信息披露与股价崩盘风险：基于电话会议的研究 [J]. 经济研究，2020，55（11）：191-207.

② 曹廷求，张光利. 自愿性信息披露与股价崩盘风险：基于电话会议的研究 [J]. 经济研究，2020，55（11）：191-207.

③ 简晓彤，张光利，高皓. 电话会议与中国上市公司股价同步性 [J]. 系统工程理论与实践，2021，41（11）：2786-2805.

④ 曹廷求，张光利. 自愿性信息披露与股价崩盘风险：基于电话会议的研究 [J]. 经济研究，2020，55（11）：191-207.

表 4-5 稳健性检验

	(1)	(2)	(3)	(4)	(5)	(6)
	Fama 三因子构造 *IV*	Carhart 四因子构造 *IV*	logit 回归	剔除同地区公司	剔除 2020 年样本	更换解释变量
变量名	*VolDis*	*VolDis*	*VolDis*	*VolDis*	*VolDis*	*Call*
PVolDis	0.406**	0.280**	0.031***	0.396**	0.549***	
	(2.53)	(2.19)	(3.19)	(2.42)	(4.11)	
PCall						0.148***
						(6.51)
SIZE	−0.123**	−0.155***	−0.303***	−0.101	−0.066	0.021
	(−2.17)	(−5.96)	(−7.06)	(−1.40)	(−0.47)	(0.70)
LEV	−0.004	−0.001	0.057	0.010	−0.026	−0.052
	(−0.10)	(−0.02)	(0.29)	(0.25)	(−0.55)	(−0.90)
ROA	−0.107	−0.123	−0.069	0.115	−0.265	0.157
	(−0.60)	(−0.65)	(−0.10)	(0.55)	(−1.00)	(0.35)
BM	0.199*	0.257***	0.472***	0.184	0.091	0.053
	(1.87)	(4.16)	(2.80)	(1.51)	(0.35)	(0.92)
INVEST	1.233***	1.247***	1.648***	1.375***	1.021**	0.636
	(7.21)	(8.27)	(3.12)	(9.22)	(2.09)	(0.80)
SOE	−0.275**	−0.356***	−0.723***	−0.329**	−0.149	−0.055**
	(−2.00)	(−5.67)	(−10.37)	(−2.52)	(−0.47)	(−2.27)
ANALYST	0.074*	0.096***	0.183***	0.072*	0.037	0.080
	(1.94)	(5.35)	(7.86)	(1.67)	(0.40)	(0.76)
IO	−0.004*	−0.005***	−0.009***	−0.004**	−0.001	0.001
	(−1.83)	(−4.87)	(−5.49)	(−2.43)	(−0.24)	(1.01)
TOP1	0.003*	0.004***	0.008***	0.004**	0.001	−0.001
	(1.74)	(4.26)	(3.29)	(2.40)	(0.28)	(−1.32)

续表

	(1)	(2)	(3)	(4)	(5)	(6)
	Fama三因子构造 *IV*	Carhart四因子构造 *IV*	logit回归	剔除同地区公司	剔除2020年样本	更换解释变量
PSIZE	0.291***	0.279***	0.330**	0.258***	0.311***	-0.330***
	(4.68)	(4.17)	(2.20)	(4.17)	(4.09)	(-3.08)
PLEV	-0.685	-0.444	-0.010	-0.361	-1.325**	-2.613***
	(-1.47)	(-1.05)	(-0.01)	(-0.90)	(-1.99)	(-3.23)
PROA	-3.610*	-2.119	1.206	-3.567	-7.328**	-4.293***
	(-1.73)	(-1.31)	(0.83)	(-1.62)	(-2.15)	(-3.98)
PBM	-0.264	-0.334*	-0.620*	-0.190	-0.040	3.359***
	(-1.30)	(-1.94)	(-1.79)	(-0.84)	(-0.09)	(4.47)
PINVEST	1.925	0.847	-1.481	1.841	1.697	-5.649***
	(1.18)	(0.68)	(-1.05)	(1.07)	(1.41)	(-3.95)
PSOE	1.642**	1.045*	-0.149	1.461*	1.757***	-0.921*
	(2.05)	(1.68)	(-0.41)	(1.93)	(3.22)	(-1.91)
PANALYST	-0.215***	-0.172***	-0.106	-0.177***	-0.170***	-0.488***
	(-3.55)	(-2.91)	(-1.29)	(-3.68)	(-4.58)	(-4.78)
PIO	0.016**	0.012**	0.001	0.009**	0.032***	0.058***
	(2.44)	(2.02)	(0.11)	(1.96)	(3.36)	(2.87)
*PTOP*1	-0.009	-0.001	0.020*	-0.003	-0.026	0.002
	(-0.74)	(-0.12)	(1.79)	(-0.29)	(-1.51)	(0.32)
常数项	-5.439***	-4.498***	-3.135	-4.740***	-6.613***	0.507
	(-3.43)	(-2.82)	(-1.09)	(-3.37)	(-3.79)	(0.21)
第一阶段回归	0.006**	0.005*		0.005**	0.007***	0.017**
	(2.40)	(1.86)		(2.03)	(3.00)	(2.21)
行业	控制	控制	控制	控制	控制	控制

续表

	(1)	(2)	(3)	(4)	(5)	(6)
	Fama 三因子 构造 *IV*	Carhart 四因子 构造 *IV*	logit 回归	剔除 同地区 公司	剔除 2020 年 样本	更换 解释变量
季度	控制	控制	控制	控制	控制	控制
N	43135	43135	43135	43135	37562	36878
R^2/ pseudo R^2	0. 743	0. 743	0. 157	0. 667	0. 775	0. 545

注：①***、**和*分别表示在1%、5%和10%水平下显著，本书对标准误在公司层面进行了聚类处理；②为避免解释变量系数过大，对 *PVolDis*、*PCall* 和 *IV* 变量乘100处理；③第（4）列的解释变量 *PVolDis* 为剔除同地区上市公司后重新计算所得。

第六节 进一步研究

前文初步验证了企业自愿信息披露存在同行效应，下面分别从同行企业异质性、公司异质性、公司披露信息类型三方面进行深入研究。

一、区分同行自愿信息披露水平高低

本书根据同行自愿信息披露水平的中位数，将样本分为同行自愿信息披露水平高组和同行自愿信息披露水平低组，进行分组回归。预期在同行自愿信息披露水平高组中，企业自愿信息披露的同行效应更显著。这是因为，同行自愿信息披露水平越高，为管理层提供的可供参考的公开信息越多，管理层私有信息的精度会随之增加。并且，同行自愿信息披露水平越高，行业信息环境也会相应得到显著改善，这会进一步降低公司的信息不对称程度和管理层披露信息的风险，从而提高管理层自愿信息披露的意

愿。另外，根据Granovetter① 的嵌入理论，同行效应与管理层作出决策的阈值相关。当同行公司披露的自愿信息较多时，不论是高阈值的管理层，还是低阈值的管理层，均会作出信息披露决策。表4-6是回归结果，第（1）和第（3）列显示，在同行自愿信息披露水平低组，不论是否加入控制变量，*PVolDis* 的系数均未达到统计意义下的显著水平；第（2）和第（4）列显示，在同行自愿信息披露水平高组，不论是否加入控制变量，*PVolDis* 的系数均在1%水平下显著为正。这与预期一致，即与同行自愿信息披露水平更低组的公司相比，企业自愿信息披露的同行效应在同行自愿信息披露水平更高组中更显著。

表4-6　区分同行自愿信息披露水平高低

	(1)	(2)	(3)	(4)
	同行自愿信息披露水平低	同行自愿信息披露水平高	同行自愿信息披露水平低	同行自愿信息披露水平高
变量名	*VolDis*	*VolDis*	*VolDis*	*VolDis*
PVolDis	0.316	0.312***	0.377	0.358***
	(0.85)	(3.12)	(0.77)	(3.51)
SIZE			-0.092	-0.187***
			(-1.20)	(-5.89)
LEV			0.033	-0.021
			(0.40)	(-0.34)
ROA			0.249	-0.304
			(0.84)	(-1.22)
BM			0.175	0.343***
			(0.84)	(4.75)
INVEST			1.164***	1.204***

① GRANOVETTER M. Economic Action and Social Structure: The Problem of Embeddedness [J]. American Journal of Sociology, 1985, 91 (3): 481-510.

续表

	(1)	(2)	(3)	(4)
	同行自愿信息披露水平低	同行自愿信息披露水平高	同行自愿信息披露水平低	同行自愿信息披露水平高
			(3.47)	(6.05)
SOE			−0.233	−0.413***
			(−1.02)	(−6.20)
ANALYST			0.058	0.109***
			(0.85)	(5.62)
IO			−0.001	−0.007***
			(−0.48)	(−5.25)
*TOP*1			−0.000	0.007***
			(−0.00)	(5.56)
PSIZE			0.304	0.398***
			(1.24)	(4.21)
PLEV			1.057	−1.361**
			(0.94)	(−2.53)
PROA			−1.131	−2.340*
			(−0.46)	(−1.71)
PBM			−0.689	−0.526*
			(−1.24)	(−1.79)
PINVEST			2.328	2.388**
			(0.42)	(1.98)
PSOE			1.256	0.402
			(0.67)	(1.05)
PANALYST			−0.298	−0.065
			(−0.93)	(−1.27)
PIO			0.019	0.013*

续表

	(1)	(2)	(3)	(4)
	同行自愿信息披露水平低	同行自愿信息披露水平高	同行自愿信息披露水平低	同行自愿信息披露水平高
			(0.95)	(1.83)
*PTOP*1			-0.000	0.010
			(-0.00)	(1.39)
常数项	-1.126***	-2.430***	-6.920	-7.589***
	(-3.79)	(-4.87)	(-1.06)	(-3.17)
第一阶段回归	0.006***	0.005***	0.007*	0.006***
	(2.90)	(3.87)	(1.96)	(3.36)
行业	控制	控制	控制	控制
季度	控制	控制	控制	控制
N	20516	22603	20516	22603
R^2	0.795	0.750	0.803	0.754

注：①***、**和*分别表示在1%、5%和10%水平下显著，本书对标准误在公司层面进行了聚类处理；②为避免解释变量系数过大，对*PVolDis*和*IV*变量乘100处理。

二、区分行业领头羊企业与行业跟随者企业

根据羊群理论，行业中的领头羊公司更容易受到市场和其他公司的关注。研究发现，企业会参照领头羊公司调整自身的决策，例如，调整资本结构①等。因此，公司管理层也可能将那些领头羊公司的自愿信息披露行为作为基准，调整自身的自愿信息披露策略。一方面，领头羊企业管理层具有更高的个人能力，能够精准且全面地搜集私有信息，最终反应在披露的自愿性业绩预告中。已有研究发现，领头羊公司披露的盈余预测包含更

① LEARY M T, ROBERTS M R. Do Peer Firms Affect Corporate Financial Policy? [J]. The Journal of Finance, 2014, 69 (1): 139-178.

多的行业特定信息和宏观信息。① 因此这些预测信息能够明显补充其他公司管理层的私有信息，提高决策效率。另一方面，追随领头羊企业的行为也能降低公司自身的风险②，即便管理层可能因披露不当给公司带来一定成本，但选择与其他企业一起披露信息，至少能够减少管理层因个人能力不足带来的明显责任③。因此，预期企业自愿信息披露的同行效应在跟随者企业中更显著。

本书划分领头羊企业和跟随者企业，以公司营业收入或公司规模为基准，将位于75%分位数以上的公司划分为领头羊企业，将位于25%分位数以下的公司划分为跟随者企业，然后分别计算领头羊公司的自愿信息披露水平（*BellVolDis*）和跟随者公司的自愿信息披露水平（*FollowVolDis*）。划分依据是，营业收入直接决定公司的市场占有率，决定公司能否成为该行业的领头羊公司；而公司规模也可以用来衡量公司披露信息中宏观信息含量的大小，规模越大的公司，其披露的定性信息市场反应也更大。④ 表4-7是回归结果，列（1）和列（3）显示，不论是按照营业收入，还是按照公司规模划分领头羊公司和跟随者公司，在跟随者企业的样本中，*BellVolDis* 的系数均在1%水平下显著为正，说明领头羊企业自愿信息披露水平越高，跟随者企业自愿信息披露水平越高。列（2）和列（4）显示，不论是按照营业收入，还是按照公司规模划分领头羊公司和跟随者公司，在领导者企业的样本中，*FollowVolDis* 的系数均显著为负。这一方面说明领头羊企业管理层自愿信息披露决策更加理性、成熟，不会盲目模仿跟随者企业管理层的披露决策；另一方面也说明领头羊公司和跟随者企业之间的

---

① BONSALL S B, BOZANIC Z, FISCHER P E. What Do Management Earnings Forecasts Convey About the Macroeconomy?: Earnings forecasts and the Macroeconomy [J]. Journal of Accounting Research, 2013, 51 (2): 225-266.

② SCHARFSTEIN D S, STEIN J C. Herd Behavior and Investment [J]. The American Economic Review, 1990 80 (3): 465-479.

③ TSE S, TUCKER J W. Within-Industry Timing of Earnings Warnings: Do Managers Herd? [J]. Review of Accounting Studies, 2010, 15 (4): 879-914.

④ ANILOWSKI C, FENG M, SKINNER D J. Does Earnings Guidance Affect Market Returns? The Nature and Information Content of Aggregate Earnings Guidance [J]. Journal of Accounting and Economics, 2007, 44 (1-2): 36-63.

信息披露决策存在差异，这种差异是管理层对信息的获取能力和分析能力不同所致。综上，表 4-7 结果表明，企业自愿信息披露行为的同行效应在行业跟随者公司中更显著，跟随者企业会根据领头羊企业的自愿信息披露行为作出披露决策。

表 4-7　区分行业领头羊企业与行业跟随者企业

	(1)	(2)	(3)	(4)
	按照营业收入划分		按照公司规模划分	
	跟随者公司组	领头羊公司组	跟随者公司组	领头羊公司组
变量名	*VolDis*	*VolDis*	*VolDis*	*VolDis*
BellVolDis	0. 063***		0. 069***	
	(5. 23)		(83. 37)	
FollowVolDis		−0. 043**		−0. 060***
		(−2. 32)		(−5. 08)
SIZE	0. 052	−0. 157**	0. 020	−0. 079
	(0. 78)	(−2. 51)	(0. 51)	(−1. 15)
LEV	0. 047	0. 936***	0. 084	0. 118
	(0. 11)	(4. 91)	(0. 66)	(0. 63)
ROA	0. 193	−0. 429	0. 056	−0. 622
	(0. 28)	(−0. 96)	(0. 21)	(−0. 88)
BM	0. 066	−0. 067	−0. 146	−0. 138*
	(0. 20)	(−0. 30)	(−1. 00)	(−1. 86)
INVEST	0. 994	1. 241**	0. 840**	1. 008
	(1. 42)	(2. 25)	(2. 47)	(1. 63)
SOE	−0. 028	−0. 347**	−0. 045	−0. 207
	(−0. 04)	(−2. 53)	(−0. 33)	(−1. 30)
ANALYST	0. 006	0. 044	0. 008	0. 008
	(0. 05)	(1. 33)	(0. 25)	(0. 24)

续表

	(1)	(2)	(3)	(4)
	按照营业收入划分		按照公司规模划分	
	跟随者公司组	领头羊公司组	跟随者公司组	领头羊公司组
IO	-0.001	-0.007***	-0.001	-0.002
	(-0.14)	(-3.97)	(-0.69)	(-0.95)
*TOP*1	0.004	0.005**	0.001	-0.000
	(0.30)	(2.15)	(0.55)	(-0.07)
PSIZE	0.160	0.249***	0.453***	0.926***
	(0.51)	(2.78)	(3.15)	(5.28)
PLEV	-0.210	1.671***	-3.356***	-5.450***
	(-0.27)	(2.78)	(-5.05)	(-5.01)
PROA	-2.565	2.113	-8.517***	-1.501
	(-1.50)	(1.51)	(-6.87)	(-0.99)
PBM	-0.360	0.078	-0.590	-0.541
	(-0.41)	(0.28)	(-1.49)	(-1.54)
PINVEST	-2.704	2.901*	-8.804***	-1.285
	(-1.30)	(1.72)	(-5.55)	(-0.85)
PSOE	0.574	-1.213	0.274	-0.433
	(1.06)	(-1.36)	(0.74)	(-1.08)
PANALYST	-0.077	-0.177	-0.004	-0.130**
	(-0.63)	(-1.57)	(-0.06)	(-2.02)
PIO	0.019**	-0.035***	0.024***	-0.023***
	(2.12)	(-6.96)	(3.26)	(-2.76)
*PTOP*1	-0.027	0.019***	-0.015	-0.005
	(-0.60)	(2.63)	(-1.14)	(-0.37)
常数项	-5.045	-0.558	-9.186***	-14.344***
	(-1.00)	(-0.29)	(-3.41)	(-3.18)

续表

	(1)	(2)	(3)	(4)
	按照营业收入划分		按照公司规模划分	
	跟随者公司组	领头羊公司组	跟随者公司组	领头羊公司组
第一阶段回归	0.086*	0.047***	0.045*	0.062*
	(1.71)	(2.95)	(1.68)	(1.65)
行业	控制	控制	控制	控制
季度	控制	控制	控制	控制
N	13027	11791	10368	13841
R^2	0.500	0.609	0.590	0.663

注：①***、**和*分别表示在1%、5%和10%水平下显著，本书对标准误在公司层面进行了聚类处理；②为避免解释变量系数较大，对*BellVolDis*、*FollowVolDis*和*IV*变量乘100处理。

三、区分企业披露信息类型

根据企业自愿信息披露类型，本部分将企业自愿性业绩预告分为好消息（*GoodVolDis*）和坏消息（*BadVolDis*），进一步检验企业自愿信息披露类型的同行效应。具体而言，当公司自愿披露的业绩预告类型为“略增”“续盈”“预增”时，*GoodVolDis*取值为1，否则为0；当公司自愿披露的业绩预告类型为“不确定”“略减”“预减”时，*BadVolDis*取值为1，否则为0。区分企业自愿信息类型有助于进一步确定同行公司是否通过改善行业信息环境，降低投资者的不确定性和管理层披露风险，提高管理层的自愿信息披露意愿。以往研究发现，当公司环境不确定性更高，市场参与者无法确定管理层是否具有私有信息时，管理层倾向于隐藏坏消息。[①] Seo[②]研究发现，同行自愿信息披露促使企业披露更多坏消息，验证了同行

① DYE R A. Disclosure of Nonproprietary Information [J]. Journal of Accounting Research, 1985, 23 (1): 123-145.

② SEO H. Peer Effects in Corporate Disclosure Decisions [J]. Journal of Accounting and Economics, 2021, 71 (1): 101364.

自愿信息披露能够降低公司不确定性的假说。在本书研究中，表 4-8 回归结果显示，不论是采用工具变量回归，还是采用普通 OLS 回归，*PVolDis* 对 *GoodVolDis* 的系数均在 1%～5%水平下显著为正，*PVolDis* 对 *BadVolDis* 的系数均不显著。这说明本书暂未发现同行自愿披露通过改善信息环境、降低投资者估计风险，促使管理层披露更多坏消息。本书尝试对表 4-8 结果进行解释。一是，本书研究样本与 Seo① 一文所处市场环境和制度背景不同。相对于西方发达资本市场，我国市场制度仍在完善中。虽然新《证券法》对企业自愿信息披露做了原则性规定，但信息披露义务人的合法权益没有得到相应保障②，公司违法成本较高。这导致企业选择性披露的现象时有发生，“报喜不报忧”情况依然突出。二是，影响周期较短。本书用季度数据进行回归，可能因周期较短，导致上一季度同行自愿信息披露水平不能明显改善下一季度的行业信息环境，也就无法提高管理层对坏消息的披露意愿。三是，我国上市企业自愿信息披露质量不高。国内大多学者认为，我国上市公司信息披露质量并不高。③ 虽然新《证券法》首次确定了企业自愿信息披露的原则性规定，但目前证监会和交易所关于企业自愿信息披露的细则仍在落实中，上市企业缺乏针对性和专业性的披露指导。这就导致同行企业披露的自愿信息含量有限，难以短期内改善市场环境和降低不确定性，因此无法显著提高管理层披露坏消息的意愿。

---

① SEO H. Peer Effects in Corporate Disclosure Decisions [J]. Journal of Accounting and Economics, 2021, 71 (1): 101364.

② 李有星，康琼梅．论证券信息自愿披露及免责事由 [J]. 社会科学，2020，481 (9): 104-111.

③ 曹廷求，张光利．自愿性信息披露与股价崩盘风险：基于电话会议的研究 [J]. 经济研究，2020，55 (11): 191-207.
李有星，康琼梅．论证券信息自愿披露及免责事由 [J]. 社会科学，2020，481 (9): 104-111.

表 4-8　区分企业自愿信息披露类型

	(1)	(2)	(3)	(4)
	2SLS		Logit	
变量名	*GoodVolDis*	*BadVolDis*	*GoodVolDis*	*BadVolDis*
PVolDis	0. 491***	−0. 054	0. 019**	0. 016
	(4. 63)	(−0. 10)	(2. 01)	(1. 48)
SIZE	−0. 103	0. 019	−0. 394***	0. 031
	(−1. 19)	(1. 36)	(−9. 35)	(0. 69)
LEV	0. 281	−0. 965***	1. 158***	−1. 826***
	(1. 12)	(−7. 50)	(6. 27)	(−9. 01)
ROA	2. 348	−8. 986***	9. 165***	−16. 811***
	(1. 16)	(−8. 87)	(12. 11)	(−21. 09)
BM	0. 191	−0. 000	0. 734***	0. 080
	(1. 09)	(−0. 01)	(4. 24)	(0. 46)
INVEST	1. 072***	0. 478	1. 410***	1. 387**
	(4. 42)	(0. 57)	(2. 72)	(2. 41)
SOE	−0. 163	−0. 143***	−0. 699***	−0. 282***
	(−1. 06)	(−6. 67)	(−10. 51)	(−4. 07)
ANALYST	0. 052	−0. 012	0. 214***	−0. 027
	(1. 05)	(−1. 05)	(9. 20)	(−1. 08)
IO	−0. 001	−0. 004***	−0. 007***	−0. 007***
	(−0. 87)	(−6. 12)	(−4. 49)	(−3. 83)
*TOP*1	0. 001	0. 005***	0. 004*	0. 009***
	(0. 65)	(5. 99)	(1. 83)	(3. 61)
PSIZE	0. 250***	0. 121	0. 260	0. 243
	(3. 92)	(0. 49)	(1. 60)	(1. 17)
PLEV	−0. 314	−1. 867	1. 938**	−4. 024***
	(−0. 41)	(−1. 44)	(2. 26)	(−3. 36)

续表

	(1)	(2)	(3)	(4)
	2SLS		Logit	
PROA	−3.289	−3.812	6.622***	−9.188***
	(−1.18)	(−0.60)	(4.10)	(−4.35)
PBM	−0.408	0.641***	−1.552***	1.335**
	(−1.07)	(2.74)	(−3.94)	(2.56)
PINVEST	2.498	1.201	−2.823*	3.276
	(1.57)	(0.30)	(−1.73)	(1.42)
PSOE	2.006***	−0.063	−0.505	0.435
	(3.17)	(−0.03)	(−1.26)	(0.88)
PANALYST	−0.238***	0.038	−0.097	0.030
	(−5.98)	(0.16)	(−1.07)	(0.24)
PIO	0.020***	−0.008	0.003	−0.009
	(4.45)	(−0.37)	(0.39)	(−0.80)
*PTOP*1	−0.016	0.009	0.019*	0.007
	(−1.50)	(0.34)	(1.71)	(0.49)
常数项	−5.245***	−4.440	−1.286	−9.440**
	(−3.48)	(−0.69)	(−0.42)	(−2.34)
第一阶段回归	0.004*	0.004*		
	(1.65)	(1.65)		
行业	控制	控制	控制	控制
季度	控制	控制	控制	控制
N	43135	43135	43135	43135
R^2/pseudo R^2	0.743	0.743	0.171	0.105

注：①***、**和*分别表示在1%、5%和10%水平下显著，本书对标准误在公司层面进行了聚类处理；②为避免解释变量系数过大，对 *PVolDis* 和 *IV* 变量乘 100 处理。

第七节　本章小结

本章是全书实证研究的基础，对企业自愿信息披露行为同行效应的存在性进行检验，为后续深入研究同行效应的动机和后果奠定基础。

在第一节问题提出部分，首先，指出研究企业自愿信息披露对我国资本市场改革的重要性。通过对相关政策和制度的分析，以及对上市企业自愿信息披露现状的描述，提出实践与理论之间可能存在的矛盾。其次，对目前学术领域相关研究进展进行简要梳理，提出引入行为金融学理论研究我国上市企业自愿信息披露行为同行效应的必要性。最后，罗列本章的研究贡献，一是丰富了企业自愿信息披露同行效应领域相关研究；二是丰富了企业自愿信息披露外部性相关研究；三是响应了学者对研究行业信息传递机制和同行企业信息披露外部性的号召；四是检验信息披露外部性，协助监管者更好地进行信息披露监管。

在第二节理论分析与研究假设部分，主要论述三个观点：一是同行自愿信息披露通过补充管理层的私有信息，提高管理层自愿信息披露意愿；二是同行自愿信息披露通过改善信息环境、降低投资者的预测风险，提高管理层自愿信息披露意愿；三是同行自愿信息披露通过影响管理层的声誉，提高管理层自愿信息披露水平。最后，提出本章的假设“假设 4-1：企业自愿信息披露存在同行效应。具体而言，同行自愿信息披露水平越高，企业自愿信息披露水平越高”。

在第三节研究设计部分，主要对数据来源、样本筛选过程、模型选择、变量定义、工具变量的计算过程做详细说明。本书以 2010—2020 年 A 股上市公司季度数据为研究样本，使用工具变量回归方法，实证研究企业自愿披露业绩预告与同行自愿披露业绩预告的关系。在第四节回归结果部分，对描述性统计、相关性分析和主假设结果进行说明，实证结果支持了假设 4-1。在第五节稳健性检验部分，采用多种方式进行稳健性检验，包括分别使用 Fama 三因子模型和 Carhart 四因子模型重新构造工具变量进行回归；使用 logit 模型进行回归；剔除同地区的上市公司重新计算同行自愿信息披露水平进行回归；剔除疫情防控期间样本（2020 年）进行回归；把上市公司召开电话会议次数作为企业自愿信息披露水平的替代变量，重新进行回归，实证结论依然稳健。

在第六节进一步研究部分，为深入研究自愿信息披露的同行效应，分别从同行企业异质性、公司异质性、企业披露信息类型三方面展开研究。研究发现，首先，企业自愿信息披露的同行效应在同行自愿信息披露水平更高组中更显著，因为同行自愿信息披露水平越高，为管理层提供的可供参考的公开信息越多，行业信息环境也会得到显著改善，管理层私有信息的精度会随之增加，公司的信息不对称程度和管理层披露信息的风险得到降低，从而提高管理层自愿信息披露的意愿。其次，行业跟随者公司更倾向于模仿行业领头羊企业的自愿信息披露行为，反之不成立。本书从领头羊公司信息披露准确性更高和跟随者公司存在委托—代理问题两方面做出解释。最后，发现同行企业自愿信息披露促使管理层披露更多好消息而非坏消息，并尝试针对该部分与 Seo① 结论不同之处进行解释，一是制度背景和市场环境不同，导致结果存在差异，中国上市企业倾向于“报喜不报忧”。二是季度数据影响周期较短，可能同行自愿信息披露未能明显改善下一季度的行业信息环境。三是我国上市企业自愿信息披露质量不高，改善信息环境程度有限。

① SEO H. Peer Effects in Corporate Disclosure Decisions [J]. Journal of Accounting and Economics, 2021, 71 (1): 101364.

第五章

企业自愿信息披露同行效应的内部动因

上一章对企业自愿信息披露同行效应的存在性进行了检验，研究发现同行自愿信息披露水平越高，企业自愿信息披露水平越高。但目前仍缺乏对同行效应现象内部动因的深入理解。考虑到企业是否作出自愿信息披露决策是由管理层决定的，因此本章尝试从管理层个人动机入手，研究企业自愿信息披露同行效应存在的内在动因，并在验证内部动因的基础上，对其经济后果展开讨论。

第一节　问题提出

现代企业所有权与经营权分离，赋予经理人作出日常行为决策的权利。在我国，根据最新的《上市公司治理准则》（证监会公告〔2018〕29号），上市公司股东和实际控制人负责出资并共享分红，董、监、高对企业日常经营过程的行为负责，证监会负责对行为主体进行监督管理，交易所等行业自律组织则对上市公司进行自律监管。一般情况下，董事会对股东大会负责，并执行股东大会决议。但在实际工作中，董事会能够决定企业的生产经营计划、投资战略、预决算和利润分配草案及信息披露策略等，具有较高的决策权。为此，高层梯队理论便是从管理层（团队）特质入手，研究个人特征与团队结构如何通过影响管理层的价值观和行为偏好，对公司经营和决策效率产生影响。①

具体到企业信息披露动机，公司或管理层在决定是否披露某项信息之前，会权衡披露成本与披露收益，只有当披露收益大于披露成本时，企业才会选择披露。② 对管理层来说，信息披露的动机可以从薪酬契约合同和个人声誉两方面考虑。薪酬契约合同方面，Beyer 和 Dye③ 最新研究表明，基于债务的薪酬合同和基于股权的薪酬合同对企业自愿信息披露均会产生影响，但影响方向并不同；当两者同时决定薪酬合同时，两者之间所占比重的大小，也会对企业自愿信息披露产生不同方向的影响。此外，Nagar 和 Schoenfeld④ 研究发现大股东以契约形式约束管理层共享私人信息的合同，也会影响企业自愿信息披露水平。契约合同之所以能够影响管理层的信息披露决策，是因为根据信号理论，公司披露的信息具有信号传递功能，能够向市场传递私有信息，反应在股价当中。而契约合同如薪酬合同一般与公司股票价格密切相关。因此，契约合同成为决定管理层披露信息的重要动机。个人声誉方面，自迈克尔·斯宾塞首次于 1973 年提出信号理论的概念，该理论在公司金融领域得到迅速发展。迈克尔·斯宾塞认为在劳动力市场中，学历是衡量个人能力的有效信号。同理，在劳动力市场中，信息披露也是一种能够传递高管个人能力的有效信号。⑤ 企业信息披露水平越高，说明公司透明度越高，管理层越能勤勉尽责，也意味着企业未来业绩更好。因此，为了避免被外界认为个人能力不足，管理层会积极

---

① HAMBRICK D C，MASON P A. Upper Echelons：The Organization as a Reflection of Its Top Managers [J]. Academy of Management Review，1984，9 (2)：193-206.

② BEYER A，COHEN D A，LYS T Z，et al. The Financial Reporting Environment：Review of the Recent Literature [J]. Journal of Accounting and Economics，2010，50 (2-3)：296-343.

③ BEYER A，DYE R A. Debt and Voluntary Disclosure [J]. The Accounting Review，2021，96 (4)：111-130.

④ NAGAR V，SCHOENFELD J. Shareholder Monitoring and Discretionary Disclosure [J]. Journal of Accounting and Economics，2021，72 (1)：101422.

⑤ BAIK B，FARBER D B，LEE S. CEO Ability and Management Earnings Forecasts [J]. Contemporary Accounting Research，2011，28 (5)：1645-1668.

地披露自愿性信息。① 对企业来说，积极披露信息不仅能够降低公司现金流与其他公司现金流的协方差，从而降低企业的资本成本②，还可以降低股价波动给公司带来的诉讼风险③。

具体到企业自愿信息披露行为同行效应的内在动因，可基于上述企业信息披露的动机，分别从企业或管理层的学习动机和信息优势动机两方面进行分析。学习动机方面，有研究认为同行公司的股价具有信息含量，企业不仅会根据同行公司的股价修正投资组合，调整自身的投资决策，还会根据同行披露的信息调整资本结构。此外，企业对其他企业行为的模仿过程本身也是一种学习过程。例如，Denis 等④研究发现企业通过学习同行公司董事会对薪酬合同投票结果，来调整公司 CEO 的薪酬。因此，企业自愿信息披露的同行效应也可能是出于对同行披露的学习动机，本书将分别从公司上市年龄和 CEO 职业背景两方面进行验证。信息优势动机方面，随着社会网络和公司财务交叉领域的研究，人们逐渐开始关注董事网络结构对企业经营决策的影响。例如，陈运森⑤研究发现，董事网络结构洞越丰富，企业的经营、投资效率越高，这是因为董事的结构洞位置给企业带来了控

---

① MATSUMOTO D A, SERFLING M, SHAIKH S. Geographic Peer Effects in Management Earnings Forecasts [J]. Contemporary Accounting Research, 2022, 39 (3): 2023-2057.

② COLLER M, YOHN T L. Management Forecasts and Information Asymmetry: An Examination of Bid-Ask Spreads [J]. Journal of Accounting Research, 1997, 35 (2): 181-191.

③ HIRST D E, KOONCE L, VENKATARAMAN S. Management Earnings Forecasts: A Review and Framework [J]. Accounting Horizons, 2008, 22 (3): 315-338.

④ DENIS D K, JOCHEM T, RAJAMANI A. Shareholder Governance and CEO Compensation: The Peer Effects of Say on Pay [J]. The Review of Financial Studies, 2020, 33 (7): 3130-3173.

⑤ 陈运森. 社会网络与企业效率：基于结构洞位置的证据 [J]. 会计研究，2015，327 (1)：48-55，97.

制优势和信息优势，提高了企业对关键资源的获取程度。① 黄灿和李善民②研究发现，股东网络的信息优势还可以改善企业绩效。也有大量学者研究了机构投资者社会网络的后果，研究发现基金网络通过传递私有信息，能够影响投资者重仓持股比例、资产组合、投资回报或偏好、公司股价波动等。总之，虽然人们已深入探讨了社会网络如何影响机构投资者行为，或管理层的投资、融资、创新等行为，但对公司信息披露的研究较少。根据嵌入理论，公司管理层嵌入在各种社会网络中，这可能会影响管理层搜集私有信息的效率，最终体现在信息披露上。本书将分别从董事网络结构洞和网络接近度两方面，检验董事网络如何调节企业自愿信息披露的同行效应，并进一步讨论其经济后果。

本书研究具有以下几点贡献。一是，利用学习动机对企业自愿信息披露的同行效应做出解释，丰富了其内在动因方面的研究，验证了同行效应的合理性。Seo③ 一文虽然验证了企业自愿信息披露存在同行效应，但作者主要从公司外部环境和管理层个人私利角度去解释，缺乏公司内部学习动机角度的深入研究。本书认为，从公司或管理层的学习动机对企业自愿信息披露同行效应进行研究和解释是有必要的。因为在特定情况下，企业行为的同行效应既无法用经典模型理性人的最优决策去解释，也无法用行为模型个体行为偏差去解释，而是一种有限理性人在信息不完全情况下作出的最优决策。④ 因此，企业自愿信息披露的同行效应在某些情况下是一种合理行为，从其他同行的披露中学习将是一种有效的经济选择。二是，利

① 陈运森，谢德仁．网络位置、独立董事治理与投资效率［J］．管理世界，2011，214（7）：113-127.
陈运森，谢德仁．董事网络、独立董事治理与高管激励［J］．金融研究，2012，380（2）：168-182.

② 黄灿，李善民．股东关系网络、信息优势与企业绩效［J］．南开管理评论，2019，22（2）：75-88，127.

③ SEO H. Peer Effects in Corporate Disclosure Decisions［J］. Journal of Accounting and Economics，2021，71（1）：101364.

④ BLANKESPOOR E，DEHAAN E，MARINOVIC I. Disclosure Processing Costs，Investors' Information Choice，and Equity Market Outcomes：A Review［J］. Journal of Accounting and Economics，2020，70（2-3）：101344.

用董事网络对企业自愿信息披露同行效应做出解释，补充了该领域的文献。Matsumoto 等①在研究同地区公司自愿信息披露对企业自愿信息披露的影响时，虽然论述了企业可能通过私下沟通渠道获取私有信息，影响企业自愿信息披露决策，但本书实证结果并未支持该推论。本书以新兴经济体为样本进行研究，丰富了该领域的研究结论。三是，利用董事网络对企业自愿信息披露做出解释，丰富了企业自愿信息披露影响因素方面的文献。以往学者在研究企业自愿信息披露影响因素时，主要关注公司特质或管理层特征等方面的影响，缺乏对管理层社会网络的考察，这导致研究结论存在局限性。本书补充了关于企业信息披露领域董事结构洞位置的文献。

第二节　理论推理与假设提出

一、学习动机与企业自愿信息披露的同行效应

学习动机是同行效应存在的一个重要内因。② 根据有限理性理论，现实世界存在信息不对称现象，管理层在日常经营决策中无法充分获取私有信息并作出最优决策。为了降低决策风险，向其他企业学习成为一种更高效的方式。③ 一般情况下，当企业上市年龄较短，或管理层不具有金融财会类的职业背景时，企业的信息获取能力较差，学习动机会更强。具体而言，有以下几点。

一方面，学习动机更强的企业可以通过学习同行披露自愿性信息后的市场反应，提高自愿信息披露水平。股票价格具有信息含量，信息能够体

---

① MATSUMOTO D A, SERFLING M, SHAIKH S. Geographic Peer Effects in Management Earnings Forecasts [J]. Contemporary Accounting Research, 2022, 39 (3): 2023-2057.

② LIEBERMAN M B, ASABA S. Why Do Firms Imitate Each Other? [J]. Academy of Management Review, 2006, 31 (2): 366-385.

③ SMALLWOOD D E, CONLISK J. Product Quality in Markets Where Consumers are Imperfectly Informed [J]. The Quarterly Journal of Economics, 1979, 93 (1): 1-23.

现在股票价格中。研究发现，管理层披露的盈余预测能够降低信息不对称程度，使价格反映更多私有信息，投资者可根据价格学习效应（learning-from-price effect）不断提高公司股票的定价效率。① 而公司股票价格是公开信息，也能够渗透给市场各方。② 此时，对学习动机更强的公司来说，获取同行企业披露自愿性信息后的股价反应将是一种成本最小、最直接的方式。已有研究发现管理层能通过学习同行公司的股价，获取新的投资机会，调整投资决策。③ 因此，本书认为对于那些学习动机更强的公司，其管理层可以通过学习同行公司披露后的股价反应，获取有用信息④，补充私有信息，最终提高企业自身的披露意愿和披露精度。

另一方面，学习动机更强的企业可以直接学习同行自愿信息披露行为，提高自愿信息披露水平。Blankespoor 等⑤认为，由于信息处理成本的存在，企业披露的信息是一种私有信息，而非公共信息。因此，对那些上市年龄较短，或者管理层不具有金融类职业背景的公司而言，搜集、分析、整合信息的成本更大，此时从同行公司的披露中学习将是一种最具经济性的选择。管理层能够通过观察并学习到的同行公司是否披露、披露时点、披露精度等披露策略整合为更具竞争性的私有信息，提高公司披露精度或披露意愿。此外，因为信息处理成本的存在，信息定价并非完全有

---

① GONG G, QU H, TARRANT I. Earnings Forecasts and Price Efficiency after Earnings Realizations: Reduction in Information Asymmetry through Learning from Price [J]. Contemporary Accounting Research, 2021, 38 (1): 654-675.

② ARYA A, RAMANAN R N V. Voluntary Disclosure in Light of Control Concerns [J]. Contemporary Accounting Research, 2021, 38 (4): 2824-2850.

③ FOUCAULT T, FRESARD L. Learning from Peers' Stock Prices and Corporate Investment [J]. Journal of Financial Economics, 2014, 111 (3): 554-577.

④ BAKKE T E, WHITED T M. Which Firms Follow the Market? An Analysis of Corporate Investment Decisions [J]. The Review of Financial Studies, 2010, 23 (5): 1941-1980.

⑤ BLANKESPOOR E, DEHAAN E, MARINOVIC I. Disclosure Processing Costs, Investors' Information Choice, and Equity Market Outcomes: A Review [J]. Journal of Accounting and Economics, 2020, 70 (2-3): 101344.

效①，此时从同行公司披露行为中直接学习将是一种最经济的选择②。最后，根据信号传递理论③，当同行自愿披露水平较高时，上市时间较短的公司或不具有金融类职业背景的管理层为证明个人能力，树立更好的声誉，向同行企业积极学习的动机也更大。综上，提出以下假设：

假设 5-1：学习动机是企业自愿信息披露存在同行效应的内部动因。具体而言，当公司上市年龄较短，或 CEO 不具有金融类职业背景时，企业自愿信息披露的同行效应更显著。

二、信息优势与企业自愿信息披露的同行效应

信息优势是同行效应存在的另一个重要内因。④ 根据嵌入理论，经济活动嵌入于组织、社会、文化中，以社会网络为形式的非正式制度可能会给管理层带来更多信息优势。因此当公司董事网络结构更丰富时，公司自愿信息披露的同行效应更显著。原因如下。

一方面，当同行披露的自愿性信息越多时，丰富的董事网络结构能够提高企业可获取的信息总量，从而提高企业自愿信息披露水平。在现实世界中，董事通常在多家上市公司任职，这就导致资本市场董事联结的现象非常普遍。⑤ 根据社会网络理论，董事网络向上市公司提供了一种私下的

---

① HIRSHLEIFER D, LIM S S, TEOH S H. Limited Investor Attention and Stock Market Misreactions to Accounting Information [J]. The Review of Asset Pricing Studies, 2011, 1 (1): 35-73.

② BLANKESPOOR E, DEHAAN E, MARINOVIC I. Disclosure Processing Costs, Investors' Information Choice, and Equity Market Outcomes: A Review [J]. Journal of Accounting and Economics, 2020, 70 (2-3): 101344.

③ BAILK B, FARBER D B, LEE S. CEO Ability and Management Earnings Forecasts [J]. Contemporary Accounting Research, 2011, 28 (5): 1645-1668.
TRUEMAN B. Why do Managers Voluntarily Release Earnings Forecasts? [J]. Journal of Accounting and Economics, 1986, 8 (1): 53-71.

④ LIEBERMAN M B, ASABA S. Why Do Firms Imitate Each Other? [J]. Academy of Management Review, 2006, 31 (2): 366-385.

⑤ 陈运森，谢德仁．网络位置、独立董事治理与投资效率 [J]. 管理世界，2011，214 (7)：113-127.

信息沟通渠道①，位于网络中心的董事能获取更丰富的信息资源和知识，提高企业股票未来回报和经营业绩②。因此，当同行披露的自愿信息越多时，位于网络中心的董事借助于丰富的网络结构，通过与其他上市公司私下交流，能够获取更多与其他公司经营、行业发展趋势、宏观经济状况等相关的信息，直接补充管理层的私有信息，提高企业自愿信息披露意愿。

另一方面，当同行披露的自愿性信息越多时，丰富的董事网络结构能够协助管理层提高分析信息的效率，从而提高企业自愿信息披露水平。根据镶嵌理论③，管理层能够整合其他公司披露的信息，提高自身信息披露的精确性。当同行披露的自愿信息越多——虽然这些信息对公司来说可能并非是重要信息——位于网络中心的董事在不断的信息获取和传递过程中，能够归纳、拼凑、总结出具有规律性的重要信息，从而提高企业自愿信息披露水平。综上，提出以下假设：

假设 5-2：信息优势是企业自愿信息披露存在同行效应的内部动因。具体而言，当公司董事社会网络更丰富时，企业自愿信息披露的同行效应更显著。

第三节 研究设计

一、样本与数据来源

本书以 2010—2020 年 A 股上市公司为研究对象。样本之所以选择从 2010 年开始，是因为数据显示从 2010 年起，披露业绩预告的上市公司数

① FREEMAN L C, ROEDER D, MULHOLLAND R R. Centrality in Social Networks: II. Experimental Results [J]. Social Networks, 1979, 2 (2): 119-141.

② LARCKER D F, SO E C, WANG C C Y. Boardroom Centrality and Firm Performance [J]. Journal of Accounting and Economics, 2013, 55 (2-3): 225-250.

③ CHEYNEL E, LEVINE C. Public Disclosures and Information Asymmetry: A Theory of the Mosaic [J]. The Accounting Review, 2020, 95 (79-99): 47.

量开始增加。[①] 这可能与我国《上市公司信息披露管理办法》于2007年以后才正式颁布有关。本书对初始样本进行如下筛选。1. 剔除金融类的上市企业。金融行业的商业模式和财务指标与其他行业公司相比，具有较大差异，这会影响实证结果。因此本书依照实证研究常规惯例予以剔除。2. 剔除被ST、PT的上市企业。之所以剔除这些被特殊处理的上市公司，是因为该类公司的会计信息按照相关规定进行特殊披露，且其财务指标和经营情况很不正常[②]，可能会影响回归结果。3. 剔除创业板上市企业。本书用上市公司自愿披露的业绩预告来衡量企业自愿信息披露水平，而创业板上市公司的业绩预告属于强制披露范围，因此予以剔除。[③] 4. 参照Seo[④]，剔除同行企业个数小于10家的样本。同行公司数量过少，可能会影响对行业自愿信息披露水平的计算，增加样本离群值。剔除后共获得42142个公司—季度有效观测值。为克服离群值的影响，参照Leary和Roberts[⑤]，本书分别在第1和99百分位上对连续变量进行缩尾处理。本书的数据来自国泰安（CSMAR）数据库和万得（WIND）数据库。具体而言，上市公司业绩预告数据和企业产权性质（*SOE*）指标来自WIND数据库，其他财务数据来自CSMAR数据库。

二、模型与变量定义

本书使用模型（5-1），采用分组回归的方法检验假设5-1和假设5-2。本书用公司的季度数据进行回归，因此，i、j和t分别代表公司、行业

---

① 作者根据CSMAR数据库数据整理得出。

② 刘媛媛，刘斌．劳动保护、成本粘性与企业应对［J］．经济研究，2014，49（5）：63-76.

③ 关于企业自愿信息披露的具体衡量方式详见二、模型与变量定义部分。另外，根据深交所2020年6月修订的《深圳证券交易所创业板股票上市规则》，创业板上市公司业绩预告披露制度从强制披露改为半强制披露。为减少2020年样本可能存在的噪声，本书将创业板上市公司一并剔除。

④ SEO H. Peer Effects in Corporate Disclosure Decisions［J］. Journal of Accounting and Economics，2021，71（1）：101364.

⑤ LEARY M T，ROBERTS M R. Do Peer Firms Affect Corporate Financial Policy?［J］. The Journal of Finance，2014，69（1）：139-178.

和季度。各变量具体定义如下。

（一）被解释变量

$VolDis_{i,j,t}$是被解释变量，表示行业 j 中 i 公司在 t 季度是否自愿披露业绩预告。若是则取值为 1，否则为 0。

（二）解释变量

$PVolDis_{-i,j,t-1}$是解释变量，表示行业 j 中 i 的同行企业（排除公司 i）在 t-1 季度的自愿披露水平，用同行企业披露的自愿性业绩预告（包括年度业绩预告和季度业绩预告）的数量均值来表示。① *PVolDis* 数值越高，说明同行自愿信息披露水平越高。本书之所以选择管理层业绩预告衡量企业自愿信息披露水平，是因为业绩预告是管理层自愿披露的一种最重要形式，包括公司未来业绩和预期需求的前瞻性信息。② 研究发现，管理层盈余预测不仅能够向本公司投资者传递公司未来的财务信息③，还能向同行公司的投资者和管理层传递信息④。在近期关于企业自愿信息披露行为相关研究中，不论是国内学者还是国外学者，均把管理层盈余预测作为企业自愿信息披露的替代指标。因此，为与近期权威文献和相关领域研究保持一致，本书统一使用中国上市公司业绩预告衡量企业自愿信息披露水平。值得说明的是，与国外资本市场完全自愿性的业绩预告披露制度不同，我国

① ANILOWSKI C，FENG M，SKINNER D J. Does Earnings Guidance Affect Market Returns? The Nature and Information Content of Aggregate Earnings Guidance ［J］. Journal of Accounting and Economics，2007，44（1-2）：36-63.
GUAY W，SAMUELS D，TAYLOR D. Guiding Through the Fog：Financial Statement Complexity and Voluntary Disclosure ［J］. Journal of Accounting and Economics，2016，62（2-3）：234-269.

② BEYER A，COHEN D A，LYS T Z，et al. The Financial Reporting Environment：Review of the Recent Literature ［J］. Journal of Accounting and Economics，2010，50（2-3）：296-343.

③ HEALY P M，PALEPU K G. Information Asymmetry，Corporate Disclosure，and the Capital Markets：A Review of the Empirical Disclosure Literature ［J］. Journal of Accounting and Economics，2001，31（1-3）：405-440.

④ PARK J，SANI J，SHROFF N，et al. Disclosure Incentives When Competing Firms have Common Ownership ［J］. Journal of Accounting and Economics，2019，67（2-3）：387-415.

监管部门对上市公司业绩预告采用半强制制度，除“净利润为负，净利润与去年同期相比上升或下降 50%以上，扭亏为盈”的公司被要求必须披露业绩预告，其余情况的上市公司对于业绩预告的披露具有自由裁量权。因此，本书剔除上市公司披露的强制性业绩预告，用企业自愿披露的业绩预告来衡量企业自愿信息披露水平①，然后按照证监会 2012 年公布的二级行业分类为标准计算同行平均自愿披露水平②。最后，为确保企业作出自愿信息披露决策时能够观察到同行公司的自愿信息披露行为，本书对解释变量做滞后一期处理。

（三）控制变量

$Controls_{i,j,t-1}$是公司 i 的控制变量，控制那些通过影响企业自愿信息披露成本与收益，影响管理层自愿性信息披露水平的特质因素。包括公司规模（*SIZE*）、资产负债率（*LEV*）、总资产收益率（*ROA*）、账面市值比（*BM*）、资本支出（*INVEST*）、产权性质（*SOE*）、分析师跟踪数量（*ANALYST*）、机构投资者持股比例（*IO*）、股权集中度（*TOP*1）。$Controls_{-i,j,t-1}$是同行企业的控制变量，用同行公司（排除公司 i）财务指标的均值来衡量。$Controls_{-i,j,t-1}$用来控制同行公司的语境效应，也就是学习效应③，判断企业是否会根据同行公司的财务特征来调整自愿信息披露策略。

（四）调节变量

对于假设 5-1，调节变量为公司上市年龄（*AGE*）和 CEO 非金融背景（*CEONOFIN*）。具体而言，当 *AGE* 小于样本中位数，定义为成长型公司（学习动机强）；反之，定义为成熟公司（学习动机弱）。当 CEO 不具有市场、金融、财务类的职业背景时，*CEONOFIN* 取值为 1（学习动机强），否则取值为 0（学习动机弱）。

对于假设 5-2，调节变量为上市公司董事网络中心度（*CLONESS*）和

---

① 王丹，孙鲲鹏，高皓．社交媒体上“用嘴投票”对管理层自愿性业绩预告的影响[J]．金融研究，2020，485（11）：188-206.

② 连玉君，彭镇，蔡菁，等．经济周期下资本结构同群效应研究［J］．会计研究，2020，397（11）：85-97.

③ 连玉君，彭镇，蔡菁，等．经济周期下资本结构同群效应研究［J］．会计研究，2020，397（11）：85-97.

董事网络结构洞（*CI*）。当 *CLONESS* 或 *CI* 大于样本中位数，定义为社会网络丰富公司（具有信息优势）；反之，定义为社会网络简单公司（不具有信息优势）。具体而言，*CLONESS* 用来衡量董事网络节点中心性，等于公司 i 董事与其他公司董事最短距离之和的倒数，该指标越大，代表公司董事距离其他公司董事越近，获取信息能力越强。① *CLONESS* 用模型（5-2）计算得出，d（i，k）表示公司 i 和公司 k 之间的最短距离。*CI* 用来衡量公司的结构洞位置②，该指标越大，说明公司董事所处的结构洞数量越多，越具有信息优势。*CI* 的计算过程详见陈运森的研究。③ *CLONESS* 和 *CI* 指标用社会网络分析软件 Pajek 计算得出。在计算过程中，考虑到公司的业绩预告一般由董事会披露，因此剔除了独立董事的社会网络。最后，有学者认为董事社会网络给公司带来的信息优势应该是集合了全体董事的信息资源④，因此对所有董事（剔除独立董事）网络中心度和结构洞进行加总处理。

模型（5-1）中，φ_t是季度固定效应，用来控制随时间变化的公司信息披露趋势。δ_j是行业固定效应，控制可能影响公司自愿信息披露但不可观测的共同因素。$\varepsilon_{i,j,t}$为随机扰动项。在分组回归中，本书重点关注系数α_1，若在成长型公司组和 CEO 不具有金融类职业背景公司组中，α_1显著大于0，则假设 5-1 成立；若在社会网络丰富公司组中α_1显著大于0，则假设 5-2 成立。表 5-1 是变量说明。

$$Vol\ Dis_{i,j,t}=\alpha_0+\alpha_1 PVolDis_{-i,j,t-1}+\gamma\ Controls_{i,j,t-1}+\rho Controls_{-i,j,t-1}+\delta_j+\varphi_t+\varepsilon_{i,j,t} \tag{5-1}$$

① 陈运森，谢德仁．网络位置、独立董事治理与投资效率［J］．管理世界，2011，214（7）：113-127.

② 陈运森．社会网络与企业效率：基于结构洞位置的证据［J］．会计研究，2015，327（1）：48-55，97.

③ 陈运森．社会网络与企业效率：基于结构洞位置的证据［J］．会计研究，2015，327（1）：48-55，97.

④ 江涛，陈富永，汤思禹．基于“关系型”社会情境的董事网络对并购绩效影响研究［J］．中国软科学，2019（11）：183-192.

$$CLONESS_i = \frac{1}{\sum_{k=1}^{g} d(i,\ k)} \tag{5-2}$$

表 5-1 变量说明

	变量符号	变量名称	变量定义
被解释变量	*VolDis*	企业自愿信息披露	若公司在 t 期自愿披露业绩预告为 1，否则为 0
解释变量	*PVolDis*	同行自愿信息披露	等于 t-1 期同行公司自愿披露业绩预告数量的均值
控制变量	*SIZE*	公司规模	等于 t-1 期公司总资产的自然对数
	LEV	资产负债率	等于 t-1 期公司总负债除以总资产
	ROA	总资产收益率	等于 t-1 期公司净利润除以总资产
	BM	账面市值比	等于 t-1 期公司总资产除以市值
	INVEST	资本支出	等于 t-1 期公司资本支出除以总资产
	SOE	产权性质	若 t-1 期公司为国有企业，则取值为 1，否则为 0
	ANALYST	分析师跟踪数量	等于 t-1 期公司被研报跟踪数量加 1 后取自然对数
	IO	机构投资者持股比例	等于 t-1 期公司所有机构投资者持股比例之和
	*TOP*1	股权集中度	等于 t-1 期公司第一大股东持股比例
	PSIZE	同行公司规模	等于 t-1 期同行公司总资产自然对数的均值

续表

	变量符号	变量名称	变量定义
控制变量	*PLEV*	同行公司资产负债率	等于 t-1 期同行公司总负债除以总资产的均值
	PROA	同行公司总资产收益率	等于 t-1 期同行公司净利润除以总资产的均值
	PBM	同行公司账面市值比	等于 t-1 期同行公司总资产除以市值的均值
	PINVEST	同行公司资本支出	等于 t-1 期同行公司资本支出除以总资产的均值
	PSOE	同行公司产权性质	等于 t-1 期同行公司中国有企业的比例
	PANALYST	同行公司分析师跟踪数量	等于 t-1 期同行公司被研报跟踪数量加 1 后取自然对数的均值
	PIO	同行公司机构投资者持股	等于 t-1 期同行公司所有机构投资者持股比例之和的均值
	*PTOP*1	同行公司股权集中度	等于 t-1 期同行公司第一大股东持股比例的均值
调节变量	*AGE*	公司上市年龄	截至 t 年公司上市年龄
	CEONOFIN	CEO 非金融背景	若公司 CEO 无市场、金融、财务类职业背景，取值为 1，否则为 0
	CLONESS	董事网络接近中心度	由社会网络分析软件 Pajek 计算得出，计算过程详见变量定义
	CI	董事网络结构洞	由社会网络分析软件 Pajek 计算得出，计算过程详见变量定义

三、工具变量

Manski① 和 Angrist② 认为，在同行类问题的研究中存在反射问题（reflection problem），导致单纯回归同行自愿信息披露水平和公司自愿信息披露水平时具有很大内生性问题。因为两者可能受行业共同因素影响，导致 OLS 回归结果有偏。为了缓解这个问题，借鉴 Leary 和 Roberts③ 和 Seo④，把同行企业股票异质收益率作为工具变量。原理是股价中包含公司特质信息，股价波动能够影响管理层自愿披露的动机。⑤ 而经市场和行业调整后的同行股票特质收益率能够满足工具变量的使用条件，既与本书的解释变量（同行自愿信息披露）相关，又与本书的被解释变量（企业自愿信息披露）无关。

在计算工具变量时，考虑到 Fama 和 French 的三因子模型可能并不完全适用于中国市场，这会导致工具变量存在严重的衡量偏误问题。⑥ 因此借鉴连玉君等⑦的研究设计，在 Liu 等⑧的基础上，构造适合中国市场的四因子模型来计算工具变量。具体构造方法见模型（5-3）和模型（5-4）。其中，$R_{i,j,t}$表示 j 行业中公司 i 在第 t 月的股票收益率；$R_{-i,j,t}$表示 j 行业排除公司 i 后在第 t 月的股票收益率，$R_{m,t}$表示第 t 月的市场收益率；Rf_t表示第 t 月的无风险收益率；SMB_t表示中国的 Size 因子，VMG_t表示中国的

① MANSKI C F. Identification of Endogenous Social Effects: The Reflection Problem [J]. The Review of Economic Studies, 1993, 60 (3): 531-542.

② ANGRIST J D. The Perils of Peer Effects [J]. Labour Economics, 2014, 30: 98-108.

③ LEARY M T, ROBERTS M R. Do Peer Firms Affect Corporate Financial Policy? [J]. The Journal of Finance, 2014, 69 (1): 139-178.

④ SEO H. Peer Effects in Corporate Disclosure Decisions [J]. Journal of Accounting and Economics, 2021, 71 (1): 101364.

⑤ SLETTEN E. The Effect of Stock Price on Discretionary Disclosure [J]. Review of Accounting Studies, 2012, 17 (1): 96-133.

⑥ 连玉君，彭镇，蔡菁，等．经济周期下资本结构同群效应研究 [J]. 会计研究，2020，397 (11)：85-97.

⑦ 连玉君，彭镇，蔡菁，等．经济周期下资本结构同群效应研究 [J]. 会计研究，2020，397 (11)：85-97.

⑧ LIU J, Stambaugh R F, Yuan Y. Size and Value in China [J]. Journal of Financial Economics, 2019, 134 (1): 48-69.

Value 因子，PMO_t表示中国的情绪因子，具体因子的定义方式参见 Liu 等（2019）。① 使用每年年初的前 60 个月的数据对模型（5-3）进行回归，得到回归系数$\alpha_{i,j,t}$、$\beta_{i,j,t}^{IND}$、$\beta_{i,j,t}^{M}$、$\beta_{i,j,t}^{SMB}$、$\beta_{i,j,t}^{VMG}$、$\beta_{i,j,t}^{PMO}$的估计值。在年度内的每个月，使用相同的回归系数，用模型（5-3）和模型（5-4）计算每只股票每月的股票特质收益率$R_{idiosyncratic}$，随后将月度特质股票收益率复合，得到该公司季度股票异质收益率。最后，把同行企业季度股票异质收益率的均值作为同行自愿信息披露的工具变量。

$$R_{i,j,t}=\alpha_{i,j,t}+\beta_{i,j,t}^{IND}(R_{-i,j,t}-Rf_t)+\beta_{i,j,t}^{M}(R_{m,t}-Rf_t)+\beta_{i,j,t}^{SMB}SMB_t+\beta_{i,j,t}^{VMG}VMG_t+\beta_{i,j,t}^{PMO}PMO_t+\eta_{i,j,t} \quad (5-3)$$

$$R_{idiosyncratic}=R_{i,j,t}-\widehat{R}_{i,j,t} \quad (5-4)$$

第四节 实证结果

一、描述性统计

表 5-2 是描述性统计结果。*VolDis* 的均值为 0. 359，说明样本中有 35. 9%的上市公司自愿披露业绩预告。*PVolDis* 的均值为 0. 073，说明同行企业中自愿披露业绩预告的比例占 7. 3%。*IV* 的均值为-0. 002，标准差为 0. 039，中位数为-0. 003，与 Seo② 相差不大，说明本书采用适合中国市场的四因子模型来计算的工具变量是有效的。公司上市年龄 *AGE* 的均值为 14. 870，说明样本企业平均上市年龄约为 15 年。*CEONOFIN* 的均值为 0. 453，说明有 45. 3%的样本公司 CEO 不具有金融类职业背景。*CI* 的均值为 8. 310，说明样本公司董事平均有 8. 3 个结构洞。*ClONESS* 均值为

① LIU J，STAMBAUGH R F，YUAN Y. Size and Value in China［J］. Journal of Financial Economics，2019，134（1）：48-69.

② SEO H. Peer Effects in Corporate Disclosure Decisions［J］. Journal of Accounting and Economics，2021，71（1）：101364.

1.550。控制变量分布与现有研究差异不大，此处不再赘述。

表 5-2 描述性统计

Variable	N	Mean	SD	Min	p50	Max
VolDis	42142	0.359	0.480	0.000	0.000	1.000
PVolDis	42142	0.073	0.036	0.000	0.073	0.242
IV	42142	−0.002	0.039	−0.943	−0.003	0.883
SIZE	42142	22.710	1.272	19.870	22.550	26.260
LEV	42142	0.465	0.192	0.060	0.469	0.866
ROA	42142	0.044	0.044	−0.129	0.036	0.193
BM	42142	0.652	0.256	0.133	0.651	1.151
INVEST	42142	0.047	0.047	0.000	0.033	0.280
SOE	42142	0.510	0.500	0.000	1.000	1.000
ANALYST	42142	1.974	1.482	0.000	2.079	4.682
IO	42142	49.280	21.480	0.000	51.160	90.740
*TOP*1	42142	35.160	14.880	9.083	33.410	75.720
PSIZE	42142	22.440	0.641	20.990	22.270	24.250
PLEV	42142	0.444	0.095	0.266	0.427	0.673
PROA	42142	0.043	0.018	−0.013	0.043	0.087
PBM	42142	0.632	0.152	0.315	0.631	0.977
PINVEST	42142	0.053	0.022	0.009	0.054	0.136
PSOE	42142	0.421	0.205	0.000	0.378	0.905
PANALYST	42142	1.866	0.412	0.677	1.865	2.952
PIO	42142	47.830	8.677	16.490	46.510	66.690
*PTOP*1	42142	36.140	4.740	21.380	35.350	49.910
AGE	42142	14.870	5.938	4.923	14.710	30.050
CEONOFIN	42142	0.453	0.498	0.000	0.000	1.000
CI	42142	8.310	2.936	0.000	7.822	26.260
CLONESS	42142	1.550	0.651	0.000	1.523	4.822

二、回归结果

表 5-3 为假设 5-1 的工具变量回归结果。列（1）显示，在成熟公司组中，*PVolDis* 的系数在 10%水平下显著为正；列（2）显示，在成长型公司组中，*PVolDis* 的系数在 1%水平下显著为正，且列（2）*PVolDis* 的系数大于列（1）*PVolDis* 的系数。列（1）和列（2）说明成长型的上市公司学习动机更强，企业自愿信息披露的同行效应更显著。列（3）显示，当公司 CEO 具有金融类职业背景时，*PVolDis* 的系数在 10%水平下显著为正；列（4）显示，当公司 CEO 不具有金融类职业背景时，*PVolDis* 的系数在 1%水平下显著为正，且列（4）*PVolDis* 的系数大于列（3）*PVolDis* 的系数。列（3）和列（4）说明缺乏金融类职业背景的 CEO 为了证明个人能力，或由于个人信息不足而学习同行企业的自愿信息披露行为，这能够提高他们的决策效率；但对那些具有金融类职业背景的 CEO 来说，丰富的职业经验能够帮助管理层搜集、分析私有信息，并自主决定是否自愿披露信息，因此同行效应较弱。综上，表 5-3 回归结果支持了假设 5-1，即学习动机是企业自愿信息披露同行效应的内部动因。

表 5-3 学习动机

	(1)	(2)	(3)	(4)
	成熟公司	成长型公司	*CEONOFIN*=0	*CEONOFIN*=1
变量名	*VolDis*	*VolDis*	*VolDis*	*VolDis*
PVolDis	0.415*	0.586***	0.416*	0.532***
	(1.75)	(27.50)	(1.72)	(7.37)
SIZE	−0.042	−0.013	−0.096	−0.033
	(−0.73)	(−0.19)	(−0.66)	(−0.30)
LEV	0.138	0.004	0.072	−0.066
	(0.45)	(0.05)	(1.14)	(−0.91)
ROA	0.718	−0.418	−0.368	0.089
	(0.93)	(−1.38)	(−1.16)	(0.27)

续表

	(1)	(2)	(3)	(4)
	成熟公司	成长型公司	*CEONOFIN* = 0	*CEONOFIN* = 1
BM	0.176	−0.049	0.020	0.021
	(1.00)	(−0.54)	(0.05)	(0.10)
INVEST	0.450	0.556	0.936	0.785
	(0.59)	(1.21)	(1.05)	(1.46)
SOE	−0.011	−0.003	−0.140	−0.070
	(−0.10)	(−0.02)	(−0.36)	(−0.28)
ANALYST	0.021	0.017	0.069	0.017
	(0.70)	(0.57)	(0.92)	(0.23)
IO	−0.001	0.001	−0.003	−0.001
	(−1.40)	(0.59)	(−0.40)	(−0.24)
TOP1	−0.000	−0.001	0.002	0.001
	(−0.09)	(−1.37)	(0.44)	(0.31)
PSIZE	0.161**	0.382**	−0.422	0.204
	(2.36)	(2.36)	(−1.22)	(1.38)
PLEV	−0.848*	−1.511**	−1.762	−0.838
	(−1.93)	(−1.98)	(−1.17)	(−1.19)
PROA	−5.984*	−2.464	−1.281	−6.647***
	(−1.91)	(−1.56)	(−1.16)	(−2.65)
PBM	−0.402	−0.160	−0.704*	−0.186
	(−0.78)	(−0.46)	(−1.93)	(−0.62)
PINVEST	5.360**	0.948	−5.326	3.144**
	(1.97)	(0.87)	(−0.92)	(2.51)
PSOE	1.682	2.713***	1.889**	2.477***
	(1.40)	(7.06)	(2.01)	(3.49)
PANALYST	−0.226**	−0.239***	−0.055	−0.187*

续表

	(1)	(2)	(3)	(4)
	成熟公司	成长型公司	*CEONOFIN*=0	*CEONOFIN*=1
	(-2.22)	(-3.76)	(-0.89)	(-1.89)
PIO	0.011	0.026***	0.025	0.024***
	(1.02)	(4.19)	(0.59)	(2.97)
*PTOP*1	-0.012	-0.040***	0.008	-0.027*
	(-1.20)	(-3.91)	(0.81)	(-1.67)
常数项	-4.981***	-8.718***	7.608**	-5.406***
	(-3.19)	(-2.83)	(2.05)	(-2.77)
第一阶段回归	0.007*	0.007**	0.006*	0.007**
	(1.89)	(2.47)	(1.71)	(2.03)
行业	控制	控制	控制	控制
季度	控制	控制	控制	控制
N	22143	19995	19071	23050
R^2	0.731	0.772	0.763	0.738

注：①***、**和*分别表示在1%、5%和10%水平下显著，本书对标准误在公司层面进行了聚类处理；②为避免解释变量系数过大，对*PVolDis*和*IV*变量乘100处理。

表5-4是假设5-2的工具变量回归结果。列（1）显示，当公司董事结构洞小于样本中位数时，*PVolDis*的系数不显著；列（2）显示，当公司董事结构洞大于样本中位数时，*PVolDis*的系数在1%水平下显著为正，且列（2）中*PVolDis*的系数大于列（1）中*PVolDis*的系数。列（3）显示，当公司董事结构中心度小于样本中位数时，*PVolDis*的系数在10%水平下显著为正；列（4）显示，当公司董事结构中心度大于样本中位数时，*PVolDis*的系数在1%水平下显著为正，且列（4）中*PVolDis*的系数大于列（3）中*PVolDis*的系数。列（1）至列（4）说明，董事社会网络结构越丰富，公司的信息获取能力越强，管理层通过社会网络获取各种私有信息，

不仅提高了私有信息总量，还提高了管理层对信息的分析和整合能力，因此企业自愿信息披露的同行效应更显著。综上，表 5-4 的回归结果验证了假设 5-2，即信息优势是企业自愿信息披露同行效应的内部动因。

表 5-4 信息优势动机

	(1)	(2)	(3)	(4)
	CI		*CLONESS*	
	社会网络简单	社会网络丰富	社会网络简单	社会网络丰富
变量名	*VolDis*	*VolDis*	*VolDis*	*VolDis*
PVolDis	0.387	0.510***	0.411*	0.487***
	(1.48)	(5.28)	(1.68)	(3.05)
SIZE	-0.102*	-0.074	-0.109	-0.090
	(-1.75)	(-0.62)	(-1.57)	(-0.79)
LEV	-0.080	0.025	-0.070	0.025
	(-1.17)	(0.27)	(-0.89)	(0.24)
ROA	-0.285	0.043	-0.161	-0.027
	(-1.06)	(0.18)	(-0.44)	(-0.08)
BM	0.067	0.160	0.115	0.184
	(0.70)	(0.62)	(0.76)	(0.95)
INVEST	0.971***	1.218***	0.935***	1.241**
	(3.05)	(2.75)	(4.13)	(2.48)
SOE	-0.327*	-0.125	-0.275	-0.208
	(-1.69)	(-0.59)	(-1.33)	(-0.93)
ANALYST	0.091*	0.025	0.093	0.034
	(1.85)	(0.42)	(1.62)	(0.59)
IO	-0.005	-0.001	-0.004	-0.002
	(-1.39)	(-0.57)	(-1.12)	(-0.93)
TOP1	0.003	0.002	0.002	0.004*

续表

	(1)	(2)	(3)	(4)
	CI		CLONESS	
	社会网络简单	社会网络丰富	社会网络简单	社会网络丰富
	(1.03)	(0.97)	(0.68)	(1.66)
PSIZE	0.292**	0.211**	0.329**	0.155
	(2.09)	(2.15)	(2.33)	(1.37)
PLEV	-0.120	-1.325**	-0.562	-0.873
	(-0.12)	(-2.35)	(-0.40)	(-1.19)
PROA	-0.580	-6.428***	-1.568	-5.778***
	(-0.18)	(-4.49)	(-0.39)	(-3.29)
PBM	-0.345	-0.437*	-0.366	-0.332
	(-0.72)	(-1.76)	(-0.87)	(-1.32)
PINVEST	0.587	4.283**	2.638	2.415
	(0.42)	(2.28)	(1.18)	(1.16)
PSOE	1.584	2.422***	1.944*	1.779*
	(1.61)	(2.94)	(1.81)	(1.80)
PANALYST	-0.235**	-0.237***	-0.232*	-0.211***
	(-2.20)	(-4.83)	(-1.77)	(-4.51)
PIO	0.017	0.015***	0.017	0.020***
	(1.11)	(2.81)	(1.49)	(3.17)
PTOP1	-0.011	-0.018*	-0.014	-0.013
	(-0.52)	(-1.80)	(-0.63)	(-1.21)
常数项	-6.232*	-4.367**	-7.112**	-2.983*
	(-1.76)	(-2.55)	(-2.09)	(-1.77)
第一阶段回归	0.005*	0.007**	0.008**	0.004***
	(1.71)	(2.00)	(2.34)	(3.87)
行业	控制	控制	控制	控制

续表

	(1)	(2)	(3)	(4)
	CI		*CLONESS*	
	社会网络简单	社会网络丰富	社会网络简单	社会网络丰富
季度	控制	控制	控制	控制
N	20399	21743	19732	22368
R^2	0.766	0.728	0.762	0.735

注：①***、**和*分别表示在1%、5%和10%水平下显著，本书对标准误在公司层面进行了聚类处理；②为避免解释变量系数过大，对 *PVolDis* 和 *IV* 变量乘 100 处理。

第五节　稳健性检验

为确保实证结论稳健，下面分别采用更换工具变量、更换模型计量方法、剔除样本、更换解释变量的方法对假设 5-1 和假设 5-2 进行稳健性检验。

一、更换工具变量

本书采用 Fama 和 French① 的三因子模型重新构造工具变量，分别对假设 5-1 和假设 5-2 进行实证检验。假设 5-1 的回归结果如表 5-5 所示。当使用 Fama 三因子模型构造工具变量时，*PVolDis* 的系数在成长型公司组和 CEO 不具有金融类职业背景公司组中均显著为正，在成熟公司组和 CEO 具有金融类职业背景公司组中不显著，与表 5-3 的主检验结果一致。假设 5-2 的回归结果如表 5-6 所示。当使用 Fama 三因子模型构造工具变量时，*PVolDis* 的系数在董事网络中心度更高和结构洞更丰富的公司组中显著为正，在董事网络中心度和结构洞较低的公司组中未达到统计意义下的显著

① FAMA E F, FRENCH K R. Common Risk Factors in the Returns on Stocks and Bonds [J]. Journal of Financial Economics, 1993, 33 (1): 3-56.

水平。综上，在更换工具变量计算方法后，假设 5-1 和假设 5-2 依然得到实证支持。

表 5-5 更换工具变量检验假设 5-1

	(1)	(2)	(3)	(4)
	成熟公司	成长型公司	*CEONOFIN*=0	*CEONOFIN*=1
变量名	*VolDis*	*VolDis*	*VolDis*	*VolDis*
PVolDis	0.212	0.549***	0.287	0.487***
	(0.53)	(7.32)	(0.83)	(3.68)
SIZE	-0.083**	-0.073	-0.162***	-0.077
	(-2.05)	(-0.98)	(-2.68)	(-0.80)
LEV	0.296*	0.041	0.000	-0.064
	(1.71)	(0.38)	(0.00)	(-0.69)
ROA	0.955*	-0.425	-0.414	0.150
	(1.96)	(-1.26)	(-0.80)	(0.41)
BM	0.275**	0.003	0.328**	0.099
	(1.99)	(0.03)	(2.26)	(0.53)
INVEST	0.005	0.871*	1.196**	0.971**
	(0.01)	(1.89)	(2.48)	(2.31)
SOE	-0.104*	-0.136	-0.350**	-0.172
	(-1.78)	(-0.84)	(-2.46)	(-0.80)
ANALYST	0.042	0.040	0.087**	0.047
	(1.12)	(1.31)	(2.40)	(0.73)
IO	-0.001	-0.000	-0.004**	-0.002
	(-0.57)	(-0.21)	(-2.01)	(-0.73)
TOP1	-0.002	-0.001	0.003	0.003
	(-0.86)	(-0.54)	(1.47)	(0.81)

续表

	(1)	(2)	(3)	(4)
	成熟公司	成长型公司	*CEONOFIN*=0	*CEONOFIN*=1
PSIZE	0.154	0.415***	0.244	0.242*
	(1.28)	(2.80)	(1.05)	(1.96)
PLEV	-0.568	-1.175	-0.746	-0.633
	(-0.61)	(-1.44)	(-0.83)	(-0.85)
PROA	-3.200	-1.393	-0.625	-5.527*
	(-0.60)	(-0.78)	(-0.25)	(-1.85)
PBM	-0.586	-0.234	-0.773**	-0.203
	(-1.50)	(-0.67)	(-2.06)	(-0.71)
PINVEST	2.926	0.628	-0.351	2.839*
	(0.64)	(0.53)	(-0.10)	(1.93)
PSOE	0.657	2.491***	1.210	2.139**
	(0.37)	(4.46)	(0.95)	(2.26)
PANALYST	-0.149	-0.230***	-0.134	-0.214***
	(-0.77)	(-3.31)	(-0.51)	(-2.85)
PIO	0.005	0.023***	0.011	0.021**
	(0.30)	(2.86)	(1.14)	(2.13)
PTOP1	-0.006	-0.031**	-0.005	-0.020
	(-0.38)	(-2.16)	(-0.38)	(-1.11)
常数项	-3.233	-8.687***	-3.257	-5.569***
	(-1.06)	(-2.87)	(-0.58)	(-3.06)
第一阶段回归	0.007**	0.006*	0.006*	0.006*
	(2.03)	(1.75)	(1.71)	(1.88)
行业	控制	控制	控制	控制

续表

	(1)	(2)	(3)	(4)
	成熟公司	成长型公司	*CEONOFIN*=0	*CEONOFIN*=1
季度	控制	控制	控制	控制
N	22143	19995	19071	23050
R^2	0.731	0.771	0.762	0.737

注：①＊＊＊、＊＊和＊分别表示在1%、5%和10%水平下显著，本书对标准误在公司层面进行了聚类处理；②为避免解释变量系数过大，对 *PVolDis* 和 *IV* 变量乘 100 处理。

表 5-6 更换工具变量检验假设 5-2

	(1)	(2)	(3)	(4)
	CI		*CLONESS*	
	社会网络简单	社会网络丰富	社会网络简单	社会网络丰富
变量名	*VolDis*	*VolDis*	*VolDis*	*VolDis*
PVolDis	0.345	0.465***	0.327	0.433**
	(1.54)	(3.00)	(1.37)	(2.19)
SIZE	-0.110***	-0.114	-0.128***	-0.121
	(-2.59)	(-1.04)	(-2.76)	(-1.28)
LEV	-0.084	0.050	-0.083	0.049
	(-1.25)	(0.55)	(-1.14)	(0.50)
ROA	-0.273	0.006	-0.078	-0.103
	(-1.00)	(0.02)	(-0.22)	(-0.30)
BM	0.078	0.246	0.155	0.235
	(0.93)	(1.04)	(1.31)	(1.46)
INVEST	1.004***	1.336***	0.948***	1.355***
	(3.89)	(4.22)	(4.44)	(3.87)
SOE	-0.355**	-0.197	-0.335**	-0.269

续表

	(1)	(2)	(3)	(4)
	CI		CLONESS	
	社会网络简单	社会网络丰富	社会网络简单	社会网络丰富
	(-2.58)	(-1.01)	(-2.38)	(-1.47)
ANALYST	0.098***	0.046	0.109***	0.051
	(2.80)	(0.81)	(2.91)	(1.01)
IO	-0.006**	-0.002	-0.005**	-0.003
	(-2.11)	(-0.98)	(-2.00)	(-1.45)
*TOP*1	0.003	0.003	0.003	0.004**
	(1.54)	(1.46)	(1.28)	(2.49)
PSIZE	0.272**	0.226***	0.286*	0.177*
	(2.09)	(2.61)	(1.90)	(1.79)
PLEV	0.021	-1.383***	-0.141	-1.009
	(0.02)	(-2.68)	(-0.12)	(-1.57)
PROA	-0.104	-5.899***	-0.305	-5.242**
	(-0.04)	(-2.85)	(-0.09)	(-2.40)
PBM	-0.401	-0.458*	-0.460	-0.353
	(-1.03)	(-1.92)	(-1.37)	(-1.46)
PINVEST	0.432	3.636	1.962	1.854
	(0.34)	(1.57)	(0.93)	(0.86)
PSOE	1.427*	2.099*	1.577	1.473
	(1.67)	(1.93)	(1.48)	(1.35)
PANALYST	-0.219**	-0.226***	-0.189	-0.206***
	(-2.22)	(-3.53)	(-1.45)	(-3.73)
PIO	0.015	0.015***	0.014	0.018**
	(1.12)	(2.98)	(1.21)	(2.48)
*PTOP*1	-0.008	-0.015	-0.007	-0.010

续表

	(1)	(2)	(3)	(4)
	CI		CLONESS	
	社会网络简单	社会网络丰富	社会网络简单	社会网络丰富
	(-0.44)	(-1.29)	(-0.37)	(-0.93)
常数项	-5.704*	-4.041**	-6.021*	-2.760
	(-1.78)	(-2.04)	(-1.71)	(-1.53)
第一阶段回归	0.007**	0.006*	0.008**	0.005*
	(2.31)	(1.69)	(2.25)	(1.69)
行业	控制	控制	控制	控制
季度	控制	控制	控制	控制
N	20399	21743	19732	22368
R^2	0.766	0.728	0.762	0.735

注：①***、**和*分别表示在1%、5%和10%水平下显著，本书对标准误在公司层面进行了聚类处理；②为避免解释变量系数过大，对 *PVolDis* 和 *IV* 变量乘 100 处理。

二、更换模型估计方法

在主检验中，本书采用工具变量 2SLS 方法进行回归分析。下面，采用 logit 模型对假设 5-1 和假设 5-2 进行稳健性检验。表 5-7 是使用 logit 模型检验假设 5-1 的回归结果，列（1）显示，在成熟公司组中，*PVolDis* 的系数在 10% 水平下显著为正；列（2）显示，在成长型公司组中，*PVolDis* 的系数在 1%水平下显著为正，且列（2）中 *PVolDis* 的系数显著大于列（1）中 *PVolDis* 的系数。列（3）显示，当公司 CEO 具有金融类职业背景时，*PVolDis* 的系数不显著；列（4）显示，当公司 CEO 不具有金融类职业背景时，*PVolDis* 的系数在 1%水平下显著为正，且列（4）的系数大于列（3）的系数。表 5-7 的回归结果与主检验结果基本一致，说明更换计量方法后，假设 5-1 依然得到实证支持。

表 5-7 使用 logit 模型检验假设 5-1

	(1)	(2)	(3)	(4)
	成熟公司	成长型公司	CEONOFIN=0	CEONOFIN=1
变量名	VolDis	VolDis	VolDis	VolDis
PVolDis	0.018*	0.037***	0.017	0.025***
	(1.74)	(4.27)	(1.55)	(3.07)
SIZE	-0.093**	-0.377***	-0.179***	-0.324***
	(-2.48)	(-13.17)	(-4.24)	(-12.43)
LEV	0.393**	0.308**	0.078	0.017
	(2.22)	(2.34)	(0.41)	(0.15)
ROA	0.255	-0.396	-1.058	0.532
	(0.37)	(-0.78)	(-1.50)	(1.13)
BM	0.215	0.019	0.279*	0.468***
	(1.38)	(0.16)	(1.70)	(4.27)
INVEST	-0.504	2.314***	0.952	1.805***
	(-0.89)	(6.08)	(1.63)	(5.29)
SOE	-0.151***	-0.828***	-0.442***	-0.761***
	(-2.59)	(-17.57)	(-6.54)	(-20.39)
ANALYST	0.059***	0.149***	0.093***	0.208***
	(2.73)	(8.86)	(4.03)	(13.60)
IO	-0.001	-0.005***	-0.006***	-0.010***
	(-0.79)	(-5.09)	(-3.98)	(-10.14)
TOP1	-0.003	0.001	0.004*	0.010***
	(-1.11)	(0.68)	(1.91)	(6.95)
PSIZE	0.140	-0.053	-0.045	0.346***
	(0.86)	(-0.48)	(-0.25)	(2.67)
PLEV	0.263	0.859	0.906	0.794
	(0.27)	(1.37)	(0.89)	(0.99)

续表

	(1)	(2)	(3)	(4)
	成熟公司	成长型公司	*CEONOFIN*=0	*CEONOFIN*=1
PROA	-1.517	1.044	1.080	3.593**
	(-0.83)	(0.65)	(0.53)	(2.31)
PBM	-0.968**	-0.628*	-1.000*	-0.181
	(-1.97)	(-1.93)	(-1.94)	(-0.48)
PINVEST	0.021	3.027**	-4.756**	0.430
	(0.01)	(2.16)	(-2.22)	(0.28)
PSOE	-0.221	0.415**	0.047	-0.543
	(-0.47)	(1.99)	(0.09)	(-1.51)
PANALYST	0.036	0.071	0.132	-0.300***
	(0.36)	(0.93)	(1.27)	(-3.56)
PIO	-0.012	-0.023***	0.014	-0.008
	(-1.15)	(-4.27)	(1.47)	(-1.04)
*PTOP*1	0.008	0.011	0.016	0.028***
	(0.65)	(1.36)	(1.21)	(2.69)
常数项	-3.826	6.557***	0.337	-3.055
	(-1.23)	(3.12)	(0.10)	(-1.23)
行业	控制	控制	控制	控制
季度	控制	控制	控制	控制
N	22143	19995	19092	23050
pseudoR^2	0.200	0.278	0.321	0.169

注：***、**和*分别表示在1%、5%和10%水平下显著。本书对标准误在公司层面进行了聚类处理。

表5-8是使用logit模型检验假设5-2的回归结果，列（1）显示，当公司董事结构洞数量较少时，*PVolDis* 对 *VolDis* 的系数在10%水平下显著为负。之所以出现两者为负的关系，一方面可能与用logit模型检验同行效应

内生性较大有关；另一方面也说明，当公司董事社会网络更简单时，公司搭便车（free-riders）现象更突出①，此时管理层无法通过私下的沟通渠道获取私有信息，同行披露的自愿性信息与公司信息互为替代关系②，从而降低企业披露意愿。列（2）显示，当公司董事结构洞数量较多时，*PVolDis* 的系数在 1%水平下显著为正。列（3）和列（4）显示，当公司董事网络中心度较低时，*PVolDis* 的系数不显著，当公司董事网络中心度较高时，*PVolDis* 的系数在 10%水平下显著为正，且后者系数大于前者系数。综上，更换模型估计方法后，表 5-8 结果与主检验基本一致，研究结论依然稳健。

表 5-8　使用 logit 模型检验假设 5-2

	(1)	(2)	(3)	(4)
	CI		*CLONESS*	
	社会网络简单	社会网络丰富	社会网络简单	社会网络丰富
变量名	*VolDis*	*VolDis*	*VolDis*	*VolDis*
PVolDis	-0.022*	0.031***	-0.004	0.017*
	(-1.96)	(3.30)	(-0.36)	(1.74)
SIZE	-0.236***	-0.378***	-0.261***	-0.345***
	(-4.22)	(-14.72)	(-9.07)	(-13.68)
LEV	-0.144	0.217*	-0.171	0.227*
	(-0.61)	(1.77)	(-1.40)	(1.86)
ROA	-0.222	-0.247	0.303	-0.628
	(-0.26)	(-0.50)	(0.61)	(-1.31)
BM	0.222	0.792***	0.398***	0.591***

① BAGINSKI S P, HINSON L A. Cost of Capital Free-Riders [J]. The Accounting Review, 2016, 91 (5): 1291-1313.

② ARIF S, DE GEORGE E T. The Dark Side of Low Financial Reporting Frequency: Investors' Reliance on Alternative Sources of Earnings News and Excessive Information Spillovers [J]. The Accounting Review, 2020, 95 (6): 23-49.

续表

	(1)	(2)	(3)	(4)
	CI		*CLONESS*	
	社会网络简单	社会网络丰富	社会网络简单	社会网络丰富
	(1.02)	(7.11)	(3.32)	(5.40)
INVEST	1.665**	1.849***	1.268***	2.135***
	(2.26)	(5.21)	(3.22)	(6.02)
SOE	-0.780***	-0.658***	-0.736***	-0.696***
	(-8.73)	(-16.91)	(-18.05)	(-18.06)
ANALYST	0.203***	0.182***	0.217***	0.167***
	(7.02)	(11.63)	(13.26)	(10.85)
IO	-0.013***	-0.006***	-0.012***	-0.007***
	(-6.10)	(-5.67)	(-11.39)	(-6.44)
*TOP*1	0.009***	0.008***	0.009***	0.008***
	(3.03)	(5.87)	(6.24)	(5.67)
PSIZE	0.120	0.305**	0.140	0.337**
	(0.65)	(2.12)	(1.00)	(2.39)
PLEV	1.544	-1.569*	1.890**	-2.009**
	(1.42)	(-1.79)	(2.23)	(-2.32)
PROA	5.032**	-0.646	5.916***	-1.033
	(2.27)	(-0.41)	(3.30)	(-0.65)
PBM	-1.116**	-0.511	-1.009**	-0.508
	(-2.10)	(-1.27)	(-2.38)	(-1.25)
PINVEST	-1.000	-1.500	-0.883	-1.816
	(-0.47)	(-0.90)	(-0.52)	(-1.09)
PSOE	0.221	-0.736*	0.278	-0.826**
	(0.46)	(-1.79)	(0.75)	(-2.00)
PANALYST	-0.104	-0.087	-0.030	-0.152*

续表

	(1)	(2)	(3)	(4)
	CI		*CLONESS*	
	社会网络简单	社会网络丰富	社会网络简单	社会网络丰富
	(-0.90)	(-0.96)	(-0.34)	(-1.71)
PIO	-0.008	0.012	-0.002	0.007
	(-0.77)	(1.43)	(-0.28)	(0.80)
*PTOP*1	0.023	0.009	0.023**	0.006
	(1.55)	(0.76)	(2.20)	(0.53)
常数项	-1.092	-1.253	-2.001	-1.308
	(-0.30)	(-0.45)	(-0.73)	(-0.47)
行业	控制	控制	控制	控制
季度	控制	控制	控制	控制
N	20399	21743	19732	22368
pseudoR^2	0.185	0.146	0.181	0.150

注：***、**和*分别表示在1%、5%和10%水平下显著。本书对标准误在公司层面进行了聚类处理。

三、剔除样本

下面剔除那些与上市公司处于同一地区的样本公司后，重新计算同行自愿信息披露水平，并进行实证分析。有研究表明，地理位置相邻的公司之间会发生知识溢出效应，影响企业的行为①。根据 Matsumoto 等②的最新研究，同地区公司的管理层盈余预测水平会影响目标公司未来的盈余预测披露意愿。因此，为排除同地区上市公司自愿信息披露对公司的影响，本

① GREENSTONE M, HORNBECK R, MORETTI E. Identifying Agglomeration Spillovers: Evidence from Winners and Losers of Large Plant Openings [J]. Journal of Political Economy, 2010, 118 (3): 536-598.

② MATSUMOTO D A, SERFLING M, SHAIKH S. Geographic Peer Effects in Management Earnings Forecasts [J]. Contemporary Accounting Research, 2022, 39 (3): 2023-2057.

书剔除与公司 i 的注册地位于同一省份的上市公司后，重新计算同行自愿披露水平。表 5-9 和表 5-10 分别是剔除样本后假设 5-1 和假设 5-2 的实证结果，可以发现研究结论没有发生实质改变。企业自愿信息披露的同行效应依然在学习动机更强、具有信息优势的公司组中更显著。

表 5-9 剔除同地区公司后检验假设 5-1

	(1)	(2)	(3)	(4)
	成熟公司	成长型公司	*CEONOFIN*=0	*CEONOFIN*=1
变量名	*VolDis*	*VolDis*	*VolDis*	*VolDis*
PVolDis *	0.253	0.542***	0.285	0.480***
	(1.18)	(19.39)	(0.90)	(4.25)
SIZE	-0.061	-0.031	-0.153**	-0.048
	(-1.30)	(-0.49)	(-2.21)	(-0.47)
LEV	0.284*	0.099	-0.017	-0.044
	(1.89)	(0.89)	(-0.11)	(-0.45)
ROA	1.219**	-0.298	-0.184	0.279
	(2.43)	(-0.82)	(-0.31)	(0.71)
BM	0.220	0.102	0.317**	0.098
	(1.44)	(1.00)	(2.03)	(0.52)
INVEST	0.163	0.923*	1.305**	1.089**
	(0.26)	(1.96)	(2.49)	(2.52)
SOE	-0.118**	-0.184	-0.386***	-0.239
	(-2.58)	(-1.41)	(-3.72)	(-1.19)
ANALYST	0.031	0.033	0.091***	0.036
	(1.00)	(1.20)	(2.78)	(0.54)
IO	-0.001	-0.000	-0.005***	-0.003
	(-0.82)	(-0.34)	(-2.86)	(-1.04)
*TOP*1	-0.001	0.000	0.003	0.004

续表

	(1)	(2)	(3)	(4)
	成熟公司	成长型公司	*CEONOFIN*=0	*CEONOFIN*=1
	(-0.78)	(0.15)	(1.48)	(1.36)
PSIZE	0.214	0.224	0.235	0.203
	(1.56)	(1.57)	(1.07)	(1.54)
PLEV	-0.707	-0.333	-0.783	-0.098
	(-0.82)	(-0.47)	(-0.85)	(-0.15)
PROA	-3.630	-2.758*	-0.844	-5.382*
	(-1.18)	(-1.83)	(-0.32)	(-1.88)
PBM	-0.487	-0.130	-0.678	-0.061
	(-1.35)	(-0.40)	(-1.49)	(-0.21)
PINVEST	2.775	2.579**	-0.614	3.062**
	(1.21)	(2.10)	(-0.19)	(1.97)
PSOE	0.620	2.465***	1.194	1.891**
	(0.73)	(6.13)	(0.99)	(2.38)
PANALYST	-0.165	-0.127*	-0.122	-0.170*
	(-1.39)	(-1.86)	(-0.51)	(-1.95)
PIO	0.005	0.005	0.009	0.008
	(0.50)	(0.80)	(1.14)	(1.06)
*PTOP*1	-0.008	-0.015	-0.007	-0.004
	(-0.68)	(-1.39)	(-0.49)	(-0.31)
常数项	-4.479	-5.160*	-2.729	-5.002***
	(-1.48)	(-1.90)	(-0.56)	(-2.73)
第一阶段回归	0.008**	0.008**	0.006*	0.007*
	(2.47)	(2.15)	(1.70)	(1.95)
行业	控制	控制	控制	控制
季度	控制	控制	控制	控制

续表

	(1)	(2)	(3)	(4)
	成熟公司	成长型公司	*CEONOFIN*=0	*CEONOFIN*=1
N	22143	19995	19071	23050
R^2	0.678	0.687	0.686	0.671

注：①＊＊＊、＊＊和＊分别表示在1%、5%和10%水平下显著。本书对标准误在公司层面进行了聚类处理。②为避免解释变量系数过大，对PVolDis和IV变量乘100处理。③解释变量*PVolDis*为剔除同地区上市公司后重新计算所得。

表5-10 剔除同地区公司后检验假设5-2

	(1)	(2)	(3)	(4)
	CI		*CLONESS*	
	社会网络简单	社会网络丰富	社会网络简单	社会网络丰富
变量名	*VolDis*	*VolDis*	*VolDis*	*VolDis*
PVolDis＊	0.324	0.484***	0.282	0.496***
	(1.48)	(4.37)	(1.43)	(3.92)
SIZE	-0.107**	-0.042	-0.128***	-0.034
	(-2.12)	(-0.29)	(-2.75)	(-0.23)
LEV	-0.088	0.041	-0.080	0.008
	(-0.70)	(0.30)	(-0.61)	(0.06)
ROA	-0.133	0.398	0.081	0.392
	(-0.28)	(1.13)	(0.16)	(0.80)
BM	0.113	0.099	0.197	0.088
	(0.94)	(0.31)	(1.48)	(0.34)
INVEST	1.153***	1.444***	1.064***	1.321*
	(2.99)	(2.67)	(2.69)	(1.83)
SOE	-0.417***	-0.192	-0.404***	-0.218
	(-3.88)	(-0.83)	(-4.86)	(-0.83)

续表

	(1)	(2)	(3)	(4)
	CI		*CLONESS*	
	社会网络简单	社会网络丰富	社会网络简单	社会网络丰富
ANALYST	0. 101***	0. 026	0. 113***	0. 021
	(2. 72)	(0. 37)	(3. 55)	(0. 29)
IO	−0. 006**	−0. 003	−0. 006***	−0. 003
	(−2. 46)	(−1. 26)	(−3. 16)	(−0. 98)
*TOP*1	0. 005**	0. 003	0. 005**	0. 003
	(2. 36)	(0. 88)	(2. 57)	(0. 92)
PSIZE	0. 201	0. 247**	0. 210	0. 171
	(1. 53)	(1. 99)	(1. 47)	(1. 18)
PLEV	0. 136	−0. 668	0. 065	−0. 059
	(0. 14)	(−0. 84)	(0. 06)	(−0. 05)
PROA	−0. 363	−5. 348***	−0. 106	−5. 159***
	(−0. 12)	(−3. 50)	(−0. 03)	(−3. 72)
PBM	−0. 432	−0. 199	−0. 440	−0. 142
	(−0. 94)	(−0. 63)	(−1. 08)	(−0. 44)
PINVEST	0. 977	3. 416	1. 707	2. 587
	(0. 53)	(1. 45)	(0. 81)	(1. 09)
PSOE	1. 346	1. 924**	1. 381	1. 545*
	(1. 57)	(2. 06)	(1. 52)	(1. 76)
PANALYST	−0. 166*	−0. 228***	−0. 120	−0. 215***
	(−1. 81)	(−3. 51)	(−1. 18)	(−3. 61)
PIO	0. 008	0. 007	0. 008	0. 009
	(0. 74)	(0. 95)	(0. 90)	(1. 41)
*PTOP*1	−0. 000	−0. 012	−0. 000	−0. 005

续表

	(1)	(2)	(3)	(4)
	CI		*CLONESS*	
	社会网络简单	社会网络丰富	社会网络简单	社会网络丰富
	(-0.02)	(-1.14)	(-0.03)	(-0.58)
常数项	-4.090	-4.968**	-4.276	-3.650*
	(-1.39)	(-2.23)	(-1.41)	(-1.90)
第一阶段回归	0.006*	0.007**	0.009**	0.008**
	(1.80)	(1.97)	(2.32)	(2.21)
行业	控制	控制	控制	控制
季度	控制	控制	控制	控制
N	20399	21743	19732	22368
R^2	0.688	0.656	0.685	0.664

注：①***、**和*分别表示在1%、5%和10%水平下显著。本书对标准误在公司层面进行了聚类处理。②为避免解释变量系数过大，对解释变量和*IV*变量乘100处理。③解释变量*PVolDis*为剔除同地区上市公司后重新计算所得。

四、更换解释变量

如今，召开电话会议也成为上市公司自愿信息披露的重要形式①，部分学者发现我国上市公司召开的电话会议包含更多软信息，具有一定的信息披露效应，能够影响公司股价崩盘风险②、股价同步性等③。为此，借鉴曹廷求和张光利④，使用上市公司季度内召开电话会议的次数（*Call*）

① 曹廷求，张光利．自愿性信息披露与股价崩盘风险：基于电话会议的研究［J］．经济研究，2020，55（11）：191-207.

② 曹廷求，张光利．自愿性信息披露与股价崩盘风险：基于电话会议的研究［J］．经济研究，2020，55（11）：191-207.

③ 简晓彤，张光利，高皓．电话会议与中国上市公司股价同步性［J］．系统工程理论与实践，2021，41（11）：2786-2805.

④ 曹廷求，张光利．自愿性信息披露与股价崩盘风险：基于电话会议的研究［J］．经济研究，2020，55（11）：191-207.

作为企业自愿信息披露水平的替代变量，使用同行企业季度内召开电话会议次数的均值（*PCall*）作为同行自愿信息披露水平的替代变量。电话会议数据来自 WIND 数据库。

表 5-11 是更换解释变量后检验假设 5-1 的回归结果，列（1）和列（2）显示，不论是在成熟公司组，还是在成长型公司组中，*PCall* 的系数均显著为正，与主检验结果略有不同。本书认为，与国外成熟的电话会议制度相比，我国上市公司电话会议普及较晚，企业在召开电话会议方面可能存在一定跟风行为。因此，不论是成长型企业还是成熟企业，当管理层观测到同行内其他企业公司召开电话会议时，管理层都会提高公司的召开意愿。列（3）显示，当公司 CEO 具有金融类职业背景时，*PVolDis* 的系数显著为负；列（4）显示，当公司 CEO 不具有金融类职业背景时，*PVolDis* 的系数在 1%水平下显著为正。说明当 CEO 缺乏金融类相关经验时，更倾向于学习、模仿其他企业的自愿信息披露行为。综上，更换解释变量后的实证结果支持了假设 5-1，即学习动机是企业自愿信息披露行为存在同行效应的重要内因。

表 5-11　更换解释变量检验假设 5-1

	（1）	（2）	（3）	（4）
	成熟公司	成长型公司	*CEONOFIN*=0	*CEONOFIN*=1
变量名	*Call*	*Call*	*Call*	*Call*
PCall	0.146***	0.121**	−0.177***	0.149***
	(5.10)	(2.54)	(−12.85)	(27.07)
SIZE	0.077	0.054	0.003	0.012
	(1.57)	(0.85)	(0.15)	(0.74)
LEV	−0.216	0.204	0.160*	0.024
	(−1.10)	(0.90)	(1.83)	(0.34)
ROA	0.606	0.411	0.786	−0.106
	(0.68)	(0.44)	(0.74)	(−0.34)
BM	0.259	−0.241	−0.078	−0.106

续表

	(1)	(2)	(3)	(4)
	成熟公司	成长型公司	*CEONOFIN*=0	*CEONOFIN*=1
	(1.10)	(−1.03)	(−0.51)	(−1.39)
INVEST	1.375	0.634	−0.196	−0.259
	(1.35)	(0.98)	(−0.53)	(−0.64)
SOE	0.007	−0.051	0.002	−0.084***
	(0.10)	(−0.59)	(0.07)	(−3.70)
ANALYST	0.101	0.158	0.054	−0.000
	(1.21)	(1.58)	(0.52)	(−0.02)
IO	−0.000	0.002	−0.002	0.002***
	(−0.00)	(1.12)	(−1.25)	(3.48)
*TOP*1	−0.001	−0.004	0.002	−0.001
	(−0.23)	(−1.07)	(0.67)	(−0.71)
PSIZE	−0.535**	−0.205	0.170	−0.261*
	(−2.50)	(−0.76)	(1.42)	(−1.78)
PLEV	−1.950	−3.307**	3.142***	−3.124***
	(−1.26)	(−2.39)	(4.34)	(−4.39)
PROA	−4.721**	−3.674	3.511***	−5.818***
	(−2.23)	(−1.56)	(3.02)	(−4.42)
PBM	3.436***	2.147**	−3.155***	4.065***
	(2.96)	(2.37)	(−7.40)	(8.92)
PINVEST	−6.136**	−3.123	5.392**	−7.328***
	(−2.57)	(−0.67)	(2.23)	(−3.19)
PSOE	−0.110	−0.808	0.559	−2.275***
	(−0.10)	(−1.23)	(1.37)	(−5.14)
PANALYST	−0.553***	−0.309**	0.612***	−0.544***
	(−2.87)	(−2.32)	(5.62)	(−6.92)

续表

	(1)	(2)	(3)	(4)
	成熟公司	成长型公司	*CEONOFIN*=0	*CEONOFIN*=1
PIO	0.056**	0.033	-0.057***	0.078***
	(2.28)	(1.42)	(-4.50)	(7.44)
*PTOP*1	0.015	0.001	-0.028***	0.002
	(1.03)	(0.04)	(-3.18)	(0.24)
常数项	2.879	-0.590	3.053	-0.713
	(0.61)	(-0.10)	(1.12)	(-0.24)
第一阶段回归	0.033***	0.031**	0.019*	0.040***
	(2.68)	(2.31)	(1.80)	(2.82)
行业	控制	控制	控制	控制
季度	控制	控制	控制	控制
N	18255	16792	17548	16433
R^2	0.536	0.554	0.566	0.556

注：①***、**和*分别表示在1%、5%和10%水平下显著。本书对标准误在公司层面进行了聚类处理。②为避免解释变量系数过大，对*PCall*和*IV*变量乘100处理。

表5-12是更换解释变量后检验假设5-2的回归结果。列（1）显示，当公司董事结构洞数量小于样本中位数时，*PCall*的系数在10%水平下显著为正；列（2）显示，当公司董事结构洞数量大于样本中位数时，*PCall*的系数在1%水平下显著为正。列（3）显示，当公司董事结构中心度小于样本中位数时，*PCall*的系数不显著；列（4）显示，当公司董事结构中心度大于样本中位数时，*PCall*的系数在1%水平下显著为正，且列（4）中*PCall*的系数大于列（3）中*PCall*的系数。综上，更换解释变量后，表5-12的结果与主检验结果基本一致，即董事社会网络越丰富，企业自愿召开电话会议的同行效应越显著。

表 5-12 更换解释变量检验假设 5-2

	(1)	(2)	(3)	(4)
	CI		CLONESS	
	社会网络简单	社会网络丰富	社会网络简单	社会网络丰富
变量名	*Call*	*Call*	*Call*	*Call*
PCall	0. 152 *	0. 140 ***	0. 104	0. 150 ***
	(1. 87)	(4. 26)	(0. 91)	(5. 45)
SIZE	0. 087	-0. 007	0. 042	0. 011
	(0. 73)	(-0. 19)	(0. 70)	(0. 40)
LEV	-0. 105	-0. 102	-0. 129	-0. 136
	(-0. 68)	(-0. 69)	(-0. 65)	(-1. 06)
ROA	-0. 284	0. 847	0. 057	0. 293
	(-0. 40)	(0. 81)	(0. 05)	(0. 35)
BM	-0. 344	0. 363	-0. 168	0. 156
	(-0. 61)	(1. 27)	(-0. 62)	(0. 75)
INVEST	0. 749	1. 056	1. 263	0. 531
	(0. 49)	(1. 10)	(0. 69)	(0. 48)
SOE	-0. 072	-0. 076	-0. 127	-0. 058
	(-0. 89)	(-1. 32)	(-1. 04)	(-1. 17)
ANALYST	0. 087	0. 149	0. 189	0. 098
	(0. 38)	(1. 15)	(0. 80)	(0. 63)
IO	-0. 001	0. 002	-0. 001	0. 001
	(-0. 11)	(1. 33)	(-0. 23)	(0. 96)
TOP1	0. 000	-0. 002	0. 001	-0. 001
	(0. 18)	(-0. 72)	(0. 33)	(-0. 53)
PSIZE	-0. 202	-0. 348 **	-0. 097	-0. 381 ***
	(-0. 82)	(-2. 22)	(-0. 21)	(-2. 78)
PLEV	-3. 483	-1. 306	-2. 287	-1. 405

续表

	(1)	(2)	(3)	(4)
	CI		CLONESS	
	社会网络简单	社会网络丰富	社会网络简单	社会网络丰富
	(-1.61)	(-1.06)	(-1.25)	(-1.02)
PROA	-3.748	-5.049***	-1.269	-3.685***
	(-0.69)	(-2.81)	(-0.35)	(-2.65)
PBM	2.648	2.985**	2.429	3.766***
	(1.52)	(2.15)	(0.66)	(3.68)
PINVEST	-4.436	-6.465***	-3.731	-6.385***
	(-1.26)	(-2.74)	(-0.53)	(-2.82)
PSOE	-1.032	-1.054	-0.777	-1.171
	(-0.93)	(-1.21)	(-0.44)	(-1.44)
PANALYST	-0.455**	-0.519***	-0.426	-0.590***
	(-2.23)	(-2.85)	(-0.97)	(-3.72)
PIO	0.038	0.051**	0.025	0.062***
	(0.57)	(2.16)	(0.27)	(3.18)
*PTOP*1	0.024	0.007	0.012	0.003
	(1.03)	(0.37)	(0.78)	(0.13)
常数项	-2.633	1.696	-2.858	1.399
	(-0.46)	(0.45)	(-0.43)	(0.40)
第一阶段回归	0.032**	0.029**	0.022*	0.043***
	(2.44)	(2.33)	(1.65)	(3.54)
行业	控制	控制	控制	控制
季度	控制	控制	控制	控制
N	15879	18551	15172	19550
R^2	0.558	0.555	0.548	0.561

注：①***、**和*分别表示在1%、5%和10%水平下显著。本书对标准误在公司层面进行了聚类处理。②为避免解释变量系数过大，对*PCall*和*IV*变量乘100处理。

第六节 进一步研究

前文分别从管理层学习动机和信息优势两方面分析了企业自愿信息披露同行效应的内部动因。虽然在理论推理部分已经做了详细论述，但依然缺乏学习动机和信息优势助推同行效应更直接的经验证据。下面，分别对两种内部动机的经济后果展开进一步讨论。

一、学习动机的经济后果

前文已述及，学习动机是同行效应存在的一个重要内因。成长型的公司和缺乏金融类职业背景的管理层因具有较少的经验以及处于信息劣势，会通过学习同行自愿信息披露后的股价反应和同行自愿信息披露内容，补充公司的私有信息，从而提高自愿信息披露精度或披露意愿。为进一步检验这些学习动机更强公司的自愿信息披露精度是否提高，本部分仅保留自愿披露业绩预告的公司样本，构建模型（5-5）、模型（5-6）、模型（5-7）进行实证回归。等式的左边是企业业绩预告精度（*Preci*），根据王玉涛和王彦超①的判定标准，企业当年披露定性业绩预告 *Preci* 取值为 1，披露定量开区间业绩预告 *Preci* 取值为 2，披露定量闭区间业绩预告 *Preci* 取值为 3。等式的右边分别构造 *PVolDis×AGE*、*PVolDis×CEONOFIN* 交乘项。另外，为控制公司的披露惯性，等式右边还控制了企业上期业绩预告精度 $Preci_{t-1}$。

模型（5-5）为基准回归，α_1 的系数表示公司自愿性业绩预告精度与上期同行自愿信息披露水平的关系。模型（5-6）是检验成长型公司学习同行自愿信息披露的经济后果，若交乘项系数 β_1 显著为正，说明成长型公司通过对同行企业自愿信息披露行为进行学习，提高了自身自愿信息披露的质量。模型（5-7）是检验非金融类职业背景管理层学习同行自愿信息

① 王玉涛，王彦超．业绩预告信息对分析师预测行为有影响吗［J］．金融研究，2012，384（6）：193-206.

披露的经济后果，若交乘项系数θ_1显著为正，说明缺乏金融类职业背景的管理层，通过对同行企业自愿信息披露行为进行学习，提高了自身自愿信息披露的质量。

$$Preci_{i,j,t}=\alpha_0+\alpha_1 PVolDis_{-i,j,t-1}+\gamma\ Controls_{i,j,t-1}+\rho\ Controls_{-i,j,t-1}+\delta_j+\varphi_t+\varepsilon_{i,j,t} \tag{5-5}$$

$$Preci_{i,j,t}=\beta_0+\beta_1 PVolDis_{-i,j,t-1}\times AGE_{i,j,t}+\beta_2 PVolDis_{-i,j,t-1}+\beta_3 AGE_{i,j,t}+\gamma\ Controls_{i,j,t-1}+\rho Controls_{-i,j,t-1}+\delta_j+\varphi_t+\varepsilon_{i,j,t} \tag{5-6}$$

$$Preci_{i,j,t}=\theta_0+\theta_1 PVolDis_{-i,j,t-1}\times CEONOFIN_{i,j,t}+\theta_2 PVolDis_{-i,j,t-1}+\theta_3 CEONOFIN_{i,j,t}+\gamma\ Controls_{i,j,t-1}+\rho Controls_{-i,j,t-1}+\delta_j+\varphi_t+\varepsilon_{i,j,t} \tag{5-7}$$

表 5-13 是回归结果。在自愿披露业绩预告公司样本中，列（1）显示，*PVolDis* 的系数在 5%水平下显著为负，说明同行自愿信息披露虽然提高了企业自愿披露业绩预告的意愿，但并未提高企业自愿性业绩预告的精度。这也说明企业自愿信息披露的同行效应更倾向于是一种简单的模仿行为。一方面，企业迫于同行披露压力会提高自愿信息披露概率；另一方面，为降低披露不实的诉讼风险，企业会披露信息颗粒更粗糙的业绩预告。列（2）显示，*PVolDis×AGE* 的系数在 1%水平下显著为正，说明成长型公司通过学习同行企业自愿信息披露行为，不仅提高了公司自愿信息披露水平，还提高了企业信息披露质量。列（3）显示，*PVolDis×CEONOFIN* 的系数在 10%水平下显著为正，说明当公司管理层缺乏金融类职业背景时，不仅会通过模仿同行披露提高企业的自愿信息披露意愿，还会学习并补充私有信息，提高对信息的分析能力，最终提高企业的自愿信息披露精度。

表 5-13　学习动机后果：信息披露精度

	(1)	(2)	(3)
变量名	*Preci*	*Preci*	*Preci*
PVolDis	-0.013**	-0.027***	-0.020***
	(-2.12)	(-3.85)	(-2.85)

续表

	(1)	(2)	(3)
AGE		−0.780***	
		(−10.91)	
PVolDis×AGE		0.023***	
		(3.36)	
CEONOFIN			−0.131**
			(−1.98)
PVolDis×CEONOFIN			0.013*
			(1.95)
$Preci_{t-1}$	0.351***	0.321***	0.351***
	(29.68)	(28.28)	(29.72)
SIZE	0.127***	0.140***	0.127***
	(4.19)	(4.88)	(4.17)
LEV	0.506***	0.392***	0.505***
	(4.00)	(3.18)	(4.00)
ROA	1.331***	0.900**	1.334***
	(3.45)	(2.37)	(3.46)
BM	0.172	0.096	0.172
	(1.50)	(0.86)	(1.50)
INVEST	−1.375***	−1.206***	−1.369***
	(−4.22)	(−3.88)	(−4.20)
SOE	0.347***	0.270***	0.348***
	(6.60)	(5.50)	(6.64)
ANALYST	−0.094***	−0.076***	−0.094***
	(−6.26)	(−5.24)	(−6.27)
IO	0.005***	0.004***	0.005***
	(5.55)	(4.36)	(5.57)

续表

	(1)	(2)	(3)
*TOP*1	−0.009***	−0.006***	−0.009***
	(−5.92)	(−4.29)	(−5.92)
PSIZE	−0.162*	−0.209**	−0.160*
	(−1.72)	(−2.04)	(−1.70)
PLEV	0.318	0.459	0.311
	(0.57)	(0.83)	(0.55)
PROA	1.943*	1.966*	1.929*
	(1.87)	(1.90)	(1.86)
PBM	0.169	0.227	0.168
	(0.64)	(0.86)	(0.64)
PINVEST	2.418**	2.356**	2.456**
	(2.43)	(2.38)	(2.47)
PSOE	0.018	0.146	0.026
	(0.07)	(0.62)	(0.11)
PANALYST	0.087	0.086	0.085
	(1.56)	(1.54)	(1.52)
PIO	0.002	0.001	0.002
	(0.34)	(0.30)	(0.35)
*PTOP*1	−0.013**	−0.011*	−0.014**
	(−2.07)	(−1.77)	(−2.09)
常数项	0.597	1.910	0.666
	(0.31)	(0.92)	(0.34)
控制变量	控制	控制	控制
行业	控制	控制	控制
季度	控制	控制	控制

续表

	(1)	(2)	(3)
N	15149	15149	15149
R^2	0.424	0.455	0.425

注：***、**和*分别表示在1%、5%和10%水平下显著。本书对标准误在公司层面进行了聚类处理。

二、信息优势的经济后果

信息优势是同行效应存在的另一个重要内因。当同行自愿信息披露水平提高时，丰富的董事网络结构能够提高企业可获取的信息总量和管理层分析信息的效率，从而提高企业自愿信息披露水平。为进一步检验董事社会网络是否给企业带来更多信息优势，促使企业在模仿过程中积极披露自愿性信息，本书仅保留自愿披露业绩预告的公司样本，构建模型（5-8）、模型（5-9）、模型（5-10）进行实证检验。等式左边是公司自愿披露业绩预告的及时性（*Days*），等于业绩预告披露日距离季度或年度结束日的天数，该指标越小，说明企业披露业绩预告的时间越早，也说明管理层通过社会网络获取、分析、加工信息的效率越高。

$$Days_{i,j,t}=\alpha_0+\alpha_1 PVolDis_{-i,j,t-1}+\gamma\ Controls_{i,j,t-1}+\rho\ Controls_{-i,j,t-1}+\delta_j+\varphi_t+\varepsilon_{i,j,t} \tag{5-8}$$

$$Days_{i,j,t}=\beta_0+\beta_1 PVolDis_{-i,j,t-1}\times CI_{i,j,t}+\beta_2 PVolDis_{-i,j,t-1}+\beta_3 CI_{i,j,t}+\gamma\ Controls_{i,j,t-1}+\rho Controls_{-i,j,t-1}+\delta_j+\varphi_t+\varepsilon_{i,j,t} \tag{5-9}$$

$$Days_{i,j,t}=\theta_0+\theta_1 PVolDis_{-i,j,t-1}\times CLONESS_{i,j,t}+\theta_2 PVolDis_{-i,j,t-1}+\theta_3 CLONESS_{i,j,t}+\gamma\ Controls_{i,j,t-1}+\rho Controls_{-i,j,t-1}+\delta_j+\varphi_t+\varepsilon_{i,j,t} \tag{5-10}$$

表5-14是回归结果。在自愿披露业绩预告公司样本中，列（1）显示，*PVolDis* 的系数在10%水平下显著为正，说明同行自愿信息披露虽然提高了企业自愿披露业绩预告的意愿，但公司披露业绩预告的时间更晚。结合表5-13第（1）列结果，本书发现，虽然同行自愿信息披露提高了企业自愿信息披露意愿，但并未提高披露精度和披露及时性。这与同行投资更

容易导致企业的非效率投资研究结论相似①。本书研究结论说明，在不考虑公司内部动机的情况下，企业自愿信息披露的同行效应更倾向于是一种非理性的羊群行为，但考虑公司内部动机后，会得出不同的结论。因此，判断企业自愿信息披露行为的同行效应理性与否，应视其模仿动机而定。列（2）和列（3）显示，*PVolDis*×*CI* 和 *PVolDis*×*CLONESS* 的系数分别在10%和5%水平下显著为负，说明当同行披露的自愿性信息增多时，董事网络结构洞更丰富、中心度更高的公司，不仅能及时获取更多私有信息，提高披露意愿，还能提高披露的及时性。

表 5-14　信息优势动机后果：信息披露及时性

	(1)	(2)	(3)
变量名	*Days*	*Days*	*Days*
PVolDis	0.001*	0.003**	0.003**
	(1.66)	(2.14)	(2.40)
CI		0.003**	
		(2.49)	
PVolDis×*CI*		-0.000*	
		(-1.71)	
CLONESS			0.015**
			(2.31)
PVolDis×*CLONESS*			-0.001**
			(-2.10)
$Days_{t-1}$	0.277***	0.281***	0.282***
	(8.64)	(8.74)	(8.54)
SIZE	0.016***	0.015***	0.015***
	(6.90)	(6.56)	(4.84)

① 方军雄．企业投资决策趋同：羊群效应抑或“潮涌现象”？［J］．财经研究，2012，38（11）：92-102.

续表

	(1)	(2)	(3)
LEV	0.020**	0.024**	0.024*
	(2.07)	(2.42)	(1.93)
ROA	0.025	0.021	0.021
	(0.68)	(0.59)	(0.52)
BM	0.017*	0.016*	0.016
	(1.86)	(1.75)	(1.36)
INVEST	-0.086***	-0.091***	-0.090***
	(-3.16)	(-3.34)	(-2.62)
SOE	0.025***	0.027***	0.027***
	(7.51)	(7.97)	(5.19)
ANALYST	-0.008***	-0.008***	-0.008***
	(-6.58)	(-6.41)	(-5.08)
IO	0.000***	0.000***	0.000***
	(5.09)	(3.16)	(2.65)
*TOP*1	-0.001***	-0.001***	-0.001***
	(-7.50)	(-5.12)	(-3.78)
PSIZE	0.000	0.004	0.003
	(0.00)	(0.43)	(0.33)
PLEV	0.037	0.018	0.019
	(0.78)	(0.37)	(0.32)
PROA	0.373***	0.339***	0.340**
	(3.15)	(2.88)	(2.56)
PBM	0.012	0.006	0.005
	(0.48)	(0.24)	(0.18)
PINVEST	0.290***	0.333***	0.327***

续表

	(1)	(2)	(3)
	(2.82)	(3.25)	(2.85)
PSOE	0.029*	0.028*	0.029
	(1.83)	(1.77)	(1.36)
PANALYST	-0.003	-0.003	-0.003
	(-0.46)	(-0.53)	(-0.45)
PIO	0.001*	0.001	0.001
	(1.67)	(1.31)	(1.13)
*PTOP*1	0.001	0.001	0.001
	(0.98)	(1.03)	(0.89)
常数项	3.625***	3.527***	3.536***
	(17.07)	(16.72)	(14.85)
行业	控制	控制	控制
季度	控制	控制	控制
N	10193	10374	10374
R^2	0.318	0.316	0.316

注：***、**和*分别表示在1%、5%和10%水平下显著。本书对标准误在公司层面进行了聚类处理。

第七节　本章小结

本章在第四章检验企业自愿信息披露行为存在同行效应的基础上，分别从企业内部学习动机和管理层信息优势动机方面，对企业自愿信息披露同行效应的内在机制和经济后果进行深入研究。

第一节问题提出部分，首先分别从管理层角度和企业角度，论述了企业披露自愿性信息的动机。其次，基于已有研究基础，分别从企业或管理层的学习动机和信息优势动机两方面分析企业自愿信息披露行为存在同行效应的内在动因。最后，说明本章的研究贡献，一是利用学习动机对企业自愿信息披露的同行效应做出解释，丰富了其内在动因方面的研究，验证了同行效应的合理性；二是利用董事网络对企业自愿信息披露同行效应做出解释，补充了该领域的文献；三是利用董事网络对企业自愿信息披露做出解释，丰富了企业自愿信息披露影响因素方面的文献。

第二节理论推理与假设提出部分，首先基于有限理性理论，提出学习动机是同行效应存在的一个重要内因。一方面，企业可以通过同行自愿信息披露后的市场反应进行学习，提高自愿信息披露水平；另一方面，企业可以直接学习同行自愿信息披露行为，提高自愿信息披露水平。其次基于镶嵌理论提出信息优势是同行效应存在的另一个重要内因。一方面，丰富的董事社会网络提高了企业可获取的信息总量，从而提高企业自愿信息披露水平；另一方面，丰富的董事社会网络提高了企业分析信息的效率，从而提高企业自愿信息披露水平。最后提出本章的两个假设“假设 5-1：学习动机是企业自愿信息披露存在同行效应的内部动因。具体而言，当公司上市年龄较短，或 CEO 不具有金融类职业背景时，企业自愿信息披露的同行效应更显著”和“假设 5-2：信息优势是企业自愿信息披露存在同行效应的内部动因。具体而言，当公司董事社会网络更丰富时，企业自愿信息披露的同行效应更显著”。

第三节研究设计部分，主要对数据来源、样本筛选过程、模型选择、变量定义、工具变量的计算过程做详细说明。本书以 2010—2020 年 A 股上市公司季度数据为样本，使用工具变量回归方法，实证研究企业自愿披露同行效应的内部动机。在第四节回归结果部分，对描述性统计结果和主假设结果进行说明，实证结果支持了假设 5-1 和假设 5-2。在第五节稳健性检验部分，采用多种方式进行稳健性检验。包括使用 Fama 三因子模型重新构造工具变量进行回归、使用普通 OLS 模型进行回归、剔除同地区的上市公司重新计算同行自愿信息披露水平进行回归、使用上市公司召开电话会议次数作为企业自愿信息披露的替代变量进行回归，实证结论依然稳健。

第六节进一步研究部分，主要针对披露自愿性业绩预告的公司样本，从披露精度（及时性）对学习（信息优势）动机的同行效应的经济后果展开深入研究。研究发现，当公司出于学习动机模仿同行披露时，公司自愿信息披露精度更高；当公司出于信息优势动机模仿同行披露时，公司自愿信息披露更及时。

第六章

企业自愿信息披露同行效应的外部动因

上一章讨论了企业自愿信息披露同行效应的内部动因与后果。下面，分别从企业外部信息需求、行业竞争压力、经济政策不确定性三个方面，对企业自愿信息披露同行效应的外部动因进行研究，并对其经济后果展开深入讨论。

第一节　问题提出

在资本市场中，公司的信息环境复杂多变。在两权分离的现代企业制度下，为了提高公司透明度，确保企业财务信息质量和股东利益最大化，外部股东充当了监督和决定企业自愿信息披露的角色①。例如，机构投资者作为企业信息需求方和信息环境监督方，能够对企业自愿信息披露水平产生深远影响。一方面，机构投资者具有监督管理层机会主义行为的功能。已有研究发现，机构投资者作为公司的外部股东，能够监督 CEO 薪

① AJINKYA B，BHOJRAJ S，SENGUPTA P. The Association between Outside Directors，Institutional Investors and the Properties of Management Earnings Forecasts［J］. Journal of Accounting Research，2005，43（3）：343-376.

酬①、公司并购行为、管理层轮换②等，从而提高企业的绩效和价值，或影响公司债务资本成本③。另一方面，机构投资者还可以通过促使企业披露更多自愿性信息，改善企业的信息环境④。研究发现，机构投资者倾向于购买自愿信息披露水平较高的公司的股票，并进一步促使这些企业召开更多电话会议，披露更多盈余预测等自愿性信息。但也有部分学者发现，机构投资者越多，公司召开电话会议越少。Core⑤ 认为这与机构投资者的信息优势有关，即机构投资者作为知情投资者，为了确保拥有比其他投资者更多的信息，会抑制管理层披露自愿性信息。Ajinkya 等⑥也发现，当公司机构投资者股权越集中时，为获取更多私利⑦，机构投资者越会促使公司降低盈余预测频率。但总的来说，机构投资者发挥监督和治理的功能，能够影响企业的自愿信息披露水平。同理，当同行企业披露更多自愿信息时，可能使机构投资者的信息需求发生变化，从而影响管理层自愿信息披

① CORE J E, HOLTHAUSEN R W, LARCKER D F. Corporate Governance, Chief Executive Officer Compensation, and Firm Performance [J]. Journal of Financial Economics, 1999, 51 (3): 371-406.

② DENIS D J, SERRANO J M. Active Investors and Management Turnover Following Unsuccessful Control Contests [J]. Journal of Financial Economics, 1996, 40 (2): 239-266.

③ BHOJRAJ S, SENGUPTA P. Effect of Corporate Governance on Bond Ratings and Yields: The Role of Institutional Investors and Outside Directors [J]. The Journal of Business, 2003, 76 (3): 455-475.

④ BHOJRAJ S, SENGUPTA P. Effect of Corporate Governance on Bond Ratings and Yields: The Role of Institutional Investors and Outside Directors [J]. The Journal of Business, 2003, 76 (3): 455-475.

⑤ CORE J E. A Review of the Empirical Disclosure Literature: Discussion [J]. Journal of Accounting and Economics, 2001, 31 (1-3): 441-456.

⑥ AJINKYA B, BHOJRAJ S, SENGUPTA P. The Association between Outside Directors, Institutional Investors and the Properties of Management Earnings Forecasts [J]. Journal of Accounting Research, 2005, 43 (3): 343-376.

⑦ AGRAWAL A, MANDELKER G N. Large Shareholders and the Monitoring of Managers: The Case of Antitakeover Charter Amendments [J]. Journal of Financial and Quantitative Analysis, 1990, 25 (2): 143-161.

露决策。例如，Matsumoto 等①研究发现同地区企业自愿信息披露会提高本地机构投资者对公司的信息需求，从而促使企业披露更多盈余预测。但目前还缺乏从机构投资者外部信息需求方面研究企业自愿信息披露同行效应的相关文献，本书欲补充该领域研究。

从企业所处的行业环境来看，行业竞争程度是决定企业自愿信息披露水平的另一个重要外因②。在过去，人们通常将行业竞争程度作为企业信息披露专有成本的代理变量来研究行业竞争与企业披露的关系，但研究结论不一。有人认为，行业竞争程度越大，管理层披露的盈余预测越少③。原因是，竞争对手可以从公司披露的信息中获取有用信息，调整他们的生产规模和产品价格，获取更多收益④。因此，公司为了降低披露的专有成本会减少披露⑤。近期有研究发现，竞争企业之间一旦形成战略联盟，会减少公开披露信息，这是因为联盟内的成员通过私下沟通渠道进行交流⑥。也有学者得出相反的研究结论，认为产品市场竞争会促使企业为了阻止进入者披露更多信息。Healy 和 Palepu⑦ 认为，上述研究存在争议与企业披露的专有成本难以衡量有关。如今，随着行业竞争不断加剧，人们发现同

① MATSUMOTO D A, SERFLING M, SHAIKH S. Geographic Peer Effects in Management Earnings Forecasts [J]. Contemporary Accounting Research, 2022, 39 (3): 2023-2057.

② VERRECCHIA R E. Discretionary Disclosure [J]. Journal of Accounting and Economics, 1983, 5: 179-194.

③ BAMBER L S, CHEON Y S. Discretionary Management Earnings Forecast Disclosures: Antecedents and Outcomes Associated with Forecast Venue and Forecast Specificity Choices [J]. Journal of Accounting Research, 1998, 36 (2): 167-190.

④ CLINCH G, VERRECCHIA R E. Competitive Disadvantage and Discretionary Disclosure in Industries [J]. Australian Journal of Management, 1997, 22 (2): 125-137.

⑤ VERRECCHIA R E. Information Quality and Discretionary Disclosure [J]. Journal of Accounting and Economics, 1990, 12 (4): 365-380.

⑥ KEPLER J D. Private Communication among Competitors and Public Disclosure [J]. Journal of Accounting and Economics, 2021, 71 (2-3): 101387.

⑦ HEALY P M, PALEPU K G. Information Asymmetry, Corporate Disclosure, and the Capital Markets: A Review of the Empirical Disclosure Literature [J]. Journal of Accounting and Economics, 2001, 31 (1-3): 405-440.

行企业行为对公司的影响随着行业竞争程度的增加而增强。例如，Gordon等①发现，当行业竞争加剧时，同行企业披露研发信息能显著提高企业创新水平。Durnev 和 Mangen② 发现当行业竞争程度更大时，同行 MD&A 语调与公司投资（及效率）的正相关性更强。因此，当同行自愿信息披露水平更高时，行业竞争程度将如何调节企业的自愿信息披露水平？是抑制同行效应还是促进同行效应？本书将尝试对该问题作出回应。

从企业所处的宏观环境来看，经济政策不确定性也是决定企业自愿信息披露的重要外因③。一般情况下，经济政策不确定性会提高企业自愿信息披露水平。一方面，经济政策不确定性加剧企业信息不对称程度④，管理层会提高自愿性信息披露回应市场信息需求⑤。具体而言，经济政策不确定性给企业价值带来不确定性⑥，此时投资者对企业预测信息的需求增加，会助推企业披露自愿性信息⑦。另一方面，经济政策不确定性会提高

---

① GORDON E A, HSU H T, HUANG H. Peer R & D Disclosure and Corporate Innovation: Evidence from American Depositary Receipt Firms [J]. Advances in Accounting, 2020, 49: 100471.

② DURNEV A, MANGEN C. The Spillover Effects of MD&A Disclosures for Real Investment: The Role of Industry Competition [J]. Journal of Accounting and Economics, 2020, 70 (1): 101299.

③ NAGAR V, SCHOENFELD J, WELLMAN L. The Effect of Economic Policy Uncertainty on Investor Information Asymmetry and Management Disclosures [J]. Journal of Accounting and Economics, 2019, 67 (1): 36-57.

④ CARSON S J, MADHOK A, WU T. Uncertainty, Opportunism, and Governance: The Effects of Volatility and Ambiguity on Formal and Relational Contracting [J]. Academy of Management Journal, 2006, 49 (5): 1058-1077.

⑤ GRAHAM J R, HARVEY C R, RAJGOPAL S. The Economic Implications of Corporate Financial Reporting [J]. Journal of Accounting and Economics, 2005, 40 (1-3): 3-73.

⑥ PASTOR L, VERONESI P. Political Uncertainty and Risk Premia [J]. Journal of Financial Economics, 2013, 110 (3): 520-545.

⑦ NAGAR V, SCHOENFELD J, WELLMAN L. The Effect of Economic Policy Uncertainty on Investor Information Asymmetry and Management Disclosures [J]. Journal of Accounting and Economics, 2019, 67 (1): 36-57.
黄宏斌，于博，丛大山．经济政策不确定性与企业自愿性信息披露——来自上市公司微博自媒体的证据 [J]. 管理学刊，2021, 34 (6): 63-87.

企业外部融资成本，而管理层披露自愿性信息可以降低资本成本。具体而言，经济政策不确定性会影响公司股价波动和风险溢价水平，银行为了降低风险不愿意放贷①，此时企业面临的融资约束增加。为降低企业资本成本，管理层会提高自愿信息披露水平②。也有学者认为经济政策不确定可能会增加管理层预测信息的难度，降低自愿信息披露质量③。综上，本书认为，经济政策不确定性也会调节企业行为的同行效应。鉴于同行效应存在的根源在于管理层决策的不确定性，经济政策不确定性可能会加剧企业模仿同行企业行为的可能性。例如，Seo④发现当企业面临的环境不确定性更高时，企业融资约束更大，企业自愿信息披露的同行效应更显著。但Seo⑤一文考察的是公司层面的不确定性，作者分别用公司现金流波动性、收益波动性、产品市场流动性和企业竞争力来研究不确定性对公司自愿信息披露同行效应的调节作用。而本书主要基于我国政府宏观调控力度较大的特殊制度背景，研究对公司自愿信息披露同行效应的调节作用，研究结论和研究意义均有所差异。本书具有以下几点贡献：首先，从外部信息需求方面对企业自愿信息披露同行效应做出解释。Seo⑥虽然验证了企业自愿信息披露存在同行效应，但作者并未从公司外部信息需求角度研究其动因，本书不仅验证了机构投资者信息需求是导致企业模仿行为的重要外因，还检验了其经济后果，发现当同行自愿信息披露增加时，企业为回应外部信息需求而提高自愿信息披露，可以进一步提高未来一期机构投资者对企业的关注度。其次，拓展了环境不确定性对企业行为同行效应影响的

---

① 陈胜蓝，刘晓玲．经济政策不确定性与公司商业信用供给［J］．金融研究，2018，455（5）：172-190.

② 丁亚楠，王建新．“浑水摸鱼”还是“自证清白”：经济政策不确定性与信息披露——基于年报可读性的探究［J］．外国经济与管理，2021，43（11）：70-85.

③ 宋云玲，宋衍蘅．业绩预告及时性与可靠性的权衡——基于经济政策不确定性视角［J］．管理评论，2022，34（1）：268-282. .

④ SEO H. Peer Effects in Corporate Disclosure Decisions［J］. Journal of Accounting and Economics，2021，71（1）：101364.

⑤ SEO H. Peer Effects in Corporate Disclosure Decisions［J］. Journal of Accounting and Economics，2021，71（1）：101364.

⑥ SEO H. Peer Effects in Corporate Disclosure Decisions［J］. Journal of Accounting and Economics，2021，71（1）：101364.

研究。已有关于企业行为同行效应的研究，大多基于企业经营环境的不确定性展开讨论①。学者认为经营环境不确定性是导致企业模仿同行行为的重要原因，并且这种模仿能够缓解企业的融资约束。本书则从宏观环境不确定性，基于中国政府对资本市场调控能力较大的特殊背景，研究对企业行为同行效应的调节作用，拓展了该部分文献。

第二节 理论推理与假设提出

一、市场信息需求与企业自愿信息披露的同行效应

市场信息需求是企业自愿信息披露存在同行效应的一个重要外因。

一方面，同行自愿信息披露增加企业不披露的成本，提高机构投资者对企业的信息需求。根据信号传递理论，企业可以通过自愿信息披露向外界传递信号。当同行自愿信息披露水平较高时，若企业不披露，会提高投资者对公司现金流与行业现金流协方差增加的错误感知②，向投资者传递一种公司信息透明度较低③，甚至隐藏负面消息的信号④。这不仅会引起股价负面反应，给企业带来成本，还会增加机构投资者的系统风险，从而提高机构投资者对公司的信息需求，助推企业披露更多自愿性信息。

另一方面，当同行自愿信息披露水平提高，企业为吸引机构投资者关注，会主动提高自愿信息披露意愿。行为经济学理论认为，投资者注意力

① DE FEANCO G, HOU Y, MA M S. Do Firms Mimic Their Neighbors' Accounting?: Industry Peer Headquarters Co-Location and Financial Statement Comparability [R]. Amsterdam Working Paper, 2019.

② DYE R A, HUGHES J S. Equilibrium Voluntary Disclosures, Asset Pricing, and Information Transfers [J]. Journal of Accounting and Economics, 2018, 66 (1): 1-24.

③ BAIK B, FARBER D B, LEE S. CEO Ability and Management Earnings Forecasts [J]. Contemporary Accounting Research, 2011, 28 (5): 1645-1668.

④ DYE R A. Disclosure of Nonproprietary Information [J]. Journal of Accounting Research, 1985, 23 (1): 123-145.

是一种稀缺的认知资源，在信息膨胀与个人处理能力相冲突的情况下，投资者只能将注意力放在那些博他们眼球的股票上面。因此，机构投资者更容易被那些披露更多自愿信息的同行公司所吸引①。对于那些外部信息需求本身就高的公司，为避免因投资者关注降低导致企业资本成本提高，管理层会提高自愿信息披露水平②。综上，提出以下假设：

假设6-1：市场信息需求是公司自愿信息披露存在同行效应的外部动因。具体而言，当机构投资者持股更多时，企业自愿信息披露的同行效应更显著。

二、行业竞争与企业自愿信息披露的同行效应

行业竞争压力是企业自愿信息披露存在同行效应的另一个重要外因。

一方面，同行自愿披露通过加剧产品市场竞争，促使企业提高自愿信息披露水平。Breuer③ 认为，强制报告披露会使资本市场所有权更加分散，通过增加市场进入者、降低市场集中度，能提高产品市场竞争程度。同理，同行披露的自愿性信息增多，投资者和公司之间的信息不对称降低，潜在进入者发现有利可图的机会，会去寻找更加低成本的供应商，从而使市场资源得到更公平合理的分配④，最终提高产品市场竞争程度。而根据Li⑤ 的研究，潜在进入者导致的行业竞争会促使企业披露更多自愿性信息。因为在位企业具有私有信息，披露好消息可以提高市场对企业的估值，披露坏消息则能阻止潜在进入者进入该行业。因此，在均衡状态下，在位公

---

① LOU D. Attracting Investor Attention Through Advertising [J]. The Review of Financial Studies, 2014, 27 (6): 1797-1829.

② COLLER M, YOHN T L. Management Forecasts and Information Asymmetry: An Examination of Bid-Ask Spreads [J]. Journal of Accounting Research, 1997, 35 (2): 181-191.

③ BREUER M. How Does Financial - Reporting Regulation Affect Industry-Wide Resource Allocation? [J]. Journal of Accounting Research, 2021, 59 (1): 59-110.

④ RAJAN R G, ZINGALES L. The Great Reversals: The Politics of Financial Development in the Twentieth Century [J]. Journal of Financial Economics, 2003, 69 (1): 5-50.

⑤ LI X. The Impacts of Product Market Competition on the Quantity and Quality of Voluntary Disclosures [J]. Review of Accounting Studies, 2010, 15 (3): 663-711.

司会充分披露自愿性信息①。

另一方面，行业竞争压力促使企业模仿同行自愿披露行为。当行业竞争程度加大时，企业进行差异化战略的风险更高。此时为了提高企业竞争力，管理层一般会选择同质化战略降低风险，例如模仿行业内其他企业的行为②。因此，当同行披露的自愿信息更多时，管理层为了确保公司的竞争力，也会提高自愿信息披露水平。另外，当市场资源总量一定时，行业竞争压力越大，意味着企业得到的资源配置越少。而同行自愿披露水平的提高会加快市场资源向同行公司转移 。此时为了获取更多市场份额、降低资本成本，管理层会提高自愿信息披露水平。综上，提出以下假设：

假设 6-2：行业竞争压力是公司自愿信息披露存在同行效应的外部动因。具体而言，当行业竞争程度更大时，企业自愿信息披露的同行效应更显著。

三、经济政策不确定性与企业自愿信息披露的同行效应

经济政策不确定性是企业自愿信息披露存在同行效应的又一个重要外因。

一方面，经济政策不确定性提高管理层信息决策不确定性，促使管理层模仿同行企业自愿信息披露行为。经济政策不确定性越高，意味着企业经营环境越不稳定③，此时管理层难以判断企业未来经营业绩和行业发展趋势，信息不确定性越高。结合有限理性理论和羊群理论，不确定性本身是导致企业存在同行效应的根本原因。因此，为降低企业经营风险，管理层会模仿同行企业的自愿信息披露行为。

另一方面，当外部宏观环境不确定性增强时，同行自愿披露会放大股

---

① DARROUGH M N, STOUGHTON N M. Financial Disclosure Policy in an Entry Game [J]. Journal of Accounting and Economics, 1990, 12 (1-3): 219-243.

② BERNARD D, KAYA D, WERTZ J. Entry and Capital Structure Mimicking in Concentrated Markets: The Role of Incumbents' Financial Disclosures [J]. Journal of Accounting and Economics, 2021, 71 (2-3): 101379.

③ PASTOR L, VERONESI P. Political Uncertainty and Risk Premia [J]. Journal of Financial Economics, 2013, 110 (3): 520-545.

价波动性，为降低公司股价波动性，管理层会披露更多自愿性信息。首先，经济政策不确定性提高会提高公司信息不对称程度和股价波动性①。其次，股价作为市场信息的直接反应，当同行披露的自愿性信息越多、质量越高，企业股价波动性也可能越大②。因此，当经济政策不确定性和同行自愿性信息披露同时发生时，对公司股价的影响叠加，会加剧股价波动性。此时，若管理层披露自愿性信息，例如通过业绩预告来释放企业的前瞻性信息，则可以提高投资者的理性预期，降低股票价格对叠加因素的反应程度。综上，为进一步降低公司风险和股价波动性，管理层会提高自愿信息披露水平。本书提出以下假设：

假设 6-3：经济政策不确定性是公司自愿信息披露存在同行效应的外部动因。具体而言，当宏观环境不确定性较高时，企业自愿信息披露的同行效应更显著。

第三节 研究设计

一、样本与数据来源

本书以 2010—2020 年 A 股上市公司季度数据为研究样本。样本之所以选择从 2010 年开始，是因为数据显示从 2010 年起，披露业绩预告的上市公司数量开始增加。③ 这可能与我国《上市公司信息披露管理办法》于 2007 年以后才正式颁布有关。本书对初始样本进行如下筛选：1. 剔除金融类的上市企业。金融行业的商业模式和财务指标与其他行业公司相比具有较大差异，这会影响实证结果。因此，依照实证研究常规惯例，本书予以

---

① CARSON S J, MADHOK A, WU T. Uncertainty, Opportunism, and Governance: The Effects of Volatility and Ambiguity on Formal and Relational Contracting [J]. Academy of Management Journal, 2006, 49 (5): 1058-1077.

② LEUZ C, VERRECCHIA R E. The Economic Consequences of Increased Disclosure [J]. Journal of Accounting Research, 2000, 38: 91-124.

③ 作者根据 CSMAR 数据库数据整理得出。

剔除。2. 剔除被 ST、PT 的上市企业。之所以剔除这些被特殊处理的上市公司，是因为该类公司的会计信息按照相关规定进行特殊披露，且其财务指标和经营情况很不正常①，可能会影响回归结果。3. 剔除创业板上市企业。本书使用上市公司自愿披露的业绩预告来衡量企业自愿信息披露水平，而创业板上市公司的业绩预告属于强制披露范围，因此予以剔除②。4. 参照 Seo③，剔除同行企业个数小于 10 家的样本。同行公司数量过少，可能会影响对同行自愿信息披露水平的计算，增加样本离群值。剔除后共获得 37885 个公司-季度有效观测值。最后，为克服离群值的影响，参照 Leary 和 Roberts④，本文分别在第 1 和 99 百分位上对连续变量进行缩尾处理。本书的财务数据来自国泰安（CSMAR）数据库和万得（WIND）数据库。具体而言，上市公司业绩预告数据和企业产权性质（*SOE*）指标来自 WIND 数据库，其他财务数据来自 CSMAR 数据库。经济政策不确定指数（*CNEPU*）来自香港浸会大学编制的中国经济政策不确定性指数⑤。

二、模型与变量定义

本书使用模型（6-1），采用分组回归的方法检验假设 6-1、假设 6-2 和假设 6-3。本书使用公司的季度数据进行回归，因此，i、j 和 t 分别代表公司、行业和季度。各变量具体定义如下：

（一）被解释变量

$VolDis_{i,j,t}$是被解释变量，表示行业 j 中 i 公司在 t 季度是否自愿披露业

---

① 刘媛媛，刘斌．劳动保护、成本粘性与企业应对［J］．经济研究，2014，49（5）：63-76.

② 关于企业自愿信息披露的具体衡量方式详见二、模型与变量定义部分。另外，根据深交所 2020 年 6 月修订的《深圳证券交易所创业板股票上市规则》，创业板上市公司业绩预告披露制度从强制披露改为半强制披露。为减少 2020 年样本可能存在的噪声，本书将创业板上市公司一并剔除。

③ SEO H. Peer Effects in Corporate Disclosure Decisions［J］. Journal of Accounting and Economics，2021，71（1）：101364.

④ LEARY M T，ROBERTS，M R. Do Peer Firms Affect Corporate Financial Policy?［J］. The Journal of Finance，2014，69（1）：139-178.

⑤ HUANG Y，LUK P. Measuring Economic Policy Uncertainty in China［J］. China Economic Review，2020，59：101367.

绩预告。若是则取值为 1，否则为 0。

（二）解释变量

$PVolDis_{-i,j,t-1}$是解释变量，表示行业 j 中 i 的同行企业（排除公司 i）在 t-1 季度的自愿披露水平，用同行企业自愿披露业绩预告（包括年度业绩预告和季度业绩预告）数量的均值来表示①。*PVolDis* 数值越高，说明同行自愿信息披露水平越高。本书之所以选择管理层业绩预告衡量企业自愿信息披露水平，是因为业绩预告是管理层自愿披露的一种最重要形式，包括公司未来业绩和预期需求的前瞻性信息②，不仅能够向本公司投资者传递公司未来的财务信息③，还能向同行公司的投资者和管理层传递信息④。在近期关于企业自愿信息披露行为相关研究中，不论是国内学者还是国外学者，均使用管理层盈余预测作为企业自愿信息披露的替代指标⑤。因此，为与近期权威文献和相关领域研究保持一致，本书统一使用中国上市公司业绩预告衡量企业自愿信息披露水平。值得说明的是，与国外资本市场完全自愿性的业绩预告披露制度不同，我国监管部门对上市公司业绩预告采用半强制制度，除“净利润为负，净利润与上年同期相比上升或下降 50% 以上，扭亏为盈”的公司被要求必须披露业绩预告，其余情况的上市公司对于业绩预告的披露具有自由裁量权。因此，本书剔除上市公司强制性业

---

① ANILOWSKI C, FENG M, SKINNER D J. Does Earnings Guidance Affect Market Returns? The Nature and Information Content of Aggregate Earnings Guidance [J]. Journal of Accounting and Economics, 2007, 44 (1-2): 36-63.

② BEYER A, COHEN D A, LYS T Z, et al. The Financial Reporting Environment: Review of the Recent Literature [J]. Journal of Accounting and Economics, 2010, 50 (2-3): 296-343.

③ HEALY P M, PALEPU K G. Information Asymmetry, Corporate Disclosure, and the Capital Markets: A Review of the Empirical Disclosure Literature [J]. Journal of Accounting and Economics, 2001, 31 (1-3): 405-440.

④ PARK J, SANI J, SHROFF N, et al. Disclosure Incentives When Competing Firms Have Common Ownership [J]. Journal of Accounting and Economics, 2019, 67 (2-3): 387-415.

⑤ 王丹，孙鲲鹏，高皓. 社交媒体上“用嘴投票”对管理层自愿性业绩预告的影响 [J]. 金融研究，2020，485（11）：188-206.

绩预告，用企业自愿披露的业绩预告来衡量企业自愿信息披露水平①，然后按照证监会2012年公布的二级行业分类为标准计算同行平均自愿披露水平②。为确保企业作出自愿信息披露决策时能够观测到同行公司的自愿信息披露行为，本书对解释变量做滞后一期处理。

（三）控制变量

$Controls_{i,j,t-1}$是公司i的控制变量，控制那些通过影响企业自愿信息披露成本与收益，影响管理层自愿性信息披露水平的特质因素③。包括公司规模（*SIZE*）、资产负债率（*LEV*）、总资产收益率（*ROA*）、账面市值比（*BM*）、资本支出（*INVEST*）、产权性质（*SOE*）、分析师跟踪数量（*ANALYST*）、机构投资者持股比例（*IO*）、股权集中度（*TOP*1）。$Controls_{-i,j,t-1}$是同行企业的控制变量，用同行公司（排除公司i）财务指标的均值来衡量。同行企业的控制变量用来控制同行公司的语境效应④，也就是学习效应⑤，可以判断企业是否会根据同行公司的财务特征来调整自愿信息披露策略。

（四）调节变量

对于假设6-1，调节变量为外部信息需求（*EXINFO*），当公司机构投资者持股比例（*IO*）大于中位数时，意味着企业外部信息需求较大；否则，说明企业外部信息需求较小。

对于假设6-2，调节变量为行业竞争压力（*HHI*），当企业所处行业赫芬达尔指数（*HHI*）小于中位数，意味着行业竞争压力较大；反之，意味

---

① 杨道广，王佳妮，陈汉文．业绩预告："压力"抑或"治理"——来自企业创新的证据［J］．南开管理评论，2020，23（4）：107-119.

② 连玉君，彭镇，蔡菁，等．经济周期下资本结构同群效应研究［J］．会计研究，2020，397（11）：85-97.

③ AJINKYA B，BHOJRAJ S，SENGUPTA P. The Association between Outside Directors，Institutional Investors and the Properties of Management Earnings Forecasts［J］．Journal of Accounting Research，2005，43（3）：343-376.

④ SEO H. Peer Effects in Corporate Disclosure Decisions［J］．Journal of Accounting and Economics，2021，71（1）：101364.

⑤ 连玉君，彭镇，蔡菁，等．经济周期下资本结构同群效应研究［J］．会计研究，2020，397（11）：85-97.

着行业竞争压力较小。

对于假设 6-3，调节变量为经济政策不确定性指数（*CNEPU*）。具体而言，本书将 Huang 和 Luk① 编制的中国政策不确定性月度指数复合为季度指数（*CNEPU*），当 *CNEPU* 大于中位数时，意味着企业面临的经济政策不确定性较大；反之，意味着企业面临的经济政策不确定性较小。*CNEPU* 指数根据中国内地十大报纸内容编制而成，能够及时反映中国宏观经济状况、经济政策和金融市场的不确定性，在金融学和经济学领域受到广泛使用②。

模型（6-1）中，φ_t是季度固定效应，用来控制随时间变化的公司自愿信息披露趋势。δ_j是行业固定效应，控制可能影响公司自愿信息披露但不可观测的共同因素。$\varepsilon_{i,j,t}$为随机扰动项。在分组回归中，本书重点关注系数α_1，若在企业外部信息需求较高组中α_1显著大于 0，则假设 6-1 成立；若在行业竞争压力更高组中α_1显著大于 0，则假设 6-2 成立；若在经济政策不确定性更高组中α_1显著大于 0，则假设 6-3 成立。表 6-1 是变量说明。

$$VolDis_{i,j,t}=\alpha_0+\alpha_1 PVolDis_{-i,j,t-1}+\gamma\, Controls_{i,j,t-1}+\rho Controls_{-i,j,t-1}+\delta_j+\varphi_t+\varepsilon_{i,j,t} \tag{6-1}$$

表 6-1 变量说明

	变量符号	变量名称	变量定义
被解释变量	*VolDis*	企业自愿信息披露	若公司在 t 期自愿披露业绩预告为 1，否则为 0
解释变量	*PVolDis*	同行自愿信息披露	等于 t-1 期同行公司自愿披露业绩预告数量的均值

① HUANG Y, LUK P. Measuring Economic Policy Uncertainty in China [J]. China Economic Review, 2020, 59: 101367.

② 葛新宇，庄嘉莉，刘岩．贸易政策不确定性如何影响商业银行风险——对企业经营渠道的检验［J］. 中国工业经济，2021（8）：133-151.

续表

	变量符号	变量名称	变量定义
控制变量	*SIZE*	公司规模	等于 t-1 期公司总资产的自然对数
	LEV	资产负债率	等于 t-1 期公司总负债除以总资产
	ROA	总资产收益率	等于 t-1 期公司净利润除以总资产
	BM	账面市值比	等于 t-1 期公司总资产除以市值
	INVEST	资本支出	等于 t-1 期公司资本支出除以总资产
	SOE	产权性质	若 t-1 期公司为国有企业则取值为 1，否则为 0
	ANALYST	分析师跟踪数量	等于 t-1 期公司被研报跟踪数量加 1 后取自然对数
	IO	机构投资者持股比例	等于 t-1 期公司所有机构投资者持股比例之和
	*TOP*1	股权集中度	等于 t-1 期公司第一大股东持股比例
	PSIZE	同行公司规模	等于 t-1 期同行公司总资产自然对数的均值
	PLEV	同行公司资产负债率	等于 t-1 期同行公司总负债除以总资产的均值
	PROA	同行公司总资产收益率	等于 t-1 期同行公司净利润除以总资产的均值
	PBM	同行公司账面市值比	等于 t-1 期同行公司总资产除以市值的均值
	PINVEST	同行公司资本支出	等于 t-1 期同行公司资本支出除以总资产的均值
	PSOE	同行公司产权性质	等于 t-1 期同行公司中国有企业的比例
	PANALYST	同行公司分析师跟踪数量	等于 t-1 期同行公司被研报跟踪数量加 1 后取自然对数的均值

续表

	变量符号	变量名称	变量定义
控制变量	*PIO*	同行公司机构投资者持股	等于 t-1 期同行公司所有机构投资者持股比例之和的均值
	*PTOP*1	同行公司股权集中度	等于 t-1 期同行公司第一大股东持股比例的均值
调节变量	*EXINFO*	外部信息需求	根据机构投资者持股比例（*IO*）来判断，若 *IO* 大于样本中位数，意味着企业外部信息需求较大；反之，企业外部信息需求较小
	HHI	行业竞争压力	*HHI* 小于中位数意味着行业竞争压力较大，反之较小。其中，$HHI=\sum\left(\frac{Xi}{X}\right)^{2}$，*Xi* 为公司 i 的主营业务收入，*X* 为公司所处行业主营业务收入总和
	CNEPU	经济政策不确定性指数	*CNEPU* 大于中位数，意味着企业面临的经济政策不确定性较大；反之，意味着企业面临的经济政策不确定性较小

三、工具变量

Manski① 和 Angrist② 认为，在同行类问题的研究中存在反射问题（reflection problem），导致单纯回归同行自愿信息披露水平和公司自愿信息披露水平时具有很大内生性问题。因为两者可能受行业共同因素影响，导致 OLS 回归结果有偏。为了缓解这个问题，借鉴 Leary 和 Roberts③ 和 Seo④，使用同行企业股票异质收益率作为工具变量。原理是股价中包含公

① MANSKI C F. Identification of Endogenous Social Effects: The Reflection Problem [J]. The Review of Economic Studies, 1993, 60 (3): 531-542.

② ANGRIST J D. The Perils of Peer Effects [J]. Labour Economics, 2014, 30: 98-108.

③ LEARY M T, ROBERTS M R. Do Peer Firms Affect Corporate Financial Policy? [J]. The Journal of Finance, 2014, 69 (1): 139-178.

④ SEO H. Peer Effects in Corporate Disclosure Decisions [J]. Journal of Accounting and Economics, 2021, 71 (1): 101364.

司特质信息，股价波动能够影响管理层自愿披露的动机①。而经市场和行业调整后的同行股票特质收益率能够满足工具变量的使用条件，既与本书的解释变量（同行自愿信息披露）相关，又与本书的被解释变量（企业自愿信息披露）无关。

在计算工具变量时，考虑到 Fama 和 French② 的三因子模型可能并不完全适用于中国市场③，这会导致工具变量存在严重的衡量偏误问题④。因此借鉴连玉君等⑤的研究设计，在 Liu 等⑥的基础上，构造适合中国市场的四因子模型来计算工具变量。具体构造方法见模型（6-2）和模型（6-3）。其中：$R_{i,j,t}$表示 j 行业中公司 i 在第 t 月的股票收益率；$R_{-i,j,t}$表示 j 行业排除公司 i 后在第 t 月的股票收益率，$R_{m,t}$表示第 t 月的市场收益率；Rf_t表示第 t 月的无风险收益率；SMB_t表示中国的 Size 因子，VMG_t表示中国的 Value 因子，PMO_t表示中国的情绪因子，具体因子的定义方式参见 Liu 等⑦。使用每年年初的前 60 个月的数据对模型（6-2）进行回归，得到回归系数$\alpha_{i,j,t}$、$\beta_{i,j,t}^{IND}$、$\beta_{i,j,t}^{M}$、$\beta_{i,j,t}^{SMB}$、$\beta_{i,j,t}^{VMG}$，以及$\beta_{i,j,t}^{PMO}$的估计值。在年度内的每个月，使用相同的回归系数，用模型（6-2）和模型（6-3）计算每只股票月度股票特质收益率$R_{idiosyncratic}$，随后将月度特质股票收益率复合，得到该公司季度股票异质收益率。最后，用同行企业季度股票异质收益率的均值作为同行自愿信息披露的工具变量。

---

① SLETTEN E. The Effect of Stock Price on Discretionary Disclosure [J]. Review of Accounting Studies, 2012, 17 (1): 96-133.

② FAMA E F, FRENCH K R. Common Risk Factors in the Returns on Stocks and Bonds [J]. Journal of Financial Economics, 1993, 33 (1): 3-56.

③ LIU J, STAMBAUGH R F, YUAN Y. Size and Value in China [J]. Journal of Financial Economics, 2019, 134 (1): 48-69.

④ 连玉君，彭镇，蔡菁，等．经济周期下资本结构同群效应研究［J］. 会计研究，2020, 397 (11): 85-97.

⑤ 连玉君，彭镇，蔡菁，等．经济周期下资本结构同群效应研究［J］. 会计研究，2020, 397 (11): 85-97.

⑥ LIU J, STAMBAUGH R F, YUAN Y. Size and Value in China [J]. Journal of Financial Economics, 2019, 134 (1): 48-69.

⑦ LIU J, STAMBAUGH R F, YUAN Y. Size and Value in China [J]. Journal of Financial Economics, 2019, 134 (1): 48-69.

$$R_{i,j,t}=\alpha_{i,j,t}+\beta_{i,j,t}^{IND}(R_{-i,j,t}-Rf_t)+\beta_{i,j,t}^{M}(R_{m,t}-Rf_t)+\beta_{i,j,t}^{SMB}SMB_t+\beta_{i,j,t}^{VMG}VMG_t+\beta_{i,j,t}^{PMO}PMO_t+\eta_{i,j,t} \tag{6-2}$$

$$R_{idiosyncratic}=R_{i,j,t}-\widehat{R}_{i,j,t} \tag{6-3}$$

第四节 实证结果

一、描述性统计

表6-2是描述性统计结果。*VolDis* 的均值为0.369，说明样本中有36.9%的上市公司自愿披露业绩预告。*PVolDis* 的均值为0.074，说明同行企业中自愿披露业绩预告的比例占7.4%。*IV* 的均值为-0.002，标准差为0.039，中位数为-0.004，与Seo① 相差不大，说明本书采用适合中国市场的四因子模型来计算的工具变量是有效的。机构投资者持股比例（*IO*）平均为49.48%。行业赫芬达尔指数（*HHI*）均值为0.123，中位数为0.085，说明数据整体有偏，表示存在一部分垄断水平较高的行业。中国经济政策不确定性指数（*CNEPU*）均值为139.100，标准差为20.360，说明中国经济政策不确定性较高，波动较大。控制变量分布与现有研究差异不大，此处不再赘述。

表6-2 描述性统计

Variable	N	Mean	SD	Min	p50
VolDis	37885	0.369	0.482	0.000	0.000
PVolDis	37885	0.074	0.036	0.000	0.075
IV	37885	-0.002	0.039	-0.943	-0.004
SIZE	37885	22.680	1.261	19.870	22.520
LEV	37885	0.466	0.193	0.060	0.470

① SEO H. Peer Effects in Corporate Disclosure Decisions [J]. Journal of Accounting and Economics, 2021, 71 (1): 101364.

续表

Variable	N	Mean	SD	Min	p50
ROA	37885	0.044	0.043	-0.129	0.036
BM	37885	0.639	0.251	0.133	0.637
INVEST	37885	0.048	0.047	0.000	0.034
SOE	37885	0.517	0.500	0.000	1.000
ANALYST	37885	2.008	1.461	0.000	2.079
IO	37885	49.480	21.270	0.000	51.300
*TOP*1	37885	35.230	14.910	9.083	33.520
PSIZE	37885	22.410	0.625	20.990	22.250
PLEV	37885	0.445	0.096	0.266	0.427
PROA	37885	0.043	0.018	-0.013	0.043
PBM	37885	0.619	0.148	0.315	0.614
PINVEST	37885	0.054	0.022	0.009	0.054
PSOE	37885	0.425	0.205	0.000	0.385
PANALYST	37885	1.900	0.399	0.677	1.896
PIO	37885	47.950	8.485	16.490	46.670
*PTOP*1	37885	36.180	4.767	21.380	35.360
HHI	37477	0.123	0.117	0.017	0.085
CNEPU	37885	139.100	20.360	105.200	135.300

二、回归结果

表6-3是用模型（6-1）检验假设6-1的工具变量回归结果。列（1）显示，在企业外部信息需求较低组，*PVolDis* 的系数显著为负；列（2）显示，在企业外部信息需求较高组，*PVolDis* 的系数显著为正。说明当企业外部信息需求较低时，同行自愿信息披露不会促使企业披露更多自愿信息，甚至会抑制企业的自愿信息披露；而当企业外部信息需求较高时，同行自愿信息披露会促使企业披露更多自愿信息。这说明，当公司机构投资者持股比例较少时，对企业的监督能力下降，会促使企业的“搭便车”行为，

表现为企业自愿信息披露与同行自愿信息披露之间互为替代关系①。当公司机构投资者持股比例较多时，对企业的监督能力提高，不仅会抑制企业“搭便车”行为，还会增加对企业的信息需求，促使企业增加自愿信息披露。例如，当同行公司披露更多与企业战略、经营业绩相关的信息时，机构投资者为了优化资产组合，会迫切需要持股公司披露更多特质信息，而管理层自愿性业绩预告则是提供信息的一种最直接方式。综上，表6-3实证结果支持了假设6-1，即市场信息需求是公司自愿信息披露存在同行效应的外部动因。

表6-3 外部信息需求

	(1)	(2)
	外部信息需求低	外部信息需求高
变量名	*VolDis*	*VolDis*
PVolDis	-0.395**	0.487***
	(-2.10)	(3.42)
SIZE	-0.159***	-0.109
	(-3.63)	(-0.91)
LEV	0.065	0.075
	(0.74)	(0.46)
ROA	0.996***	-0.674***
	(3.26)	(-2.65)
BM	0.416***	0.115
	(6.06)	(0.64)
INVEST	0.490	1.039**
	(1.22)	(2.57)
SOE	-0.360***	-0.200

① BAGINSKI S P, HINSON L A. Cost of Capital Free-Riders [J]. The Accounting Review, 2016, 91 (5): 1291-1313.

续表

	(1)	(2)
	外部信息需求低	外部信息需求高
	(−2.99)	(−0.95)
ANALYST	0.119**	0.038
	(2.14)	(0.83)
IO	−0.009***	0.002
	(−2.72)	(1.39)
*TOP*1	0.007**	−0.000
	(2.47)	(−0.09)
PSIZE	−0.074	0.227**
	(−0.42)	(2.36)
PLEV	1.059*	−1.739***
	(1.86)	(−2.67)
PROA	2.601**	−8.331*
	(2.18)	(−1.89)
PBM	−0.836***	−0.029
	(−2.91)	(−0.09)
PINVEST	−3.187***	1.507
	(−2.67)	(1.49)
PSOE	−1.320*	1.496**
	(−1.72)	(2.08)
PANALYST	0.079	−0.073
	(0.66)	(−1.06)
PIO	−0.037***	0.014**
	(−2.77)	(2.23)
*PTOP*1	0.043***	0.000
	(2.64)	(0.00)

续表

	(1)	(2)
	外部信息需求低	外部信息需求高
常数项	5.698	-3.864
	(1.42)	(-1.28)
第一阶段回归	0.008**	0.006*
	(2.22)	(1.69)
行业	控制	控制
季度	控制	控制
N	17669	20216
R^2	0.754	0.690

注：①***、**和*分别表示在1%、5%和10%水平下显著。本书对标准误在公司层面进行了聚类处理。②为避免解释变量系数过大，对 *PVolDis* 和 *IV* 变量乘100处理。

表6-4是用模型（6-1）检验假设6-2的工具变量回归结果。列（1）显示，在行业竞争压力较小公司组，*PVolDis* 的系数显著为负；列（2）显示，在行业竞争压力较大的公司组，*PVolDis* 的系数显著为正。说明当公司所处行业产品市场竞争较小时，企业披露信息的专有成本更高，因此会减少自愿信息披露①。而当公司所处行业产品市场竞争更大时，企业追求差异化经营战略的风险更高，同质化经营反而更能降低企业运营风险，因此企业自愿信息披露的同行效应更显著。综上，表6-4实证结果支持了假设6-2，即行业竞争压力是公司自愿信息披露存在同行效应的外部动因。

① ALI A, KLASA S, YEUNG E. Industry Concentration and Corporate Disclosure Policy [J]. Journal of Accounting and Economics, 2014, 58 (2-3): 240-264.

表 6-4 行业竞争压力

	(1)	(2)
	行业竞争压力小	行业竞争压力大
	VolDis	*VolDis*
PVolDis	-0.464***	0.684***
	(-12.06)	(2.84)
SIZE	-0.026	-0.158***
	(-0.16)	(-2.89)
LEV	0.087	-0.022
	(1.14)	(-0.33)
ROA	0.570*	0.250
	(1.75)	(0.79)
BM	0.127	0.395***
	(0.62)	(3.55)
INVEST	-0.640	1.504***
	(-1.53)	(5.00)
SOE	-0.020	-0.309***
	(-0.05)	(-2.62)
ANALYST	0.018	0.081***
	(0.14)	(2.63)
IO	-0.001	-0.006***
	(-0.47)	(-2.85)
*TOP*1	0.001	0.005***
	(0.41)	(2.84)
PSIZE	-0.120	0.829**
	(-1.00)	(2.58)
PLEV	0.997**	-2.952*
	(2.19)	(-1.92)

续表

	(1)	(2)
	行业竞争压力小	行业竞争压力大
	VolDis	*VolDis*
PROA	9.821***	-3.691**
	(3.55)	(-2.20)
PBM	0.291	-1.818*
	(0.75)	(-1.78)
PINVEST	1.717**	11.122**
	(2.28)	(2.15)
PSOE	-1.095***	2.790***
	(-5.77)	(2.62)
PANALYST	-0.046	-0.548***
	(-0.72)	(-3.00)
PIO	-0.017***	0.042**
	(-4.14)	(2.43)
*PTOP*1	0.012*	-0.065**
	(1.76)	(-2.29)
常数项	3.364**	-17.827**
	(2.12)	(-2.20)
第一阶段回归	0.005**	0.022***
	(2.44)	(5.51)
行业	控制	控制
季度	控制	控制
N	18610	19235
R^2	0.717	0.893

注：①***、**和*分别表示在1%、5%和10%水平下显著。本书对标准误在公司层面进行了聚类处理。②为避免解释变量系数过大，对 *PVolDis* 和 *IV* 变量乘100处理。

表6-5是用模型（6-1）检验假设6-3的工具变量回归结果，列（1）显示，当经济政策不确定性较低时，*PVolDis*的系数为-0.324，但不显著；列（2）显示，当经济政策不确定性较高时，*PVolDis*的系数为0.585，在1%水平下显著为正。这说明经济政策不确定性会加剧企业自愿信息披露的同行效应。一方面，这与管理层的不确定性有关，当宏观经济状况更不稳定时，企业经营环境不确定性较高，管理层无法对企业未来业绩作出精准判断，此时模仿其他企业的自愿信息披露行为将是一种有限理性的选择。另一方面，经济政策不确定性和同行自愿信息披露会增加公司不披露的股价波动性。因此，管理层为了降低公司股价波动性会模仿同行自愿信息披露。综上，表6-5实证结果支持了假设6-3，即经济政策不确定性是公司自愿信息披露存在同行效应的外部动因。

表6-5 经济政策不确定性

	(1)	(2)
	经济政策不确定性低	经济政策不确定性高
变量名	*VolDis*	*VolDis*
PVolDis	-0.324	0.585***
	(-1.40)	(5.34)
SIZE	-0.198***	-0.050
	(-3.12)	(-0.36)
LEV	0.047	0.021
	(0.62)	(0.31)
ROA	0.738**	-0.163
	(2.52)	(-0.64)
BM	0.331**	0.049
	(2.57)	(0.19)
INVEST	0.517	0.721
	(0.84)	(1.19)
SOE	-0.432***	-0.073

续表

	(1)	(2)
	经济政策不确定性低	经济政策不确定性高
	(-3.05)	(-0.22)
ANALYST	0.122***	0.023
	(3.27)	(0.22)
IO	-0.007***	-0.000
	(-3.99)	(-0.01)
*TOP*1	0.006***	-0.000
	(3.43)	(-0.06)
PSIZE	-0.046	0.329***
	(-0.38)	(3.71)
PLEV	0.471	-1.331
	(0.80)	(-1.40)
PROA	6.295**	-6.886
	(2.02)	(-1.62)
PINVEST	-1.501	0.927
	(-1.08)	(0.54)
PSOE	-1.127	2.151***
	(-1.60)	(4.04)
PANALYST	0.050	-0.204***
	(0.71)	(-3.35)
PIO	-0.022	0.032***
	(-1.53)	(4.06)
*PTOP*1	0.034**	-0.023*
	(2.54)	(-1.73)
常数项	5.899**	-7.633***
	(2.24)	(-3.94)

续表

	(1)	(2)
	经济政策不确定性低	经济政策不确定性高
第一阶段回归	0.008**	0.008***
	(2.36)	(2.67)
行业	控制	控制
季度	控制	控制
N	18655	19230
R^2	0.793	0.770

注：①***、**和*分别表示在1%、5%和10%水平下显著。本书对标准误在公司层面进行了聚类处理。②为避免解释变量系数过大，对 *PVolDis* 和 *IV* 变量乘 100 处理。

第五节　稳健性检验

下面，分别采用更换工具变量计算方法、更换模型估计方法、剔除样本、更换解释变量的方法对假设 6-1、假设 6-2、假设 6-3 进行稳健性检验。

一、更换工具变量

采用 Carhart① 的四因子模型重新构造工具变量。表 6-6 列（1）和列（2）是假设 6-1 的回归结果，在企业外部信息需求较低组，*PVolDis* 的系数不显著，与表 6-3 第（1）列略有不同；在企业外部信息需求较高组，*PVolDis* 的系数显著为正，与主检验结果一致。列（3）和列（4）是假设 6-2 的回归结果，在行业竞争压力较小组，*PVolDis* 的系数不显著，与表 6-4 第（1）列略有不同，在行业竞争压力较大组，*PVolDis* 的系数显著为

① CARHART M M. On Persistence in Mutual Fund Performance [J]. The Journal of Finance, 1997, 52 (1): 57-82.

正，与主检验结果一致。列（5）和列（6）是假设6-3的回归结果，在经济政策不确定性较低组，*PVolDis* 的系数为负，但不显著；在经济政策不确定性较高组，*PVolDis* 的系数显著为正。综上，更换工具变量估计方法后，实证结果依然稳健，即当企业外部信息需求更高或行业竞争压力更大或经济政策不确定性更高时，企业自愿信息披露的同行效应更显著。

表6-6 稳健性检验：更换工具变量

	(1)	(2)	(3)	(4)	(5)	(6)
	外部信息需求低	外部信息需求高	行业竞争压力小	行业竞争压力大	经济政策不确定性低	经济政策不确定性高
变量名	*VolDis*	*VolDis*	*VolDis*	*VolDis*	*VolDis*	*VolDis*
PVolDis	0.452	0.514***	0.328	0.585***	-0.331	0.446**
	(1.16)	(4.99)	(1.44)	(3.40)	(-0.93)	(2.01)
SIZE	-0.136	-0.081	-0.142	-0.175***	-0.198**	-0.127*
	(-1.34)	(-0.65)	(-1.33)	(-5.46)	(-2.03)	(-1.76)
LEV	-0.091	0.040	-0.020	-0.015	0.039	0.025
	(-1.33)	(0.25)	(-0.21)	(-0.22)	(0.47)	(0.39)
ROA	0.367	-0.647***	-0.711**	0.384	0.714**	-0.260
	(0.60)	(-2.60)	(-2.41)	(1.30)	(2.34)	(-0.95)
BM	0.225	0.080	0.130	0.431***	0.347*	0.209
	(1.13)	(0.41)	(0.66)	(5.22)	(1.89)	(1.26)
INVEST	0.960***	0.956**	0.730***	1.588***	0.487	0.933***
	(3.81)	(2.10)	(2.86)	(6.73)	(0.53)	(3.89)
SOE	-0.305	-0.151	-0.368	-0.350***	-0.426*	-0.261
	(-1.18)	(-0.70)	(-1.60)	(-5.19)	(-1.92)	(-1.44)
ANALYST	0.126	0.027	0.108	0.091***	0.123**	0.080
	(1.19)	(0.58)	(1.36)	(5.00)	(2.15)	(1.44)

续表

	(1) 外部信息需求低	(2) 外部信息需求高	(3) 行业竞争压力小	(4) 行业竞争压力大	(5) 经济政策不确定性低	(6) 经济政策不确定性高
IO	-0.008	0.002	-0.002	-0.007***	-0.007***	-0.003
	(-1.00)	(1.09)	(-0.74)	(-5.46)	(-2.64)	(-0.95)
*TOP*1	0.007	-0.000	0.002	0.006***	0.007**	0.002
	(1.13)	(-0.32)	(0.86)	(4.79)	(2.37)	(0.83)
PSIZE	0.431***	0.212**	0.239***	0.658***	0.122	0.331***
	(4.35)	(2.36)	(2.59)	(3.14)	(0.87)	(3.27)
PLEV	-0.569	-1.657***	-0.646	-2.219**	0.173	-0.716
	(-0.62)	(-3.07)	(-0.92)	(-1.99)	(0.30)	(-0.80)
PROA	-2.499	-9.206***	-3.987	-3.325**	5.883	-3.839
	(-0.86)	(-2.60)	(-0.59)	(-2.27)	(1.32)	(-0.91)
PBM	0.019	-0.029	-0.410*	0.094	-0.973***	-0.178
	(0.02)	(-0.09)	(-1.89)	(0.23)	(-3.41)	(-0.57)
PINVEST	1.225	1.498	-1.187	8.927**	-1.620	0.125
	(0.48)	(1.50)	(-0.99)	(2.39)	(-0.94)	(0.08)
PSOE	1.621	1.637***	0.600	2.502***	-1.041	1.573*
	(1.25)	(2.87)	(1.00)	(2.92)	(-1.05)	(1.75)
PANALYST	-0.258***	-0.077	-0.049	-0.461***	0.046	-0.199***
	(-3.35)	(-1.26)	(-0.67)	(-3.33)	(0.50)	(-3.40)
PIO	0.030	0.017***	0.013	0.035**	-0.027	0.024*
	(0.78)	(2.73)	(1.27)	(2.50)	(-1.18)	(1.77)
*PTOP*1	-0.035	-0.003	-0.000	-0.058**	0.042**	-0.013
	(-0.74)	(-0.19)	(-0.04)	(-2.44)	(2.10)	(-0.86)

续表

	(1)	(2)	(3)	(4)	(5)	(6)
	外部信息需求低	外部信息需求高	行业竞争压力小	行业竞争压力大	经济政策不确定性低	经济政策不确定性高
常数项	-8.366***	-4.049*	-3.439	-13.713***	2.888	-6.482**
	(-2.76)	(-1.74)	(-1.49)	(-2.66)	(0.88)	(-2.35)
第一阶段回归	0.009***	0.010**	0.009**	0.01***	0.008*	0.009**
	(2.60)	(2.45)	(2.49)	(4.89)	(1.76)	(2.55)
行业	控制	控制	控制	控制	控制	控制
季度	控制	控制	控制	控制	控制	控制
N	17472	19997	18327	19114	18646	18831
R^2	0.755	0.755	0.719	0.719	0.794	0.770

注：①***、**和*分别表示在1%、5%和10%水平下显著。本书对标准误在公司层面进行了聚类处理。②为避免解释变量系数过大，对 *PVolDis* 和 *IV* 变量乘 100 处理。

二、更换模型估计方法

在主检验中，本书采用工具变量 2SLS 进行回归分析。下面，采用 logit 模型对假设 6-1、假设 6-2 和假设 6-3 进行稳健性检验。表 6-7 列（1）和列（2）是假设 6-1 的回归结果，在企业外部信息需求较低组，*PVolDis* 的系数不显著，与表 6-3 第（1）列略有不同；在企业外部信息需求较高组，*PVolDis* 的系数显著为正，与主检验结果一致。列（3）和列（4）是假设 6-2 的回归结果，在行业竞争压力较小组，*PVolDis* 的系数不显著，与表 6-4 第（1）列略有不同，在行业竞争压力较大组，*PVolDis* 的系数显著为正，与主检验结果一致。列（5）和列（6）是假设 6-3 的回归结果，在经济政策不确定性较低组，*PVolDis* 的系数为负，但不显著；在经济政策不确定性较高组，*PVolDis* 的系数显著为正。综上，使用 logit 模型后，研究结论没有发生实质改变，假设 6-1、假设 6-2 和假设 6-3 依然得到实证支持。

表 6-7 稳健性检验：OLS 回归

	(1)	(2)	(3)	(4)	(5)	(6)
	外部信息需求低	外部信息需求高	行业竞争压力小	行业竞争压力大	经济政策不确定性低	经济政策不确定性高
变量名	*VolDis*	*VolDis*	*VolDis*	*VolDis*	*VolDis*	*VolDis*
PVolDis	-0.002	0.039***	0.013	0.027**	-0.011	0.032***
	(-0.13)	(5.05)	(1.10)	(2.26)	(-1.01)	(3.62)
SIZE	-0.297***	-0.392***	-0.352***	-0.351***	-0.399***	-0.281***
	(-8.68)	(-15.53)	(-5.78)	(-12.37)	(-7.42)	(-10.08)
LEV	-0.101	0.502***	0.206	0.066	0.001	0.144
	(-0.76)	(3.97)	(0.73)	(0.53)	(0.01)	(1.12)
ROA	1.347***	-0.621	-0.221	0.794	0.764	-0.433
	(2.60)	(-1.17)	(-0.23)	(1.60)	(0.90)	(-0.83)
BM	0.443***	0.547***	0.447*	0.658***	0.673***	0.396***
	(3.26)	(4.91)	(1.79)	(5.56)	(3.12)	(3.32)
INVEST	1.391***	1.759***	0.633	2.686***	1.851***	1.588***
	(3.32)	(4.78)	(0.87)	(6.75)	(2.80)	(4.05)
SOE	-0.743***	-0.691***	-0.862***	-0.747***	-0.869***	-0.685***
	(-15.88)	(-18.46)	(-8.39)	(-19.74)	(-10.32)	(-16.73)
ANALYST	0.292***	0.136***	0.253***	0.185***	0.242***	0.193***
	(16.89)	(8.40)	(7.44)	(11.51)	(8.44)	(11.48)
IO	-0.020***	0.005***	-0.006**	-0.015***	-0.013***	-0.010***
	(-14.24)	(2.70)	(-2.16)	(-13.84)	(-5.91)	(-9.06)
TOP1	0.016***	0.002	0.005	0.013***	0.012***	0.008***
	(8.86)	(1.39)	(1.53)	(8.69)	(4.19)	(5.17)
PSIZE	0.295*	0.084	0.070	-0.085	0.097	0.019

续表

	(1)	(2)	(3)	(4)	(5)	(6)
	外部信息需求低	外部信息需求高	行业竞争压力小	行业竞争压力大	经济政策不确定性低	经济政策不确定性高
	(1.90)	(0.75)	(0.35)	(−0.55)	(0.57)	(0.17)
PLEV	0.745	2.645***	0.452	2.267***	0.044	2.110***
	(0.80)	(4.16)	(0.39)	(3.04)	(0.04)	(3.25)
PROA	1.380	2.960**	6.858***	−3.702**	2.939	2.019
	(0.72)	(2.01)	(3.25)	(−2.05)	(1.64)	(1.19)
PINVEST	−1.854	3.768***	0.185	1.267	−0.497	2.592*
	(−0.93)	(2.84)	(0.10)	(0.62)	(−0.27)	(1.82)
PSOE	0.403	0.318	−0.112	1.223***	−0.300	0.297
	(0.94)	(1.53)	(−0.26)	(4.11)	(−0.63)	(1.40)
PANALYST	−0.203**	−0.037	−0.064	0.095	−0.014	−0.159**
	(−2.09)	(−0.46)	(−0.59)	(0.94)	(−0.13)	(−2.03)
PIO	−0.016*	−0.044***	−0.005	−0.030***	−0.004	−0.027***
	(−1.73)	(−7.48)	(−0.50)	(−4.05)	(−0.40)	(−4.69)
*PTOP*1	0.018	0.022***	0.010	0.037***	0.024*	0.023***
	(1.38)	(2.83)	(0.77)	(3.27)	(1.65)	(2.88)
常数项	−2.958	3.473*	3.149	4.985	4.383	2.504
	(−0.98)	(1.66)	(0.80)	(1.60)	(1.32)	(1.20)
行业	控制	控制	控制	控制	控制	控制
季度	控制	控制	控制	控制	控制	控制
N	17661	20216	18629	19247	18655	19230
pseudoR^2	0.224	0.131	0.176	0.169	0.165	0.168

注：***、**和*分别表示在1%、5%和10%水平下显著。本书对标准误在公司层面进行了聚类处理。

三、剔除样本

剔除那些与上市公司处于同一地区的样本公司后，重新将同行自愿信息披露水平进行回归。有研究表明，地理位置相邻的公司之间会发生知识溢出效应，影响企业的行为①。根据 Matsumoto 等②的最新研究，同地区公司的管理层盈余预测水平会影响目标公司未来的盈余预测披露意愿。因此，为排除同地区上市公司自愿信息披露对公司的影响，本书剔除与公司 i 的注册地位于同一省份的上市公司后，重新将同行自愿披露水平进行回归。表 6-8 是剔除样本后的实证结果。具体而言，列（1）和列（2）是假设 6-1 的回归结果，在企业外部信息需求较低组中，*PVolDis* 的系数显著为负；在企业外部信息需求较高组中，*PVolDis* 的系数显著为正，与主检验结果一致。列（3）和列（4）是假设 6-2 的回归结果，在行业竞争压力较小组中，*PVolDis* 的系数不显著；在行业竞争压力较大组中，*PVolDis* 的系数显著为正，与主检验结果一致。列（5）和列（6）是假设 6-3 的回归结果，在经济政策不确定性较小组中，*PVolDis* 的系数为负，但不显著；在经济政策不确定性较大组中，*PVolDis* 的系数显著为正。综上，表 6-8 结果表明，在剔除同行地区对公司自愿信息披露的影响后，企业自愿信息披露同行效应的外部动因依然得到实证支持。

表 6-8　稳健性检验：剔除同地区公司

	（1）	（2）	（3）	（4）	（5）	（6）
	外部信息需求低	外部信息需求高	行业竞争压力小	行业竞争压力大	经济政策不确定性低	经济政策不确定性高
变量名	*VolDis*	*VolDis*	*VolDis*	*VolDis*	*VolDis*	*VolDis*

① GREEBSTONE M, HORNBECK R, MORETTI E. Identifying Agglomeration Spillovers: Evidence from Winners and Losers of Large Plant Openings [J]. Journal of Political Economy, 2010, 118 (3): 536-598.

② MATSUMOTO D A, SERFLING M, SHAIKH S. Geographic Peer Effects in Management Earnings Forecasts [J]. Contemporary Accounting Research, 2022, 39 (3): 2023-2057.

续表

	(1)	(2)	(3)	(4)	(5)	(6)
	外部信息需求低	外部信息需求高	行业竞争压力小	行业竞争压力大	经济政策不确定性低	经济政策不确定性高
PVolDis	-0.502***	0.417**	0.233	0.647***	-1.547	0.534***
	(-3.46)	(2.52)	(1.51)	(3.46)	(-0.61)	(3.37)
SIZE	-0.103	-0.122	-0.148*	-0.110	-0.279***	-0.046
	(-0.99)	(-1.13)	(-1.89)	(-1.51)	(-3.39)	(-0.28)
LEV	0.057	0.143	-0.067	0.015	0.812	0.024
	(0.75)	(1.03)	(-0.30)	(0.25)	(0.68)	(0.34)
ROA	0.373	-0.620**	-0.870	0.507*	4.692	0.029
	(0.59)	(-2.38)	(-1.51)	(1.86)	(0.69)	(0.10)
BM	0.276*	0.121	0.092	0.269*	1.311	0.065
	(1.82)	(0.69)	(0.43)	(1.75)	(0.87)	(0.22)
INVEST	-0.014	1.220***	0.814***	1.778***	-1.403	0.932
	(-0.02)	(4.45)	(3.89)	(6.48)	(-0.33)	(1.60)
SOE	-0.139	-0.358***	-0.425***	-0.343***	-0.210	-0.207
	(-0.48)	(-2.67)	(-3.09)	(-2.92)	(-0.42)	(-0.59)
ANALYST	0.043	0.052	0.129***	0.073**	0.023	0.043
	(0.37)	(1.36)	(3.26)	(2.06)	(0.12)	(0.38)
IO	-0.004	0.002	-0.003	-0.007***	-0.007**	-0.002
	(-0.56)	(1.29)	(-1.45)	(-3.23)	(-1.98)	(-0.34)
*TOP*1	0.003	0.001	0.004***	0.005***	0.001	0.002
	(0.48)	(1.08)	(4.93)	(2.62)	(0.09)	(0.41)
PSIZE	-0.198	0.177*	-0.363	0.682***	2.593	0.286***
	(-0.95)	(1.82)	(-1.26)	(3.00)	(0.60)	(3.47)
PLEV	0.577	-1.203*	0.485	-1.336	8.761	-0.969
	(1.02)	(-1.91)	(0.36)	(-1.43)	(0.77)	(-0.89)

续表

	(1)	(2)	(3)	(4)	(5)	(6)
	外部信息需求低	外部信息需求高	行业竞争压力小	行业竞争压力大	经济政策不确定性低	经济政策不确定性高
PROA	3.714***	-5.639	-2.034	-3.128**	27.364	-7.053
	(3.51)	(-1.32)	(-0.42)	(-2.27)	(0.62)	(-1.27)
PINVEST	-1.686	1.854*	-1.747	9.403**	20.296	0.707
	(-1.28)	(1.70)	(-0.56)	(2.36)	(0.67)	(0.35)
PSOE	-1.608**	1.005	0.727	2.511***	-5.710	1.834***
	(-2.50)	(1.48)	(1.14)	(3.12)	(-0.59)	(3.02)
PANALYST	0.109	-0.078	0.024	-0.419***	-0.722	-0.152**
	(0.88)	(-1.03)	(0.18)	(-3.67)	(-0.60)	(-2.37)
PIO	-0.030***	0.010	0.010	0.023**	-0.181	0.020**
	(-5.23)	(1.59)	(0.46)	(2.35)	(-0.71)	(2.46)
*PTOP*1	0.037***	0.007	0.008	-0.050**	0.041	-0.012
	(4.73)	(0.64)	(0.91)	(-2.47)	(1.22)	(-0.84)
常数项	7.139**	-2.388	8.235*	-14.358**	-36.404	-6.170***
	(2.06)	(-0.82)	(1.87)	(-2.44)	(-0.55)	(-2.78)
第一阶段回归	0.006*	0.005*	0.008**	0.008*	0.005*	0.006*
	(1.65)	(1.66)	(2.07)	(1.68)	(1.80)	(1.71)
行业	控制	控制	控制	控制	控制	控制
季度	控制	控制	控制	控制	控制	控制
N	17669	20216	18630	19235	18655	19230
R^2	0.682	0.622	0.500	0.723	0.588	0.692

注：①***、**和*分别表示在1%、5%和10%水平下显著。本书对标准误在公司层面进行了聚类处理。②为避免解释变量系数过大，对 *PVolDis* 和 *IV* 变量乘 100 处理。③解释变量 *PVolDis* 为剔除同地区上市公司后重新计算所得。

四、更换解释变量

考虑到召开电话会议逐渐成为上市公司自愿信息披露的重要形式①，学者针对上市公司召开电话会议的经济后果展开研究，发现中国企业召开的电话会议包含更多软信息，具有一定的信息披露效应，能够影响公司股价崩盘风险、股价同步性等。为此，借鉴曹廷求和张光利②，使用上市公司季度内召开电话会议的次数（*Call*）作为企业自愿信息披露水平替代变量，使用同行企业季度召开电话会议的均值（*PCall*）作为同行自愿信息披露水平的替代变量。电话会议数据来自 WIND 数据库。

表 6-9 是更换解释变量后的实证结果。具体而言，列（1）和列（2）显示，在企业外部信息需求较低组，*PVolDis* 的系数为负但不显著；在企业外部信息需求较高组，*PVolDis* 的系数显著为正，与主检验结果一致。列（3）和列（4）是假设 6-2 的回归结果，在行业竞争压力较低组，*PVolDis* 的系数不显著；在行业竞争压力较大组，*PVolDis* 的系数显著为正，与主检验结果一致。列（5）和列（6）是假设 6-3 的回归结果，在经济政策不确定性较低组，*PVolDis* 的系数为负，但不显著；在经济政策不确定性较高组，*PVolDis* 的系数显著为正。综上，更换企业自愿信息披露的衡量方式后，企业自愿信息披露存在同行效应的外部动因依然得到实证支持。

表 6-9　稳健性检验：更换解释变量

	（1）	（2）	（3）	（4）	（5）	（6）
	外部信息需求低	外部信息需求高	行业竞争压力小	行业竞争压力大	经济政策不确定性低	经济政策不确定性高
变量名	*Call*	*Call*	*Call*	*Call*	*Call*	*Call*
PCall	−0. 272	0. 465***	0. 308	0. 225**	−0. 034	0. 395***

① 曹廷求，张光利．自愿性信息披露与股价崩盘风险：基于电话会议的研究［J］．经济研究，2020，55（11）：191-207.

② 曹廷求，张光利．自愿性信息披露与股价崩盘风险：基于电话会议的研究［J］．经济研究，2020，55（11）：191-207.

续表

	(1)	(2)	(3)	(4)	(5)	(6)
	外部信息需求低	外部信息需求高	行业竞争压力小	行业竞争压力大	经济政策不确定性低	经济政策不确定性高
	(−1.50)	(9.66)	(1.44)	(1.96)	(−0.19)	(6.08)
SIZE	0.136**	0.032	0.022	0.184***	0.127***	0.053
	(1.96)	(0.36)	(0.66)	(4.31)	(2.96)	(1.09)
LEV	−0.097	−0.338	0.088	−0.261	0.087	−0.187*
	(−0.39)	(−1.17)	(0.41)	(−1.35)	(0.35)	(−1.82)
ROA	−0.108	0.441	1.203	0.984	0.673	0.969
	(−0.12)	(0.27)	(1.08)	(1.03)	(0.61)	(1.48)
BM	0.196	0.230	0.169	−0.142	−0.227	0.228**
	(0.93)	(0.90)	(0.85)	(−0.70)	(−0.99)	(2.20)
INVEST	1.646*	0.882	2.152**	2.068***	2.057***	1.345
	(1.90)	(0.31)	(2.19)	(3.79)	(3.57)	(1.21)
SOE	0.068	−0.016	−0.100	0.034	0.016	−0.065
	(0.91)	(−0.12)	(−1.58)	(0.59)	(0.23)	(−1.28)
ANALYST	0.227***	0.008	0.242	0.155***	0.264***	0.070
	(3.26)	(0.04)	(1.45)	(4.75)	(8.09)	(0.76)
IO	−0.003	0.002	0.003	−0.003	−0.004*	0.002
	(−1.14)	(0.35)	(1.35)	(−1.60)	(−1.82)	(1.64)
*TOP*1	0.005	−0.002	−0.006	−0.000	−0.002	−0.002
	(1.43)	(−0.17)	(−1.52)	(−0.10)	(−0.66)	(−0.68)
PSIZE	−0.222	0.723	−0.088	0.353	−0.104	0.385**
	(−0.75)	(0.92)	(−0.38)	(0.93)	(−0.24)	(2.17)
PLEV	4.265	−5.186	2.554*	−6.781*	3.627	−3.119***
	(1.18)	(−1.36)	(1.93)	(−1.78)	(0.98)	(−3.85)
PROA	−1.346	3.460***	10.006*	−2.212	2.392	4.593**

续表

	(1)	(2)	(3)	(4)	(5)	(6)
	外部信息需求低	外部信息需求高	行业竞争压力小	行业竞争压力大	经济政策不确定性低	经济政策不确定性高
	(−0.50)	(4.48)	(1.91)	(−0.66)	(0.70)	(2.06)
PINVEST	1.062	1.640	0.746	0.306	−0.667	2.105*
	(1.09)	(1.49)	(0.65)	(0.33)	(−0.90)	(1.80)
PSOE	−1.559	5.896***	1.203	−0.427	−3.958	1.730
	(−0.39)	(3.74)	(0.37)	(−0.07)	(−0.86)	(1.31)
PANALYST	−0.777	−1.342	−0.963	−0.197	−0.153	−1.201**
	(−0.87)	(−1.01)	(−1.20)	(−0.20)	(−0.17)	(−2.07)
PIO	0.276	−0.588***	−0.441***	−0.167	−0.060	−0.338***
	(1.23)	(−12.69)	(−3.81)	(−0.68)	(−0.18)	(−3.42)
*PTOP*1	−0.032*	0.027***	0.004	0.021	0.002	0.023
	(−1.88)	(2.65)	(0.30)	(0.84)	(0.11)	(1.11)
常数项	−0.046**	0.028	0.004	0.000	−0.037	0.016
	(−2.54)	(0.88)	(0.29)	(0.00)	(−0.93)	(1.21)
第一阶段回归	0.035***	0.016**	0.014**	0.080**	0.030***	0.013**
	(3.24)	(2.37)	(2.03)	(2.05)	(3.05)	(2.22)
行业	控制	控制	控制	控制	控制	控制
季度	控制	控制	控制	控制	控制	控制
N	13004	17040	12946	16672	14983	14728
R^2	0.456	0.421	0.388	0.532	0.443	0.456

注：①***、**和*分别表示在1%、5%和10%水平下显著。本书对标准误在公司层面进行了聚类处理。②为避免解释变量系数过大，对*PCall*和*IV*变量乘100处理。

第六节 进一步研究

前文分别从外部信息需求、行业竞争压力、经济政策不确定性三个方面分析了企业自愿信息披露同行效应的外部动因。虽然在理论推理部分已经做了详细论述，但依然缺乏外部动因助推同行效应更直接的证据。下面，分别对三种外部动机的经济后果展开进一步研究。

一、外部信息需求的经济后果

前文已验证了满足外部信息需求是导致企业自愿信息披露存在同行效应的一个重要外因。机构投资者倾向于买入自愿信息披露水平较高的公司的股票，这些信息能够帮助他们充分挖掘企业价值，提高投资收益。因此，当企业提高自愿信息披露意愿后，机构投资者的持股比例会进一步增加①。为此，本书构建模型（6-4），对企业为满足外部信息需求而模仿同行企业自愿信息披露的经济后果展开研究。等式左边为公司 t+1 期机构投资者持股增量（$Dif\_\ IO_{i,j,t+1}$），等于期末机构投资者持股比例减期初机构投资者持股比例。等式右边分别加入 $PVolDis_{-i,j,t-1} \times VolDis_{i,j,t} \times IO_{i,j,t}$、$PVolDis_{-i,j,t-1} \times IO_{i,j,t}$、$VolDis_{i,j,t} \times IO_{i,j,t}$、$PVolDis_{-i,j,t-1} \times VolDis_{i,j,t}$的交乘项，若系数$\alpha_1$显著大于0，说明企业出于迎合外部信息需求的动机而模仿同行披露，能进一步吸引投资者对公司的关注。

$$
\begin{aligned}
Dif\_\ IO_{i,j,t+1} = {} & \alpha_0 + \alpha_1 PVolDis_{-i,j,t-1} \times VolDis_{i,j,t} \times IO_{i,j,t} + \\
& \alpha_2 PVolDis_{-i,j,t-1} \times IO_{i,j,t} + \alpha_3 VolDis_{i,j,t} \times IO_{i,j,t} + \\
& \alpha_4 PVolDis_{-i,j,t-1} \times VolDis_{i,j,t} + \gamma\ Controls_{i,j,t-1} + \\
& \rho\ Controls_{-i,j,t-1} + \delta_j + \varphi_t + \varepsilon_{i,j,t}
\end{aligned}
\tag{6-4}
$$

表6-10是模型（6-4）的实证结果。列（1）显示，*PVolDis* 的系数显著为负，说明同行自愿信息披露水平提高，投资者对企业的关注度越低，

① HEALY P M, WAHLEN J M. A Review of the Earnings Management Literature and Its Implications for Standard Setting [J]. Accounting Horizons, 1999, 13 (4): 365-383.

这也进一步验证了投资者注意力有限原则①。列（2）显示，*VolDis*×*PVolDis* 的系数显著为正，说明当同行自愿信息披露水平越高时，若企业也增加自愿信息披露，那么企业未来会得到更多投资者的关注。列（2）结果也验证了本书第四章的推理，即企业自愿信息披露存在同行效应的一个原因是吸引投资者注意力。列（3）显示，*VolDis*×*PVolDis*×*IO* 的系数显著为正，说明当同行自愿信息披露水平提高，企业为了迎合更多的外部信息需求而增加自愿信息披露，会进一步吸引更多投资者关注。

表 6-10 基于外部信息需求的经济后果

	(1)	(2)	(3)
变量名	Dif_IO_{t+1}	Dif_IO_{t+1}	Dif_IO_{t+1}
PVolDis	-0.037*	-0.048	
	(-1.75)	(-1.27)	
VolDis	0.076	-0.348	
	(0.84)	(-1.62)	
VolDis×*PVolDis*		0.060***	0.258***
		(2.60)	(7.21)
VolDis×*IO*			-0.096***
			(-16.81)
PVolDis×*IO*			-0.019***
			(-16.64)
VolDis×*PVolDis*×*IO*			0.006***
			(7.56)
SIZE	-0.558***	-0.549***	-0.568***
	(-8.37)	(-4.64)	(-4.96)
LEV	0.060	0.061	0.711

① SIMON H A. Rational Choice and the Structure of the Environment [J]. Psychological Review, 1956, 63 (2): 129.

续表

	(1)	(2)	(3)
	(0.19)	(0.12)	(1.49)
ROA	8.177***	7.448***	7.677***
	(6.30)	(3.50)	(3.93)
BM	4.441***	4.319***	3.781***
	(14.50)	(8.33)	(7.98)
INVEST	4.226***	4.602***	3.158*
	(3.46)	(2.76)	(1.91)
SOE	-0.133	-0.067	-0.180
	(-1.34)	(-0.41)	(-1.22)
ANALYST	0.286***	0.292***	0.164***
	(7.62)	(4.90)	(2.93)
IO	0.021***	0.020***	0.182***
	(8.11)	(4.69)	(16.48)
*TOP*1	0.015***	0.013*	0.007
	(3.58)	(1.82)	(0.94)
PSIZE	0.554	0.509	0.336
	(1.59)	(0.61)	(0.45)
PLEV	3.790**	4.808	6.289*
	(2.29)	(1.21)	(1.70)
PROA	1.026	-5.181	5.014
	(0.31)	(-0.99)	(1.00)
PBM	-5.134***	-6.524**	-5.528**
	(-5.43)	(-2.52)	(-2.42)
PINVEST	-11.750***	-4.904	-8.591
	(-2.80)	(-0.63)	(-1.22)
PSOE	0.311	2.278	-0.394

续表

	(1)	(2)	(3)
	(0.56)	(1.18)	(−0.23)
PANALYST	0.572***	0.752**	0.985***
	(2.87)	(2.03)	(2.81)
PIO	−0.048***	−0.090**	−0.132***
	(−2.71)	(−1.99)	(−3.26)
*PTOP*1	0.027	−0.019	0.026
	(1.15)	(−0.33)	(0.52)
常数项	17.303**	20.290	19.168
	(2.56)	(1.23)	(1.31)
行业	控制	控制	控制
季度	控制	控制	控制
N	35618	35618	35618
R^2	0.280	0.281	0.364

注：***、**和*分别表示在1%、5%和10%水平下显著。本书对标准误在公司层面进行了聚类处理。

二、行业竞争压力的经济后果

前文已验证，行业竞争压力是企业自愿信息披露同行效应的另一个重要外因。在一个具有竞争性的行业中，同行披露自愿性信息越多，企业的竞争优势越少，因此企业可能为了吸引更多客户、获取更多市场份额而披露自愿性信息。但这种模仿性的披露能否真正给企业带来更多收入？本书构建模型（6-5）检验其经济后果，等式的左边为企业销售收入增量（$Dif\_Sales_{i,j,t}$），等于期末销售收入减期初销售收入，并对其差额进行规模化处理。等式右边分别加入$PVolDis_{-i,j,t-1} \times VolDis_{i,j,t} \times HHI_{i,j,t}$、$PVolDis_{-i,j,t-1} \times HHI_{i,j,t}$、$VolDis_{i,j,t} \times HHI_{i,j,t}$、$PVolDis_{-i,j,t-1} \times VolDis_{i,j,t}$的交乘项，若系数$\alpha_1$显著大于0，说明企业迫于市场竞争压力模仿同行披露，能够提高企业的市场份额。

$$Dif\_\ Sales_{i,j,t}=\alpha_0+\alpha_1 PVolDis_{-i,j,t-1}\times VolDis_{i,j,t}\times HHI_{i,j,t}+\alpha_2 PVolDis_{-i,j,t-1}\times HHI_{i,j,t}+\alpha_3 VolDis_{i,j,t}\times HHI_{i,j,t}+\alpha_4 PVolDis_{-i,j,t-1}\times VolDis_{i,j,t}+\gamma\ Controls_{i,j,t-1}+\rho\ Controls_{-i,j,t-1}+\delta_j+\varphi_t+\varepsilon_{i,j,t} \quad (6-5)$$

表6-11是模型（6-5）的实证结果。列（1）显示，*PVolDis* 的系数显著为负，说明同行自愿信息披露水平越高，企业的销售收入越低，说明同行企业自愿信息披露吸引了更多客户，挤占了企业的市场份额。列（2）显示，*VolDis×PVolDis* 的系数显著为正，说明当同行提高自愿信息披露水平，若企业也增加自愿信息披露，那么企业未来会获得更多销售收入，这也验证了本书第四章的推理，即企业自愿信息披露存在同行效应的另一个原因是获取市场份额。列（3）显示，*VolDis×PVolDis×HHI* 的系数为负，且不显著。说明暂未发现企业出于行业竞争压力的动机模仿同行自愿披露，能显著提高企业的市场份额。因此，当行业竞争程度更高时，企业自愿信息披露的同行效应更倾向于是一种非理性的羊群行为，可能并不能给企业带来额外收益。表6-11结果能为企业作出理性披露决策提供启示。

表6-11　基于行业竞争压力的经济后果

	(1)	(2)	(3)
变量名	*Dif_ Sales*	*Dif_ Sales*	*Dif_ Sales*
PVolDis	-0.002**	-0.003**	-0.003
	(-2.42)	(-2.49)	(-1.12)
VolDis	0.004	-0.018*	-0.018
	(1.26)	(-1.95)	(-1.35)
VolDis×PVolDis		0.003**	0.004
		(2.19)	(1.63)
HHI			0.074
			(1.42)
VolDis×HHI			-0.007
			(-0.13)

续表

	(1)	(2)	(3)
PVolDis×HHI			-0.002
			(-0.24)
VolDis×PVolDis×HHI			-0.006
			(-0.57)
SIZE	0.004*	0.004**	0.004**
	(1.66)	(2.00)	(2.03)
LEV	-0.015	-0.015*	-0.015*
	(-1.30)	(-1.92)	(-1.94)
ROA	-0.004	-0.006	-0.006
	(-0.10)	(-0.17)	(-0.20)
BM	0.004	0.003	0.004
	(0.35)	(0.44)	(0.45)
INVEST	-0.004	-0.003	-0.004
	(-0.11)	(-0.14)	(-0.17)
SOE	-0.002	-0.002	-0.002
	(-0.41)	(-0.73)	(-0.72)
ANALYST	-0.001	-0.001	-0.001
	(-0.81)	(-1.25)	(-1.27)
IO	-0.000	-0.000	-0.000
	(-1.04)	(-1.37)	(-1.27)
TOP1	-0.000	-0.000	-0.000
	(-0.07)	(-0.09)	(-0.12)
PSIZE	-0.035***	-0.035**	-0.034**
	(-2.61)	(-2.52)	(-2.50)
PLEV	0.221***	0.219***	0.220***
	(3.01)	(3.23)	(3.22)

续表

	(1)	(2)	(3)
PROA	0. 608***	0. 601***	0. 587***
	(5. 13)	(3. 97)	(3. 83)
PBM	0. 031	0. 032	0. 031
	(0. 84)	(0. 92)	(0. 90)
PINVEST	−0. 844***	−0. 841***	−0. 832***
	(−6. 68)	(−6. 26)	(−6. 28)
PSOE	−0. 056	−0. 057*	−0. 060*
	(−1. 58)	(−1. 65)	(−1. 73)
PANALYST	−0. 021**	−0. 021***	−0. 021***
	(−2. 52)	(−3. 18)	(−3. 20)
PIO	−0. 000	−0. 000	−0. 000
	(−0. 37)	(−0. 28)	(−0. 17)
*PTOP*1	0. 002	0. 002	0. 002
	(1. 47)	(1. 15)	(1. 07)
常数项	0. 115	0. 108	0. 085
	(0. 43)	(0. 40)	(0. 32)
行业	控制	控制	控制
季度	控制	控制	控制
N	37475	37475	37475
R^2	0. 580	0. 581	0. 581

注：***、**和*分别表示在1%、5%和10%水平下显著。本书对标准误在公司层面进行了聚类处理。

三、经济政策不确定性的经济后果

在理性推理部分指出，当经济政策不确定性较高时，企业自愿信息披露的同行效应会更显著。因为，一方面，经济政策不确定性越高，企业经营环境越复杂，管理层缺乏对信息的精确判断，会倾向于模仿同行企业信息披露行为。另一方面，经济政策不确定与同行自愿信息披露对企业影响互相叠加，会加剧公司股价波动性。此时管理层增加自愿信息披露，能够显著降低公司股价波动和潜在的诉讼风险。

本书分别用模型（6-6）和模型（6-7）检验经济政策不确定下企业模仿同行披露的经济后果。模型（6-6）等式左边等于公司季度日换手率之和（*Turnover*）。本书用 *Turnover* 衡量企业股价波动性基于以下考虑：研究表明股票换手率能衡量股票的流动性程度①，且事实上股票换手率也能在一定程度上代表投资者信念的异质性②。本书认为，当经济政策不确定性较高时，市场换手率越高意味着投资者信念异质性越大，此时股价波动性也越大。尤其是我国资本市场散户众多③，当经济政策不确定性更高时，与专业投资者相比，散户投资者的意见分歧会更大，这会推高公司股票换手率。而股价波动性越大，也意味着公司股价存在被高估的可能性④。因此，为降低企业风险，管理层会模仿同行披露行为。模型（6-6）等式右边分别加入 $PVolDis_{-i,j,t-1} \times VolDis_{i,j,t} \times CNEPU_{i,j,t}$、$PVolDis_{-i,j,t-1} \times CNEPU_{i,j,t}$、$VolDis_{i,j,t} \times CNEPU_{i,j,t}$、$PVolDis_{-i,j,t-1} \times VolDis_{i,j,t}$ 的交乘项，若系数 α_1 显著小于 0，说明当经济政策不确定性更大时，企业模仿同行披露能显著降低公司股价波动性。模型（6-7）等式左边是企业业绩预告精度（*Preci*），根据王玉涛和王彦超⑤的判定标准，企业当年披露定性业绩预告 *Preci* 取值为 1，披露定量开区间业绩预告 *Preci* 取值为 2，披露定量闭区间业绩预告 *Preci* 取值为 3。模型（6-7）的回归样本为披露自愿性业绩预告的公司，因此样本量不同于模型（6-6）的回归结果。模型（6-7）的系数 β_1 用来检验

① AVARMOY D, CHORDIA T. Asset Pricing Models and Financial Market Anomalies [J]. The Review of Financial Studies, 2006, 19 (3): 1001-1040.

② JIANG G, LEE C, ZHANG Y. Information Uncertainty and Expected Returns [J]. Review of Accounting Studies, 2005, 10 (2): 185-221.

③ 张峥，刘力．换手率与股票收益：流动性溢价还是投机性泡沫？［J］．经济学（季刊），2006（2）：871-892.

④ 张峥，刘力．换手率与股票收益：流动性溢价还是投机性泡沫？［J］．经济学（季刊），2006（2）：871-892.

⑤ 王玉涛，王彦超．业绩预告信息对分析师预测行为有影响吗［J］．金融研究，2012，384（6）：193-206.

企业自愿业绩预告质量是否提高。最后，模型（6-6）和模型（6-7）分别控制了企业上期的换手率（$Turnover_{t-1}$）和自愿信息披露精度（$Preci_{t-1}$）。

$$Turnover_{i,j,t}=\alpha_0+\alpha_1 PVolDis_{-i,j,t-1}\times VolDis_{i,j,t}\times CNEPU_{i,j,t}+\alpha_2 PVolDis_{-i,j,t-1}\times CNEPU_{i,j,t}+\alpha_3 VolDis_{i,j,t}\times CNEPU_{i,j,t}+\alpha_4 PVolDis_{-i,j,t-1}\times VolDis_{i,j,t}+\gamma\ Controls_{i,j,t-1}+\rho\ Controls_{-i,j,t-1}+\delta_j+\varphi_t+\varepsilon_{i,j,t} \tag{6-6}$$

$$Preci_{i,j,t}=\beta_0+\beta_1 PVolDis_{-i,j,t-1}\times CNEPU_{i,j,t}+\beta_2 PVolDis_{-i,j,t-1}+\beta_3 CNEPU_{i,j,t}+\gamma\ Controls_{i,j,t-1}+\rho Controls_{-i,j,t-1}+\delta_j+\varphi_t+\varepsilon_{i,j,t} \tag{6-7}$$

表6-12列（3）是模型（6-6）的回归结果，列（1）和列（2）是加入交乘项之前的结果。列（1）显示，*PVolDis* 的系数不显著，*VolDis* 的系数显著为正，说明在日常经营中，企业披露自愿性业绩预告能够提高公司股票的换手率，增强流动性。列（2）中，暂未发现 *VolDis*×*PVolDis* 的系数显著。列（3）显示，*VolDis*×*PVolDis*×*CNEPV* 的系数显著为负，说明经济政策不确定性较高时，企业模仿同行披露能够显著降低公司股价波动性。列（4）是模型（6-7）的回归结果，*PVolDis*×*CNEPU* 的系数在10%水平下显著为负，说明虽然经济政策不确定性会助推企业模仿同行自愿信息披露，但企业披露信息的整体质量有所下降，这也说明企业此时更倾向于模仿披露行为本身，并未注重披露内容的改善。

表6-12　经济政策不确定性的经济后果

	(1)	(2)	(3)	(4)
变量名	*Turnover*	*Turnover*	*Turnover*	*Preci*
PVolDis	-0.012	-0.048	-0.889	0.048*
	(-0.07)	(-0.25)	(-0.84)	(1.89)
VolDis	4.024***	3.276*	-20.777	
	(4.84)	(1.76)	(-1.45)	
VolDis×*PVolDis*		0.100	3.729**	
		(0.45)	(2.26)	
CNEPU			-0.035	-0.090***

续表

	(1)	(2)	(3)	(4)
			(−0.13)	(−12.01)
VolDis×CNEPU			0.180*	
			(1.68)	
PVolDis×CNEPU			0.006	−0.000*
			(0.77)	(−1.71)
VolDis×PVolDis×CNEPU			−0.027**	
			(−2.17)	
$Turnover_{t-1}$	0.571***	0.571***	0.571***	
	(65.67)	(65.71)	(65.62)	
$Preci_{t-1}$				0.354***
				(27.44)
SIZE	−9.419***	−9.419***	−9.417***	0.150***
	(−16.65)	(−16.65)	(−16.64)	(4.60)
LEV	16.830***	16.821***	16.822***	0.509***
	(5.05)	(5.04)	(5.04)	(3.87)
ROA	12.256	12.207	12.284	1.250***
	(0.96)	(0.96)	(0.96)	(3.06)
BM	21.309***	21.304***	21.339***	0.159
	(7.71)	(7.71)	(7.72)	(1.27)
INVEST	2.785	2.804	2.792	−1.593***
	(0.32)	(0.32)	(0.32)	(−4.72)
SOE	3.792***	3.786***	3.807***	0.373***
	(3.81)	(3.80)	(3.81)	(6.63)
ANALYST	0.677*	0.676*	0.675*	−0.106***
	(1.87)	(1.87)	(1.87)	(−6.73)

续表

	(1)	(2)	(3)	(4)
IO	-0.357***	-0.357***	-0.356***	0.006***
	(-11.72)	(-11.69)	(-11.68)	(5.96)
TOP1	-0.127***	-0.127***	-0.127***	-0.010***
	(-3.61)	(-3.61)	(-3.63)	(-6.07)
PSIZE	-1.901	-1.884	-1.809	-0.186*
	(-0.56)	(-0.55)	(-0.53)	(-1.79)
PLEV	14.095	14.018	13.118	0.244
	(0.77)	(0.77)	(0.72)	(0.43)
PROA	96.635***	96.398***	96.412***	0.830
	(2.73)	(2.72)	(2.72)	(0.78)
PBM	13.129	13.156	13.403	0.643**
	(1.42)	(1.43)	(1.45)	(2.39)
PINVEST	-32.105	-32.005	-32.297	1.616
	(-1.03)	(-1.03)	(-1.04)	(1.63)
PSOE	25.391***	25.333***	25.333***	-0.043
	(3.05)	(3.05)	(3.05)	(-0.17)
PANALYST	4.520**	4.530**	4.583**	0.083
	(2.16)	(2.17)	(2.19)	(1.45)
PIO	-0.323*	-0.322*	-0.327*	0.012**
	(-1.91)	(-1.90)	(-1.93)	(2.46)
PTOP1	0.332	0.333	0.339	-0.022***
	(1.40)	(1.40)	(1.42)	(-3.15)
常数项	264.901***	264.623***	268.094***	12.845***
	(4.09)	(4.09)	(2.99)	(4.47)
行业	控制	控制	控制	控制
季度	控制	控制	控制	控制

续表

	(1)	(2)	(3)	(4)
N	37290	37290	37290	13845
R^2	0.571	0.571	0.571	0.426

注：***、**和*分别表示在1%、5%和10%水平下显著。本书对标准误在公司层面进行了聚类处理。

第七节 本章小结

本章主要在第四章验证企业自愿信息披露存在同行效应的基础上，对企业自愿信息披露同行效应的外部动因及后果展开研究。具体而言，分别从外部信息需求、行业竞争压力、经济政策不确定性三个方面检验企业自愿信息披露的同行效应，并分别对三类动机的经济后果展开讨论。

第一节问题提出部分，首先指出满足外部投资者信息需求、行业竞争压力、宏观经济不确定性是企业进行自愿信息披露的几个重要外因，已有学者针对上述领域展开丰富讨论，得出了不同的结论。但上述外部动因如何调节企业自愿信息披露的同行效应，目前还缺乏相关实证研究，本书欲补充该方面文献。

第二节理论推理与假设提出部分，首先分析市场信息需求对企业自愿信息披露同行效应的调节作用，一方面，同行自愿信息披露增加企业不披露的成本，提高机构投资者对企业的信息需求；另一方面，当同行自愿信息披露水平提高，企业为吸引机构投资者关注，会主动提高自愿信息披露意愿，并提出“假设6-1：市场信息需求是公司自愿信息披露存在同行效应的外部动因。具体而言，当机构投资者持股更多时，企业自愿信息披露的同行效应更显著”。其次分析行业竞争压力对企业自愿信息披露同行效应的调节作用，一方面，同行自愿披露通过加剧产品市场竞争，促使企业提高自愿信息披露水平；另一方面，行业竞争压力促使企业模仿同行自愿披露行为，并提出“假设6-2：行业竞争压力是公司自愿信息披露存在同行效应的外部动因。具体而言，当行业竞争程度越大时，企业自愿信息披露的同行效应越显著”。最后分析经济政策不确定性对企业自愿信息披露同行效应的调节作用，一方面，经济政策不确定性提高管理层信息决策不确定性，促使管理层模仿同行企业自愿信息披露行为；另一方面，当外部宏观环境不确定性越高时，同行自愿披露会放大股价波动性，为降低公司股价波动性，管理层会披露更多自愿性信息，并提出“假设 6-3：经济政策不确定性是公司自愿信息披露存在同行效应的外部动因。具体而言，当宏观环境不确定性较高时，企业自愿信息披露的同行效应越显著”。

第三节研究设计部分，主要对数据来源、样本筛选过程、模型选择、变量定义、工具变量的计算过程做详细说明。本书以 2010—2020 年 A 股上市公司季度数据为样本，使用工具变量回归方法，实证研究企业自愿披露存在同行效应的外部动因。在第四节回归结果部分，对描述性统计结果和主假设结果进行说明，实证结果支持了假设 6-1、假设 6-2 和假设 6-3。在第五节稳健性检验部分，采用多种方式进行稳健性检验。包括使用 Carhart① 四因子模型重新构造工具变量进行回归；使用普通 OLS 模型进行回归；剔除同地区的上市公司重新计算同行自愿信息披露水平进行回归；更换解释变量，使用上市公司召开电话会议次数作为自愿信息披露水平的替代变量进行回归，实证结论依然稳健。

第六节进一步研究部分，分别对企业自愿信息披露存在同行效应外部动因的经济后果展开研究。研究发现，当同行自愿信息披露水平越高时，企业为了迎合更多的外部信息需求越会增加自愿信息披露，进一步吸引更多投资者关注（表现为 t+1 期机构投资者增加）。当企业出于行业竞争压力而模仿同行自愿披露时，暂未发现能显著提高企业产品的市场份额。当经济政策不确定性较高时，企业模仿同行自愿信息披露能够显著降低公司股价波动性，但企业模仿披露的自愿信息质量有所下降。

---

① CARHART M M. On Persistence in Mutual Fund Performance [J]. The Journal of Finance, 1997, 52 (1): 57-82.

第七章

研究结论与研究启示

第一节　研究结论

本书验证了中国上市公司自愿信息披露行为存在同行效应，即企业倾向于模仿同行企业的自愿信息披露行为。深入研究其内外动因和经济后果后发现，这种模仿是一种理性与非理性并存的模仿。具体而言，本书以2010—2020年中国A股上市公司季度数据为样本，以上市公司自愿性业绩预告为研究对象，实证检验了企业自愿信息披露的同行效应。研究发现，上市公司自愿信息披露存在显著的同行效应，表现为上期同行公司披露的自愿性业绩预告越多，本期企业披露自愿性业绩预告的概率也越大。这说明，一方面，同行披露的自愿信息能够补充管理层的私有信息，提高管理层自愿信息披露意愿；另一方面，自愿信息具有传递管理层个人能力信号的作用，当同行披露自愿性信息增多时，会向管理层传递一种“不披露声誉会得到损失”的压力，从而促使管理层披露更多自愿信息。

本书进一步研究了企业自愿信息披露存在同行效应的内部动因。研究发现，管理层学习动机和信息优势是导致同行效应存在的两个重要内因。具体而言，当企业上市年龄较短，或CEO不具有金融类的职业经验时，企业自愿信息披露的同行效应更显著。这些企业相对来说更缺乏信息优势，管理层在作出信息判断时面临的不确定性较大，因此会选择学习并模仿同行其他企业的信息披露行为。进一步研究发现，这些成长型企业和CEO缺乏金融类职业经验的企业，通过学习并模仿同行自愿信息披露决策，能够显著提高企业披露自愿性业绩预告的精度。此外，管理层的信息优势是企业自愿信息披露存在同行效应的另一个重要内因。当公司董事社会网络更丰富时，管理层具有更大的信息优势，同行披露的自愿信息能及时传递到公司。管理层通过丰富的社会网络获取了更多私有信息，不仅提高了企业披露自愿性业绩预告的意愿，还提高了披露自愿性业绩预告的及时性，表现为业绩预告披露日与季度或年度结束日间隔更短。因此，从经济后果来看，企业基于学习动机和信息优势的模仿披露可能是一种理性模仿行为，能够提高企业自愿信息披露质量或及时性。

本书还研究了企业自愿信息披露存在同行效应的外部动因。研究发现，外部信息需求、行业竞争压力和经济政策不确定性是导致企业模仿同行自愿信息披露的外部动因。具体而言，当企业机构投资者持股比例较高时，对企业的信息需求更大，这会加剧企业对同行自愿信息披露的模仿。进一步研究发现，这种模仿能提高企业未来一期机构投资者对公司的关注度。行业竞争压力增大，企业异质性战略的风险较高，管理层也会模仿同行自愿信息披露行为。但进一步研究未发现这些公司产品市场占有率有所提升，说明行业竞争压力可能助推企业非理性模仿披露。当经济政策不确定性较高时，外部宏观环境不稳定，一方面，管理层判断企业未来业绩的难度增加；另一方面，公司股价波动性也更大。因此，管理层为降低决策风险和股价波动性，会模仿同行自愿信息披露。进一步研究发现，企业模仿披露的信息质量并未提高，表现为披露的自愿性业绩预告精度下降，但企业能够通过模仿披露显著降低公司股价的波动性。综上，从经济后果来看，基于外部信息需求的模仿可能是一种理性的模仿行为，能够提高企业未来投资者的关注度。但基于行业竞争压力和经济政策不确定性的模仿可能是一种非理性模仿行为，虽然降低了公司股价波动性，但企业披露的自愿性业绩预告精度更低，也未显著提高企业产品市场占有率。

第二节 研究启示

一、对监管层的启示

（一）细化企业自愿信息披露制度，狠抓关键少数

我国上市公司自愿信息披露存在一定的非理性模仿行为和羊群行为。这一方面说明，公司治理机制和信息披露事务管理制度有待规范。另一方面也说明，我国对上市公司自愿信息披露的顶层制度设计还需细化和完善。现行制度对企业自愿信息披露仅做了原则性规定，不仅缺乏体系化的公司自愿信息披露内容指引，还未明确信息披露义务人的免责事由①，这就可能导致信息披露义务人缺乏提高自愿信息披露质量的积极性。同时，这也可能是企业选择盲目跟风披露的重要原因。因此，监管机构需继续推进制定与新《证券法》相衔接、适用于不同版块上市公司的信息披露规则指引，尤其应明确企业自愿信息披露的具体范围、内容和要求，力争提供更具有针对性的指导。例如，上交所目前仅针对一批新经济、新业态、新模式的科创板上市公司，制定了专门的自愿信息披露自律监管规则适用指引，未来交易所可不断丰富适用于主板上市公司商业模式和经营特点的自愿信息披露规则和指引。

另外，在对上市公司信息披露的监管过程中，应重点抓行业龙头或领头羊企业等关键少数群体，合理利用关键少数群体的信息披露示范作用。可针对这些群体的自愿信息披露行为制定持续跟踪监督机制。只有不断提高关键少数重要群体的自愿信息披露质量，才能发挥行业引领作用，推动行业乃至资本市场自愿信息披露质量的整体发展。

（二）适当考虑企业经营环境，扩大差异化监管范围

可针对企业不同的经营环境，制定差异化的自愿信息披露监管制度。

---

① 李有星，康琼梅．论证券信息自愿披露及免责事由［J］．社会科学，2020，481（9）：104-111.

目前深交所针对不同风险的上市公司实行整体监管，监管内容既包括企业信息披露，也包括其他经营活动。上交所目前虽然对上市公司信息披露考评结果进行分类监管，但也缺乏对企业自愿信息披露的专门监管。结合本书研究结论，监管部门可针对部分行业集中度较低的上市公司的自愿信息披露行为进行重点监督，防止盲目跟风披露，扰乱市场环境。同时，也应重点关注经济不确定性较高时，市场的整体自愿信息披露质量，可制定适当的免责事由，提高企业披露高质量自愿性信息的积极性。

（三）对社会网络复杂的上市公司重点关注，防止利益输送

上市公司丰富的董事网络，既有可能给企业带来特有的资源和信息优势，提高企业经营效率和企业价值，也有可能成为上市公司利益输送的工具。例如，上市公司既可能根据董事网络的信息优势进行内幕交易、非效率投资等，损害股东权益；也有可能通过董事网络形成产业合谋，扭曲市场机制。除董事网络外，上市公司还有可能通过校友关系、机构投资者网络、审计师网络等形成丰富的社会网络关系，这些网络资本对企业发展产生深远影响。因此，监管层可重点关注这些社会网络更复杂的上市公司的自愿信息披露行为，以及其他经营行为。

二、对上市公司的启示

（一）理性披露自愿性信息，避免盲目跟风

上市公司应正确理解和掌握企业自愿信息披露行为的规则和后果。一方面，监管层对于企业自愿信息披露的细则正在推动制定中。另一方面，新《证券法》实施以来，我国不断压实信息披露义务人的法律责任，严厉打击不规范的信息披露行为。因此，上市公司管理层应持续不断学习证监会、交易所最新制定、颁布的，与企业自愿信息披露相关的制度和准则。避免因披露业务不熟悉，在不知情的情况下“选择性披露”。此外，上市公司也应正确理解企业自愿信息披露的经济后果，尤其当同行公司披露的自愿信息较多时，企业应避免盲目的跟风，将重点放在提供准确、高质量的信息，并真实向外界传递企业价值方面。

（二）合理权衡自愿信息披露的成本与收益，确保高效披露

企业自愿信息披露可能会给公司带来一定的专有成本。例如，企业披露的自愿性业绩预告，可能会包含公司战略信息、行业竞争趋势预判以及管理层对宏观经济状况的分析，这些信息可能会补充竞争对手企业管理层的私有信息，提高竞争对手企业的经营效率，最终挤占公司资源。因此，企业在进行自愿信息披露时，应合理权衡披露信息的成本与收益。例如，当行业内成长型公司较多时，企业披露的自愿性信息可能会成为这些成长型公司重点分析并学习的对象，此时应避免披露有损核心竞争力的信息。

（三）积极拓展企业自愿信息披露渠道

企业可充分利用媒体科技的发展，积极拓展多样化的自愿信息披露渠道，精准传递企业价值信息，提高企业的竞争力和影响力。例如，公司可通过电话会议、微博、微信等媒体平台向投资者传递企业的价值理念、经营模式、业务数据等前瞻性信息，降低企业信息不对称程度和资本成本。也可披露非会计准则信息，协助投资者从多维度解读企业业绩。但不论通过何种渠道，企业都应审慎评估信息内容，谨慎披露自愿性信息，防止因披露不实或披露不当误导投资者，引起股价波动，给企业带来诉讼风险。

三、对投资者的启示

（一）正确理解企业自愿信息披露行为，理性作出决策

对于投资者来说，当接收到企业披露的自愿性信息时，应准确判断企业披露行为的真实意图。例如，应明确企业是为了向外界传递真实信息而进行披露，还是为了应对外部行业竞争压力或环境不确定性而选择跟风披露。前者企业的信息披露质量可能更高，而后者企业披露的信息颗粒可能更粗糙，信息含量较低。因此，只有综合判断企业所处的经营环境、宏观经济状况、企业发展阶段等，才能正确理解企业选择自愿披露的真实意图，并作出最优决策。

（二）理性对待利好消息，避免追涨杀跌

我国资本市场散户参与者众多，与机构投资者相比，个人投资者在信息获取、分析、整合能力方面都有限，极易出现“追涨杀跌”的现象。对

于散户投资者来说，当接收到公司披露的好消息时，应理性判断企业是否存在“报喜不报忧”的选择性披露情况，结合企业的真实业绩和经营情况作出决策。本书研究发现，当同行公司披露的自愿信息越多时，企业越倾向于披露好消息而非坏消息。这有可能导致行业集体披露好消息的现象出现，营造行业发展前景更好的假象。因此，投资者应避免盲目买进主动披露利好消息的上市公司股票等，树立长期价值投资理念。

参考文献

一、中文文献

［1］毕茜，顾立盟，张济建．传统文化、环境制度与企业环境信息披露［J］．会计研究，2015（03）．

［2］曹廷求，张光利．自愿性信息披露与股价崩盘风险：基于电话会议的研究［J］．经济研究，2020，55（11）．

［3］陈国辉，关旭，王军法．企业社会责任能抑制盈余管理吗？——基于应规披露与自愿披露的经验研究［J］．会计研究，2018，365（3）．

［4］陈运森，谢德仁．董事网络、独立董事治理与高管激励［J］．金融研究，2012，380（2）．

［5］陈运森，谢德仁．网络位置、独立董事治理与投资效率［J］．管理世界，2011，214（7）．

［6］程新生，谭有超，许垒．公司价值、自愿披露与市场化进程——基于定性信息的披露［J］．金融研究，2011，374（8）．

［7］程新生，谭有超．自愿披露可以提高财务透明度吗？［J］．经济管理，2013，35（6）．

［8］范德玲，刘春林，殷枫．上市公司自愿性信息披露的影响因素研究［J］．经济管理，2004，356（20）．

［9］方红星，楚有为．自愿披露、强制披露与资本市场定价效率［J］．经济管理，2019，41（1）．

［10］方红星，金玉娜．高质量内部控制能抑制盈余管理吗？——基于自愿性内部控制鉴证报告的经验研究［J］．会计研究，2011，286（8）．

［11］方红星，施继坤．自愿性内部控制鉴证与权益资本成本——来

自沪市 A 股非金融类上市公司的经验证据 [J]. 经济管理, 2011, 33 (12).

[12] 方军雄. 企业投资决策趋同：羊群效应抑或“潮涌现象”? [J]. 财经研究, 2012, 38 (11).

[13] 傅传锐, 王美玲. 智力资本自愿信息披露、企业生命周期与权益资本成本——来自我国高科技 A 股上市公司的经验证据 [J]. 经济管理, 2018, 40 (4).

[14] 黄宏斌, 于博, 丛大山. 经济政策不确定性与企业自愿性信息披露——来自上市公司微博自媒体的证据 [J]. 管理学刊, 2021, 34 (6).

[15] 李慧云, 刘镝. 市场化进程、自愿性信息披露和权益资本成本 [J]. 会计研究, 2016, 339 (1).

[16] 李慧云, 吕文超. 上市公司自愿性信息披露现状及其监管研究 [J]. 统计研究, 2012, 29 (4).

[17] 连玉君, 彭镇, 蔡菁, 等. 经济周期下资本结构同群效应研究 [J]. 会计研究, 2020, 397 (11).

[18] 罗福凯, 李启佳, 庞廷云. 企业研发投入的“同侪效应”检验 [J]. 产业经济研究, 2018 (06).

[19] 罗炜, 朱春艳. 代理成本与公司自愿性披露 [J]. 经济研究, 2010, 45 (10).

[20] 牛建波, 吴超, 李胜楠. 机构投资者类型、股权特征和自愿性信息披露 [J]. 管理评论, 2013, 25 (3).

[21] 石桂峰. 地方政府干预与企业投资的同伴效应 [J]. 财经研究, 2015, 41 (12)

[22] 宋泽, 邹红. 增长中的分化：同群效应对家庭消费的影响研究 [J]. 经济研究, 2021, 56 (01).

[23] 万良勇, 梁婵娟, 饶静. 上市公司并购决策的行业同群效应研究 [J]. 南开管理评论, 2016, 19 (3).

[24] 王丹, 孙鲲鹏, 高皓. 社交媒体上“用嘴投票”对管理层自愿性业绩预告的影响 [J]. 金融研究, 2020, 485 (11).

[25] 王雄元, 喻长秋. 专有化成本与公司自愿性信息披露——基于

客户信息披露的分析［J］. 财经研究，2014，40（12）.

［26］肖欣荣，刘健，赵海健. 机构投资者行为的传染——基于投资者网络视角［J］. 管理世界，2012，231（12）.

［27］肖怿昕，金雪军. "经济飞地"政策与企业投资：同群效应还是追赶效应？［J］. 产业经济研究，2020，109（6）.

［28］杨道广，王佳妮，陈汉文. 业绩预告："压力"抑或"治理"——来自企业创新的证据［J］. 南开管理评论，2020，23（4）.

［29］杨海生，柳建华，连玉君，等. 企业投资决策中的同行效应研究：模仿与学习［J］. 经济学（季刊），2020，19（4）.

［30］姚颐，赵梅. 中国式风险披露、披露水平与市场反应［J］. 经济研究，2016，51（7）.

［31］喻凯，龙雪晴. 上市公司自愿性信息披露对股票流动性影响的实证研究［J］. 财经理论与实践，2011，32（6）.

［32］张洁梅. 自愿性信息披露的影响因素——基于董事会治理视角［J］. 经济管理，2013，35（7）.

［33］张学勇，廖理. 股权分置改革、自愿性信息披露与公司治理［J］. 经济研究，2010，45（4）.

［34］张宗新，张晓荣，廖士光. 上市公司自愿性信息披露行为有效吗？——基于1998—2003年中国证券市场的检验［J］. 经济学（季刊），2005（1）.

［35］周冬华，赵玉洁. 微博信息披露有利于降低股价同步性吗？［J］. 当代财经，2016（8）.

［36］王雯. 中国企业研发投资同群效应研究［D］. 上海：华东师范大学，2019.

［37］肖怿昕. 企业投资同侪效应的动因研究［D］. 杭州：浙江大学，2021.

［38］张硕. 企业研发投资强度的模仿效应研究——来自董事联结关系的经验证据［D］. 长春：吉林大学，2018.

［39］张天宇. 资本结构决策同伴效应与产生机制实证研究——来自中国A股非金融上市公司的数据经验［D］. 沈阳：东北大学，2017.

[40] 张骁. 经济政策不确定性、管理者动机与企业投资同群效应研究——基于沪深A股上市公司的经验数据 [D]. 武汉：中南财经政法大学，2019.

二、英文文献

[1] AKERLOF G A, SHILLER R J. Animal Spirits: How Human Psychology Drives the Economy, and Why It Matters for Global Capitalism [M]. Princeton: Princeton university press, 2010.

[2] BURT R S. Structural Holes [M]. Boston: Harvard University Press, 1992.

[3] KEYNES J M. The General Theory of Employment, Interest, and Money [M]. New York: Prometheus Books, 1936.

[4] TROTTER W. Instincts of the Herd in Peace and War [M]. TF Unwin Limited, 1921.

[5] ZUKIN S, DIMAGGIO P. Structures of Capital: The Social Organization of the Economy [M]. Cambridge: CUP Archive, 1990.

[6] ADMATI A R, PFLEIDERER P. Forcing Firms to Talk: Financial Disclosure Regulation and Externalities [J]. The Review of Financial Studies, 2000, 13 (3).

[7] ADMATI A R. Noisy Rational Expectations Equilibrium for Multi-Asset Securities Markets [J]. Econometrica: Journal of the Econometric Society, 1985, 53 (5).

[8] AGRAWAL A, MANDELKER G N. Large Shareholders and the Monitoring of Managers: The Case of Antitakeover Charter Amendments [J]. Journal of Financial and Quantitative Analysis, 1990, 25 (2).

[9] AJINKYA B, BHOJRAJ S, SENGUPTA P. The Association between Outside Directors, Institutional Investors and the Properties of Management Earnings Forecasts [J]. Journal of Accounting Research, 2005, 43 (3).

[10] AJINKYA B B, GIFT M J. Corporate Managers' Earnings Forecasts and Symmetrical Adjustments of Market Expectations [J]. Journal of Accounting

Research, 1984, 22 (2).

[11] ALI A, KLASA S, YEUNG E. Industry Concentration and Corporate Disclosure Policy [J]. Journal of Accounting and Economics, 2014, 58 (2-3).

[12] ANGRIST J D. The Perils of Peer Effects [J]. Labour Economics, 2014, 30.

[13] ANILOWSKI C, FENG M, SKINNER D J. Does Earnings Guidance Affect Market Returns? The Nature and Information Content of Aggregate Earnings Guidance [J]. Journal of Accounting and Economics, 2007, 44 (1-2).

[14] BAGINSKI S P, HINSON L A. Cost of Capital Free-Riders [J]. The Accounting Review, 2016, 91 (5).

[15] BAGINSKI S P. Intra-Industry Information Transfers Associated with Management Forecasts of Earnings [J]. Journal of Accounting Research, 1987, 25 (2).

[16] BAIK B, FARBER D B, LEE S. CEO Ability and Management Earnings Forecasts [J]. Contemporary Accounting Research, 2011, 28 (5).

[17] BAIMAN S, VERRECCHIA R E. The Relation Among Capital Markets, Financial Disclosure, Production Efficiency, and Insider Trading [J]. Journal of Accounting Research, 1996, 34 (1).

[18] BALAKRISHNAN K, CORE J E, VERDI R S. The Relation between Reporting Quality and Financing and Investment: Evidence from Changes in Financing Capacity [J]. Journal of Accounting Research, 2014, 52 (1).

[19] BAMBER L S, CHEON Y S. Discretionary Management Earnings Forecast Disclosures: Antecedents and Outcomes Associated with Forecast Venue and Forecast Specificity Choices [J]. Journal of Accounting Research, 1998, 36 (2).

[20] BANERJEE A V. Simple Model of Herd Behavior [J]. The Quarterly Journal of Economics, 1992, 107 (3).

[21] BERNARD D, BURGSTAHLER D, KAYA D. Size Management by European Private Firms to Minimize Proprietary Costs of Disclosure [J]. Journal of Accounting and Economics, 2018, 66 (1).

[22] BERNARD D, KAYA D, WERTZ J. Entry and Capital Structure Mimicking in Concentrated Markets: The Role of Incumbents' Financial Disclosures [J]. Journal of Accounting and Economics, 2021, 71 (2-3).

[23] BEYER A, COHEN D A, LYS T Z, et al. The Financial Reporting Environment: Review of the Recent Literature [J]. Journal of Accounting and Economics, 2010, 50 (2-3).

[24] BEYER A, DYE R A. Debt and Voluntary Disclosure [J]. The Accounting Review, 2021, 96 (4).

[25] BHOJRAJ S, SENGUPTA P. Effect of Corporate Governance on Bond Ratings and Yields: The Role of Institutional Investors and Outside Directors [J]. The Journal of Business, 2003, 76 (3).

[26] BIKHCHANDANI S, HIRSHLEIFER D, WELCH I. A Theory of Fads, Fashion, Custom, and Cultural Change as Informational Cascades [J]. Journal of Political Economy, 1992, 100 (5).

[27] BIKHCHANDANI S, HIRSHLEIFER D, WELCH I. Learning from the Behavior of Others: Conformity, Fads, and Informational Cascades [J]. Journal of Economic Perspectives, 1998, 12 (3).

[28] BIRD A, EDWARDS A, RUCHTI T G. Taxes and Peer Effects [J]. The Accounting Review, 2018, 93 (5).

[29] BIRD A, KAROLYI S A. Do Institutional Investors Demand Public Disclosure? [J]. Review of Financial Studies, 2016, 29 (12).

[30] BLANKESPOOR E, DEHAAN E, MARINOVIC I. Disclosure Processing Costs, Investors' Information Choice, and Equity Market Outcomes: A Review [J]. Journal of Accounting and Economics, 2020, 70 (2-3).

[31] BLANKESPOOR E, MILLER G S, WHITE H D. The Role of Dissemination in Market Liquidity: Evidence from Firms' Use of Twitter [J]. The Accounting Review, 2014, 89 (1).

[32] BOONE A L, WHITE J T. The Effect of Institutional Ownership on Firm Transparency and Information Production [J]. Journal of Financial Economics, 2015, 117 (3).

[33] BOTOSAN C A, STANFORD M. Managers' Motives to Withhold Segment Disclosures and the Effect of SFAS No. 131 on Analysts' Information Environment [J]. The Accounting Review, 2005, 80 (3).

[34] BOTOSAN C A. Disclosure Level and the Cost of Equity Capital [J]. The Accounting Review, 1997, 72 (3).

[35] BOTOSAN C A. Evidence that Greater Disclosure Lowers the Cost of Equity Capital [J]. Journal of Applied Corporate Finance, 2000, 12 (4).

[36] BOURVEAU T, SCHOENFELD J. Shareholder Activism and Voluntary Disclosure [J]. Review of Accounting Studies, 2017, 22 (3).

[37] BOURVEAU T, SHE G, ŽALDOKAS A. Corporate Disclosure as a Tacit Coordination Mechanism: Evidence from Cartel Enforcement Regulations [J]. Journal of Accounting Research, 2020, 58 (2).

[38] BOWEN R M, DAVIS A K, MATSUMOTO D A. Do Conference Calls Affect Analysts' Forecasts? [J]. The Accounting Review, 2002, 77 (2).

[39] BREUER M, HOMBACH K, MüILLER M A. When You Talk, I Remain Silent: Spillover Effects of Peers' Mandatory Disclosures on Firms' Voluntary Disclosures [J]. The Accounting Review, 2022, 97 (4).

[40] BREUER M. How Does Financial - Reporting Regulation Affect Industry-Wide Resource Allocation? [J]. Journal of Accounting Research, 2021, 59 (1).

[41] BROCHER F, KOLEV K, LERMAN A. Information Transfer and Conference Calls [J]. Review of Accounting Studies, 2018, 23 (3).

[42] BROWN S, HILLEGEIST S A, LO K. Conference Calls and Information Asymmetry [J]. Journal of Accounting and Economics, 2004, 37 (3).

[43] BUSHEE B J, LEUZ C. Economic Consequences of SEC Disclosure Regulation: Evidence from the OTC Bulletin Board [J]. Journal of Accounting

and Economics, 2005, 39 (2).

[44] BUSHEE B J, MATSUMOTO D A, MILLER G S. Open Versus Closed Conference Calls: The Determinants and Effects of Broadening Access to Disclosure [J]. Journal of Accounting and Economics, 2003, 34 (1-3).

[45] BUSHEE B J, NOE C F. Corporate Disclosure Practices, Institutional Investors, and Stock Return Volatility [J]. Journal of Accounting Research, 2000, 38.

[46] CAO J, LIANG H, ZHAN X. Peer Effects of Corporate Social Responsibility [J]. Management Science, 2019, 65 (12).

[47] CAO S S, DU K, YANG B, et al. Copycat Skills and Disclosure Costs: Evidence from Peer Companies' Digital Footprints [J]. Journal of Accounting Research, 2021, 59 (4).

[48] CAO Y, MYERS L A, TSANG A, et al. Management Forecasts and the Cost of Equity Capital: International Evidence [J]. Review of Accounting Studies, 2017, 22 (2).

[49] CAO Z, NARAYANAMOORTHY G S. The Effect of Litigation Risk on Management Earnings Forecasts [J]. Contemporary Accounting Research, 2011, 28 (1).

[50] CARHART M M. On Persistence in Mutual Fund Performance [J]. The Journal of Finance, 1997, 52 (1).

[51] CARSON S J, MADHOK A, WU T. Uncertainty, Opportunism, and Governance: The Effects of Volatility and Ambiguity on Formal and Relational Contracting [J]. Academy of Management Journal, 2006, 49 (5).

[52] CHEN S, CHEN X, CHENG Q. Do Family Firms Provide More or Less Voluntary Disclosure? [J]. Journal of Accounting Research, 2008, 46 (3).

[53] CHEN S, DEFOND M L, PARK C W. Voluntary Disclosure of Balance Sheet Information in Quarterly Earnings Announcements [J]. Journal of Accounting and Economics, 2002, 33 (2).

[54] CHEN S, MA H. Peer Effects in Decision-making: Evidence from

Corporate Investment [J]. China Journal of Accounting Research, 2017, 10 (2).

[55] CHEN S, MATSUMOTO D, RAJGOPAL S. Is Silence Golden? An Empirical Analysis of Firms that Stop Giving Quarterly Earnings Guidance [J]. Journal of Accounting and Economics, 2011, 51 (1-2).

[56] CHEYNEL E, LEVINE C. Public Disclosures and Information Asymmetry: A Theory of the Mosaic [J]. The Accounting Review, 2020, 95 (79-99).

[57] CHO H, MUSLU V. How Do Firms Change Investments Based on MD&A Disclosures of Peer Firms? [J]. The Accounting Review, 2021, 96 (2): 177-204.

[58] CIFTCI M, SALAMA F M. Stickiness in Costs and Voluntary Disclosures: Evidence from Management Earnings Forecasts [J]. Journal of Management Accounting Research, 2018, 30 (3).

[59] CLINCH G, VERRECC R E. Competitive Disadvantage and Discretionary Disclosure in Industries [J]. Australian Journal of Management, 1997, 22 (2).

[60] COHEN L, FRAZZINI A, MALLOY C. The Small World of Investing: Board Connections and Mutual Fund Returns [J]. Journal of Political Economy, 2008, 116 (5).

[61] COLLA P, MELE A. Information Linkages and Correlated Trading [J]. The Review of Financial Studies, 2010, 23 (1).

[62] COLLER M, YOHN T L. Management Forecasts and Information Asymmetry: An Examination of Bid-Ask Spreads [J]. Journal of Accounting Research, 1997, 35 (2).

[63] CORE J E, HOLTHAUSEN R W, LARCKER D F. Corporate Governance, Chief Executive Officer Compensation, and Firm Performance [J]. Journal of Financial Economics, 1999, 51 (3).

[64] CORE J E. A Review of the Empirical Disclosure Literature: Discussion [J]. Journal of Accounting and Economics, 2001, 31 (1-3).

[65] CUIJPERS R, PEEK E. Reporting Frequency, Information Precision and Private Information Acquisition [J]. Journal of Business Finance & Accounting, 2010, 37 (1-2).

[66] DARROUGH M N, STOUGHTORT N M. Financial Disclosure Policy in an Entry Game [J]. Journal of Accounting and Economics, 1990, 12 (1-3).

[67] DENIS D J, SERRANO J M. Active Investors and Management Turnover Following Unsuccessful Control Contests [J]. Journal of Financial Economics, 1996, 40 (2).

[68] DENIS D K, JOCHEM T, RAJAMANI A. Shareholder Governance and CEO Compensation: The Peer Effects of Say on Pay [J]. The Review of Financial Studies, 2020, 33 (7).

[69] DIAMOND D W, VERRECCHIA R E. Disclosure, Liquidity, and the Cost of Capital [J]. The Journal of Finance, 1991, 46 (4).

[70] DURNEV A, MANGEN C. The Spillover Effects of MD&A Disclosures for Real Investment: The Role of Industry Competition [J]. Journal of Accounting and Economics, 2020, 70 (1).

[71] DYE R A, HUGHES J S. Equilibrium Voluntary Disclosures, Asset Pricing, and Information Transfers [J]. Journal of Accounting and Economics, 2018, 66 (1).

[72] DYE R A, SRIDHAR S S. Industry-Wide Disclosure Dynamics [J]. Journal of Accounting Research, 1995, 33 (1).

[73] DYE R A. Disclosure of Nonproprietary Information [J]. Journal of Accounting Research, 1985, 23 (1).

[74] DYE R A. Mandatory Versus Voluntary Disclosures: The Cases of Financial and Real Externalities [J]. The Accounting Review, 1990, 65 (1).

[75] EFENDI J, PARK J D, SUBRAMANIAM C. Does the XBRL Reporting Format Provide Incremental Information Value? A Study using XBRL Disclosures during the Voluntary Filing Program [J]. Abacus, 2016, 52 (2).

[76] EUGSTER F. Endogeneity and the Dynamics of Voluntary Disclosure

Quality: Is there Really an Effect on the Cost of Equity Capital? [J]. Contemporary Accounting Research, 2020, 37 (4).

[77] FAMA E F, FRENCH K R. Common Risk Factors in the Returns on Stocks and Bonds [J]. Journal of Financial Economics, 1993, 33 (1).

[78] FISHMAN M J, HAGERTY K M. Disclosure Decisions by Firms and the Competition for Price Efficiency [J]. The Journal of Finance, 1989, 44 (3).

[79] FOSTER G. Intra - Industry Information Transfers Associated with Earnings Releases [J]. Journal of Accounting and Economics, 1981, 3 (3).

[80] FOUCAULT T, FRESARD L. Learning from Peers' Stock Prices and Corporate Investment [J]. Journal of Financial Economics, 2014, 111 (3).

[81] FRANKEL R, JOHSON M, SKINNER D J. An Empirical Examination of Conference Calls as a Voluntary Disclosure Medium [J]. Journal of Accounting Research, 1999, 37 (1).

[82] FREEMAN L C, ROEDER D, MULHOLLAND R R. Centrality in Social Networks: II. Experimental Results [J]. Social Networks, 1979, 2 (2).

[83] GLAESER S A, LANDSMAN W R. Deterrent Disclosure [J]. The Accounting Review, 2021, 96 (5).

[84] GLAESER S. The Effects of Proprietary Information on Corporate Disclosure and Transparency: Evidence from Trade Secrets [J]. Journal of Accounting and Economics, 2018, 66 (1).

[85] GORDON E A, HSU H T, HUANG H. Peer R&D Disclosure and Corporate Innovation: Evidence from American Depositary Receipt Firms [J]. Advances in Accounting, 2020, 49.

[86] GRAHAM J R, HARVEY C R, RAJGOPAL, S. The Economic Implications of Corporate Financial Reporting [J]. Journal of Accounting and Economics, 2005, 40 (1-3).

[87] GRAHAM J R. Herding Among Investment Newsletters: Theory and Evidence [J]. The Journal of Finance, 1999, 54 (1).

[88] GRANOVETTER M. Economic Action and Social Structure: The Problem of Embeddedness [J]. American Journal of Sociology, 1985, 91 (3).

[89] GREENSTONE M, HORNBECK R, MORETTI E. Identifying Agglomeration Spillovers: Evidence from Winners and Losers of Large Plant Openings [J]. Journal of Political Economy, 2010, 118 (3).

[90] GRENNAN J. Dividend Payments as a Response to Peer Influence [J]. Journal of Financial Economics, 2019, 131 (3).

[91] GUAY W, SAMUELS D, TAYLOR D. Guiding Through the Fog: Financial Statement Complexity and Voluntary Disclosure [J]. Journal of Accounting and Economics, 2016, 62 (2-3).

[92] HEALY P M, PALEPU K G. Information Asymmetry, Corporate Disclosure, and the Capital Markets: A Review of the Empirical Disclosure Literature [J]. Journal of Accounting and Economics, 2001, 31 (1-3).

[93] HEALY P M, WAHLEN J M. A Review of the Earnings Management Literature and Its Implications for Standard Setting [J]. Accounting Horizons, 1999, 13 (4).

[94] HIRSHLEIFER D, LIM S S, TEOH S H. Limited Investor Attention and Stock Market Misreactions to Accounting Information [J]. The Review of Asset Pricing Studies, 2011, 1 (1).

[95] HIRST D E, KOONCE L, VENKATARAMAN S. Management Earnings Forecasts: A Review and Framework [J]. Accounting Horizons, 2008, 22 (3).

[96] HUANG S, NG J, RANASINGHE T, et al. Do Innovative Firms Communicate More? Evidence from the Relation between Patenting and Management Guidance [J]. The Accounting Review, 2021, 96 (1).

[97] HUANG Y, JENNINGS R, YU Y. Product Market Competition and Managerial Disclosure of Earnings Forecasts: Evidence from Import Tariff Rate Reductions [J]. The Accounting Review, 2017, 92 (3).

[98] HUANG Y, LUK P. Measuring Economic Policy Uncertainty in

China [J]. China Economic Review, 2020, 59.

[99] JAFFE A B, TRAJTENBERG M, HENDERSON R. Geographic Localization of Knowledge Spillovers as Evidenced by Patent Citations [J]. The Quarterly Journal of Economics, 1993, 108 (3).

[100] JONES D A. Voluntary Disclosure in R&D – Intensive Industries [J]. Contemporary Accounting Research, 2007, 24 (2).

[101] JUNG W O, KWON Y K. Disclosure When the Market Is Unsure of Information Endowment of Managers [J]. Journal of Accounting Research, 1988, 26 (1).

[102] KANG J K, SHIVDASANI A. Firm Performance, Corporate Governance, and Top Executive Turnover in Japan [J]. Journal of Financial Economics, 1995, 38 (1).

[103] KASZNIK R, LEV B. To Warn or Not to Warn: Management Disclosures in the Face of an Earnings Surprise [J]. The Accounting Review, 1995.

[104] KASZNIK R. On the Association between Voluntary Disclosure and Earnings Management [J]. Journal of Accounting Research, 1999, 37 (1).

[105] KAUSTIA M, RANTALA V. Social Learning and Corporate Peer Effects [J]. Journal of Financial Economics, 2015, 117 (3).

[106] KEPLER J D. Private Communication among Competitors and Public Disclosure [J]. Journal of Accounting and Economics, 2021, 71 (2-3).

[107] KIMBROUGH M D, Louis, H. Voluntary Disclosure to Influence Investor Reactions to Merger Announcements: An Examination of Conference Calls [J]. The Accounting Review, 2011, 86 (2).

[108] KIMBROUGH M D. The Effect of Conference Calls on Analyst and Market Underreaction to Earnings Announcements [J]. The Accounting Review, 2005, 80 (1).

[109] KIM I, SKINNER D. J. Measuring Securities Litigation Risk [J]. Journal of Accounting and Economics, 2012, 53 (1-2).

[110] KIM J, VALENTINE K. The Innovation Consequences of Mandatory

Patent Disclosures [J]. Journal of Accounting and Economics, 2021, 71 (2-3).

[111] KIM K, PANDIT S, WASLEY C E. Macroeconomic Uncertainty and Management Earnings Forecasts [J]. Accounting Horizons, 2016, 30 (1).

[112] KIM O, VERRECCHIA R E. The Relation Among Disclosure, Returns, and Trading Volume Information [J]. The Accounting Review, 2001, 76 (4).

[113] LANG L H P, STULZ R M. Contagion and Competitive Intra-Industry Effects of Bankruptcy Announcements [J]. Journal of Financial Economics, 1992, 32 (1).

[114] LANG M, LUNDHOLM R. Cross-Sectional Determinants of Analyst Ratings of Corporate Disclosures [J]. Journal of Accounting Research, 1993, 31 (2).

[115] LANG M, SUL E. Linking Industry Concentration to Proprietary Costs and Disclosure: Challenges and Opportunities [J]. Journal of Accounting and Economics, 2014, 58 (2-3).

[116] LANG M H, LUNDHOLM R J. Corporate Disclosure Policy and Analyst Behavior [J]. The Accounting Review, 1996, 71 (4).

[117] LEARY M T, ROBERTS M R. Do Peer Firms Affect Corporate Financial Policy? [J]. The Journal of Finance, 2014, 69 (1).

[118] LEUZ C, VERRECCHIA R E. The Economic Consequences of Increased Disclosure [J]. Journal of Accounting Research, 2000, 38.

[119] LEUZ C, WYSOCKI P. The Economics of Disclosure and Financial Reporting Regulation: Evidence and Suggestions for Future Research [J]. Journal of Accounting Research, 2016, 54 (2).

[120] LIAO C H, SAN Z, TSANG A, et al. Executive Extraversion and Voluntary Disclosure: Evidence from Management Earnings Forecasts [J]. Asia-Pacific Journal of Accounting & Economics, 2023, 30 (1).

[121] LIEBERMAN M B, ASABA S. Why Do Firms Imitate Each Other?

[J]. Academy of Management Review, 2006, 31 (2).

[122] LIN Y, MAO Y, WANG Z. Institutional Ownership, Peer Pressure, and Voluntary Disclosures [J]. The Accounting Review, 2018, 93 (4).

[123] LIU J, STAMBAUGH R F, YUAN Y. Size and Value in China [J]. Journal of Financial Economics, 2019, 134 (1).

[124] MANSKI C F. Identification of Endogenous Social Effects: The Reflection Problem [J]. The Review of Economic Studies, 1993, 60 (3).

[125] MATSUMOTO D, PRONK M, ROELOFSEN E. What Makes Conference Calls Useful? The InformationContent of Managers' Presentations and Analysts' Discussion Sessions [J]. The Accounting Review, 2011, 86 (4).

[126] MATSUMOTO D A, SERFLING M, SHAIKH S. Geographic Peer Effects in Management Earnings Forecasts [J]. Contemporary Accounting Research, 2022, 39 (3).

[127] MCCONNELL J J, MUSCARELLA C J. Corporate Capital Expenditure Decisions and the Market Value of the Firm [J]. Journal of Financial Economics, 1985, 14 (3).

[128] NAGAR V, SCHOENFELD J, WELLMAN L. The Effect of Economic Policy Uncertainty on Investor Information Asymmetry and Management Disclosures [J]. Journal of Accounting and Economics, 2019, 67 (1).

[129] NAGAR V, SCHOENFELD J. Shareholder Monitoring and Discretionary Disclosure [J]. Journal of Accounting and Economics, 2021, 72 (1).

[130] ODEAN T. Do Investors Trade too Much? [J]. American Economic Review, 1999, 89 (5).

[131] PARK J, SANI J, SHROFF N, et al. Disclosure Incentives When Competing Firms have Common Ownership [J]. Journal of Accounting and Economics, 2019, 67 (2-3).

[132] PARSONS C A, SULAEMAN J, TITMAN S. The Geography of Financial Misconduct [J]. The Journal of Finance, 2018, 73 (5).

[133] PASTOR L, VERONESI P. Political Uncertainty and Risk Premia [J]. Journal of Financial Economics, 2013, 110 (3).

[134] PASTOR L, VERONESI P. Uncertainty about Government Policy and Stock Prices [J]. The Journal of Finance, 2012, 67 (4).

[135] PEYRAVAN L, WITTENBERG-MOERMAN R. Institutional Dual-Holders and Managers' Earnings Disclosure [J]. The Accounting Review, 2022, 97 (3).

[136] PRICE S M, DORAN J S, PETERSON D R, et al. Earnings Conference Calls and Stock Returns: The Incremental Informativeness of Textual Tone [J]. Journal of Banking & Finance, 2012, 36 (4).

[137] RAHMAN A R, TAY T M, ONG B T, et al. Quarterly Reporting in a Voluntary Disclosure Environment: Its Benefits, Drawbacks and Determinants [J]. The International Journal of Accounting, 2007, 42 (4).

[138] RAJAN R G, Zingales, L. The Great Reversals: The Politics of Financial Development in the Twentieth Century [J]. Journal of Financial Economics, 2003, 69 (1).

[139] RAJAN R G. Why Bank Credit Policies Fluctuate: A Theory and Some Evidence [J]. The Quarterly Journal of Economics, 1994, 109 (2).

[140] RAMNATH S. Investor and Analyst Reactions to Earnings Announcements of Related Firms: An Empirical Analysis [J]. Journal of Accounting Research, 2002, 40 (5).

[141] ROSS S A. The Economic Theory of Agency: The Principal's Problem [J]. The American Economic Review, 1973, 63 (2).

[142] ROYCHOWDHURY S, SHROFF N, VERDI R S. The Effects of Financial Reporting and Disclosure on Corporate Investment: A Review [J]. Journal of Accounting and Economics, 2019, 68 (2-3).

[143] SCHARFSTEIN D S, STEIN J C. Herd behavior and Investment [J]. The American Economic Review, 1990, 80 (3).

[144] SCHILOETZER J D, TSENG A, YOHN T L, et al. Blame Attribution and Disclosure Propensity [J]. The Accounting Review, 2021, 96 (4).

[145] SCHIPPER K. Information Transfers [J]. Accounting Horizons, 1990, 4 (4).

[146] SCHOENFELD J. The Effect of Voluntary Disclosure on Stock Liquidity: New Evidence from Index Funds [J]. Journal of Accounting and Economics, 2017, 63 (1).

[147] SENGUPTA P. Corporate Disclosure Quality and the Cost of Debt [J]. The Accounting Review, 1998, 73 (4).

[148] SEO H. Peer Effects in Corporate Disclosure Decisions [J]. Journal of Accounting and Economics, 2021, 71 (1).

[149] SHIVDASANI A. Board Composition, Ownership Structure, and Hostile Takeovers [J]. Journal of Accounting and Economics, 1993, 16 (1-3).

[150] SHROFF N, SUN A X, WHITE H D, et al. Voluntary Disclosure and Information Asymmetry: Evidence from the 2005 Securities Offering Reform [J]. Journal of Accounting Research, 2013, 51 (5).

[151] SHROFF N, VERDI R S, YOST B P. When Does the Peer Information Environment Matter? [J]. Journal of Accounting and Economics, 2017, 64 (2-3).

[152] SIMON H A. Rational Choice and the Structure of the Environment [J]. Psychological Review, 1956, 63 (2).

[153] SKINNER D J. Earnings Disclosures and Stockholder Lawsuits [J]. Journal of Accounting and Economics, 1997, 23 (3).

[154] SKINNER D J. Why Firms Voluntarily Disclose Bad News [J]. Journal of Accounting Research, 1994, 32 (1).

[155] SLETTEN E. The Effect of Stock Price on Discretionary Disclosure [J]. Review of Accounting Studies, 2012, 17 (1).

[156] TRUEMAN B. Analyst Forecasts and Herding Behavior [J]. The Review of Financial Studies, 1994, 7 (1).

[157] TRUEMAN B. Why do Managers Voluntarily Release Earnings Forecasts? [J]. Journal of Accounting and Economics, 1986, 8 (1).

[158] TSE S, TUCKER J W. Within - Industry Timing of Earnings

Warnings: Do Managers Herd? [J]. Review of Accounting Studies, 2010, 15 (4).

[159] VENKATACHALAM M. Discussion of Corporate Disclosure Practices, Institutional Investors, and Stock Return Volatility [J]. Journal of Accounting Research, 2000, 38.

[160] VERRECCHIA R E, WEBER J. Redacted Disclosure [J]. Journal of Accounting Research, 2006, 44 (4).

[161] VERRECCHIA R E. Discretionary Disclosure [J]. Journal of Accounting and Economics, 1983, 5.

[162] VERRECCHIA R E. Essays on Disclosure [J]. Journal of Accounting and Economics, 2001, 32 (1-3).

[163] VERRECCHIA R E. Information Quality and Discretionary Disclosure [J]. Journal of Accounting and Economics, 1990, 12 (4).

[164] WAYMIRE G. Earnings Volatility and Voluntary Management Forecast Disclosure [J]. Journal of Accounting Research, 1985, 23 (1).

[165] XUE H, ZHENG R. Word-of-Mouth Communication, Noise-Driven Volatility, and Public Disclosure [J]. Journal of Accounting and Economics, 2021, 71 (1).

[166] ZHOU F S, ZHOU Y. The Dog that Did Not Bark: Limited Price Efficiency and Strategic Nondisclosure [J]. Journal of Accounting Research, 2020, 58 (1).

[167] BOULLAND R, BOURVEAU T, BREUER M. Corporate Websites: A New Measure of Voluntary Disclosure [R]. Working Paper, 2019.

[168] DE FRANCO G, HOU Y, MA M S. Do Firms Mimic Their Neighbors' Accounting?: Industry PeerHeadquarters Co-Location and Financial Statement Comparability [R]. Working Paper, 2019.

[169] DE GEORRGE E T, PHAN M, STOUMBOS R C. Negative Externalities of Financial Reporting Frequency: Peer Reporting Choice and the Loss of Investor Attention [R]. Working Paper, 2019.

[170] KIM J M. Uncertainty about Managerial Horizon and Voluntary Disclosure [R]. Working Paper, 2021.